JN032658

The Volunteer
The True Story of the Resistance Hero
Who Infiltrated Auschwitz
Jack Fairweather

# アウシュヴィッツを破壊せよ

## 自ら収容所に潜入した男

## 上

ジャック・フェアウェザー著
矢羽野薫訳

河出書房新社

# アウシュヴィッツを破壊せよ　上
## 自ら収容所に潜入した男

目次

## 第2部

［下巻］

フィリップとリン・アスキスのサポートに
祖父母のステラとフランク・フォードに

たくさん愛する人は、たくさんのことを成し遂げる。
ひとつのことをうまく成し遂げる人は、たくさんのことを成し遂げる。
うまく成し遂げる人は、自己利益より先に共通のコミュニティのために仕える。

——トマス・ア・ケンピス

# アウシュヴィッツを破壊せよ

## 自ら収容所に潜入した男

上

# 序章

トラックがガタガタと音を立てながら建物の前で止まった。叫び声と銃声が続いた。アパートの管理人が玄関のドアを叩いた[1]。

「ドイツ軍が来た。地下室に隠れてもいいし、裏庭から出ることもできる」

部屋にいた男は動じなかった。

一九四〇年九月一九日の夜明け前。ワルシャワはナチスの占領下にあった。ドイツ軍はその前年にポーランドに侵攻し、ヨーロッパを第二次世界大戦に突入させた。ヒトラーはまだ、ユダヤ人絶滅を体系的な計画にしていなかった。この時点では、ポーランドの専門職階級を排除して国を破滅させようとしていた。ポーランドは残忍な恐怖支配下にあった。医師や教師、著述家、法律家、ユダヤ系住民、カトリック教徒など大勢のポーランド人が通りから引きずられるように連行されて、射殺され、あるいは抑留された。この年の六月にドイツ軍は新しい強制収容所をつくり、収容者を送り込んでいた。収容所の名前はアウシュヴィッツ。そこで何が起きているのか、まだほとんど知られていない。

　アパートにいた男は、その朝に一斉検挙が行われ、逮捕された者はアウシュヴィッツに送られることを知っていた。だから彼はそこにいたのだ。収容所に潜入し、レジスタンスの組織を立ち上げて、ナチスの犯罪の証拠を集める。それが地下組織の一員である彼の任務だ。

　建物の入り口のドアがバタンと開き、階段を駆け上がる軍靴の音が聞こえた。男は上着を着た。向かい側の部屋のベビーベッドの上で三歳の男の子が立ち上がり、目を丸くしている。テディベアが床に落ちていた。玄関のドアが激しく叩かれる。男がテディベアを拾って男の子に渡しているあいだに、男の子の母親が玄関を開けてドイツ兵を中に入れた。

「行ってきます」[2]。彼は男の子にささやいた。そして、人間としての本能にあらがい、自ら捕われの身になった。


　ヴィトルト・ピレツキは志願してアウシュヴィッツに投獄された。この簡潔な事実に突き動かされて、私の五年間の旅は始まった。ポーランドの田舎で農業を営む紳士的な男が、騎兵隊の小隊長として電撃戦で戦闘に加わり、ワルシャワで地下工作員として働き、家畜同然の人間として収容所に向かう運搬用の貨車に乗り込み、ナチス最大の悪の震源地でスパイ活動をした、その足跡をたどった。今では、私はヴィトルトのことをよく知っている。しかし、彼の物語が現代の私たちに何を教えてくれるのだろうかと考え始めると、気がつけばあの簡潔な一文に立ち返り、ドイツ兵がアパートに突入してくるのを静かに待っていた瞬間に引き戻される。

私が初めてヴィトルトの話を聞いたのは二〇一一年秋、ロングアイランドで友人のマット・マカレスターと夕食を食べていたときのことだ。マットと私は中東の戦争を一緒に取材したことがあり、そこで目の当たりにしたことの意味を理解しようと苦悩していた。そして、マットは典型的な行動を取った。アウシュヴィッツを訪れたのだ。歴史上最大の悪と向き合った彼は、収容所内でヴィトルトがレジスタンスの一団を率いていたことを知った。わずかな人数でナチスに立ち向かう姿に、私たち二人の心は救われた。しかし一方で、ナチスの犯罪を西側に警告し、地下軍を組織して収容所を破壊するというヴィトルトの任務が世の中にほとんど知られていないことに、私は同じくらい衝撃を受けた。

その一年後、ヴィトルトが収容所について書いた最も長い報告書が英訳されて、新たなピースがいくつか埋まった。報告書が日の目を見た経緯は、それ自体が注目に値する。一九六〇年代にポーランドの歴史学者ユーゼフ・ガルリンスキは報告書の原本を見ることができたが、ヴィトルトはすべての人物の名前を暗号で記していた。ガルリンスキは推測と生存者へのインタビューによって大部分を解読し、収容所内のレジスタンスについて初めてとなる歴史書を出版した。そして、一九九一年に国立アウシュヴィッツ・ビルケナウ博物館の研究者アダム・ツィラが、一九四八年からポーランドの国立公文書館にしまい込まれていたヴィトルトの未発表の回想録と二番目の報告書のほか、断片的な著作を発見した。これらの資料にはヴィトルトの協力者を特定する鍵が含まれていた。

私が二〇一二年に読んだ報告書からは、ヴィトルトがアウシュヴィッツでの体験について、率直な散文で切々と綴る正確な記録者だったことがわかる。ただし、記述は断片的で、歪曲されているところもある。仲間の逮捕を恐れて重要なエピソードを記さず、悲惨な描写を隠し、報告書を読む軍関係者を想定して出来事を注意深く構成している。多くの疑問が残されているが、何よりも重大で理解しがたいのは、ヴィトルトがアウシュヴィッツで命を懸けて集めた情報はどうなったのか、ということだ。イギリスやアメリカが収容所の役割を公に認めるずっと前に、彼はホロコーストに関する情報を提供していたのだろうか。もしそうなら、なぜ彼の報告書は黙殺されたのか。彼の警告に関心が払われていれば、どれだけの命が救われたのだろうか。

私は個人的に、この物語に心をかき立てられた。リサーチを始めたとき、私はヴィトルトが第二次世界大戦の開戦を迎えたときと同じ年齢だった。私にも幼い家族がいて、家庭がある。ヴィトルトに自分のすべてを賭してこのような任務に挑ませたものは何か。彼の利他的な行為がこれほど私に強く訴えかけるのはなぜか。私はヴィトルトに、私を戦争の取材に向かわせ、それ以来ずっと苦しめられている同じ不安を見た。私が自分の経験を何かにつなげようとして苦悩していることについて、ヴィトルトは何を教えてくれるのだろうか。

こうした疑問の答えを探して、私は二〇一六年一月にワルシャワへ飛んだ。いちばん会いたかったのはヴィトルトの息子アンジェイだ。実際に会うまで、私は不安でたまらなかった。自分の父親の物語に突然、興味を示した私を、何者なのかと思うだろう。ヴィトルトの死刑が執行されたとき、アンジェイはまだ子供だった。それから五〇年間、自分の父親は国家の敵だと言われ続けたが、アンジェイは信じなかった。父親の任務の詳細を初めて知ったのは一九九〇年代に入ってからで、共産主義政権時代の公文書がようやく公開されたのだ。

言うまでもなく、私は心配する必要などなかった。アンジェイは楽しくて魅力的な人だ。ただし、彼は私に忠告した――何か見つかるかどうかわからないし、どこから探せばいいのかもわからない。

私は彼に言った。一緒に探しましょう。

ヴィトルトという人物について当時はまだほとんど知られておらず、アンジェイが教えてくれるどんなに細かいことも重要だった。ヴィトルトの考えていたことは、本人が書いたものを通して知るしかない。そして、アンジェイのような人々が、彼が考えていたことについて語ってくれた。意外にも、ヴィトルトのことを知る人々は今も多くが存命だった。これまでヴィトルトとの思い出を誰かに語ったことがないという人もいた。共産主義の下で口を閉ざしていたから、あるいは誰にも聞かれたことがなかったからだ。

私は証言を集めるだけでなく、自分でヴィトルトの旅をたどってみたいと思った。戦争で破壊された場所も多いが、一部は残っていた。なかでも彼が逮捕されたアパートは、私にとって最も重要な場所だ。そうしたところを自分の目で見ることは、情景描写の役に立つだろう。しかし、それ以上に良かったのは、目撃者とその体験を共有できたことだ。あのアパートにいた三歳の男の子が、まだ存命だとわかった。名前はマレク。ヴィトルトの義理の姉にあたる母親とともに戦争を生き延びたが、共産主義者に家を追い出された。私の誘いで、彼は七〇年ぶりにあのアパートを訪れた。そのときテディベアのことを思い出したのだ。ヴィトルトが多大なストレスにさらされたときに、自分以外のものを冷静に見ることができる能力を、雄弁に物語るエピソードだ。

とはいえ、本を執筆するには、そうした詳細な情報がある程度の量は必要になる。国立アウシュヴィッツ・ビルケナウ博物館を訪れたときに、私はそうした詳細が重要なのだと気づかされた。博物館には強制収容所で生き延びた人々の証言が三五〇〇件以上あって、そのうち数百件がヴィトルトの地下活動に言及していたり、ヴィトルトも目撃した出来事の詳細を語っている。そして、その大半が、これまでに翻訳も出版もされていなかった。これこそヴィトルトの行動を少しでも理解するために必要な資料であり、私が求めていたものだった。彼の考えを掘り下げ、何が彼を抵抗に駆り立てたのかという問いの答えを見つけていくために。

ホロコーストの研究を始めると、すぐにわかることがある。ホロコーストは、何百万人もの罪のないヨーロッパ人が殺されたというだけでなく、その恐ろしさを認識して行動に移すことができなかった集団的な失敗の物語でもあるのだ。連合国の政府高官はなかなか真実を見極めることができず、現実を突きつけられても、行動を起こすほど道徳心を高めるには至らなかった。ただし、政治的な失敗だけではない。アウシュヴィッツの収容者たちもまた、ドイツ軍が収容所を残忍な刑務所から死の工場に変えたときに、ホロコーストの規模を想像できなかった。彼らの多くが、目の前の大量殺人を無視したり、正当化したり、あるいは自分の苦しみとは別のものとして頭から振り払うといった人間的な衝動に屈した。しかし、ヴィトルトは違った。彼は収容所の恐ろしさを明らかにすることに人生を賭した。

私は調査を進めながら、どのような資質がヴィトルトを際立たせているのかを理解しようとした。しかし、彼が執筆したものをさらに発見し、彼を知る人たちに会い、彼とともに戦った人にも何人か話を聞いて、私はヴィトルト・ピレツキについておそらく最も驚くべき事実を知った――二人の子供の父親で、農業を営み、特別な軍歴や敬虔な信仰心があったわけでもない三〇代後半の彼は、戦争が始まったときは、あなたや私とそれほど変わらない人間だったのだ。このことに気がついた私は、新たな疑問がわいてきた。この平凡そうに見える男性が、どのようにして自分の道徳的な能力を超えて、ほかの人々が目を背けたナチスによる史上最大の犯罪の断片をつなぎ合わせ、告発し、行動を起こしたのだろうか。

ユダヤ人の大量殺人の歴史における挑発的な新しい一章として、そして、人がすべてを危険にさらしても仲間を助けようとする理由を考えるために、彼の物語を語ろう。

シャーロット、二〇二〇年

# 本書について

この本はノンフィクションである。発言や詳細はそれぞれ、一次資料、証言、回想録、インタビューなどをもとにしている。二〇〇〇件以上の一次資料の大半はポーランド語とドイツ語で書かれている。翻訳は個別に記載がないかぎり、優秀な研究者であるマルタ・ゴルジャン、カタジーナ・ヒズィンスカ、ルイザ・ヴァルチュク、イングリッド・プファールが行った。

ヴィトルトの収容所での生活を理解するための既存の資料は二つ、彼が一九四三年一〇月から一九四四年六月にかけてワルシャワでまとめた報告書と、一九四五年の夏から秋にかけてイタリアで書いた回想録がある。逃亡中にメモもない状況で書いたことを考えると、その記述には驚くほど間違いが少ない。とはいえ、ヴィトルトは完璧な語り手ではない。私は可能なかぎり、彼の記述の裏づけを取り、誤りを訂正し、空白を埋めようとした。国立アウシュヴィッツ・ビルケナウ博物館には三七二二人の収容者の記録が残されており、ヴィトルトの活動に関する二ダース分の資料や、彼が目撃した出来事を記録した数百件の資料もある。ほかにも重要な詳細や文書が保管されているアーカイブに、国立現代文書館、国立クラクフ公文書館、中央軍事公文書館、国家記銘院、国立オッソリネウム研究所、大英図書館、ポーランド研究所およびシコルスキ博物館、ポーランド地下運動研究トラスト、ピレツキ研究所テロ史料館、イギリス国立公文書館、オーストリア国立図書館、帝国戦争博物館、米国立公文書館、米ホロコースト記念博物館、ルーズヴェルト（FRD）大統領図書館、フーヴァー研究所、ヤド・ヴァシェム文書館、中央シオニスト公文書館、ドイツ連邦公文書館（コブレンツ、ベルリン）、スイス連邦公文書館、ヘルヴェート・ポロニチュム財団、赤十字国際委員会公文書館がある。[1]

　調査の過程でピレツキ家の書類にもアクセスし、さらには彼の親しい協力者の家族が保管していた手紙や回想録を発掘して、彼の当時の決断に光を当てることができた。ヴィトルトの子供、アンジェイとゾフィアは父親の思い出をたくさん語ってくれた。素晴らしいことに、ヴィトルトとともに戦った人の中には私が調査を始めたときに存命だった人も何人かいて、彼らの意見を述べてくれた。

　私は、ヴィトルトが収容所について記述する際に決めたルールに従って書き進めた。「何ごとも『やりすぎ』ということはありません。たとえもっともささやかな嘘でも、あそこで命を落としたこれらの良き人々の思い出を冒瀆することになるでしょう」〔ピレツキ『アウシュヴィッツ潜入記』みすず書房、3頁〕。複数の出典を見つけることができなかった描写もいくつかあるが、その点は巻末の原註に記している。ほかにもヴィトルトが目撃したであろうことは明らかだが、彼が報告書で言及していない収容所の詳細もこの本には含まれており、巻末の原註に出典を挙げた。会話の引用は、各話者の出典を一回ずつ記した。矛盾する記述は、別段の記載がないかぎり、ヴィトルトによる記録を優先した。[2]

ポーランド人の名前は素晴らしいが、英語を話す者には読みづらいものもある。ヴィトルトと彼に近い仲間についてファーストネームや短縮形を使っているのは、彼らがどのように語りかけていたかを反映させたからだ。頭字語は減らそうと努めたので、たとえばワルシャワの主要なレジスタンスグループは「地下組織（underground）」としている。地名は戦前の慣用を踏襲している。町はオシフィエンチム、収容所はアウシュヴィッツとした。

# 第1部

# 1章　侵略

## クルパ、ポーランド東部、一九三九年八月二六日

ヴィトルトは邸宅の前の階段に立ち、ほこりを巻き上げながら菩提樹の並木道を走ってくる車を見ていた。車は庭に入り、白い煙に包まれて、節くれだったトチの木の横で止まった。その夏は乾燥がひどく、農民たちは溺死した男の墓に水をかけよう、若い牝馬に鋤を引かせて雨乞いをしようと話していた。それらはクレスィと呼ばれるポーランド東部の国境地帯の風習だった。やがて大きな嵐がやって来て、畑に残っていた作物を根こそぎさらい、コウノトリの巣を杭から吹き飛ばすことになる。しかし、この八月、ヴィトルトは冬場の穀物の心配はしていなかった[1]。

ラジオからは、ドイツ軍が国境に集結しているというニュースと、第一次世界大戦末期にポー

ランドに譲った領土を取り戻そうとするアドルフ・ヒトラーの脅しが鳴り響いていた。ヒトラーは、ドイツ人は資源をめぐってほかの民族と残忍な争いを強いられていると考えていた。八月二二日にはオーバーザルツブルクの山中の別荘で将校たちに、「ポーランドとその重要な部隊を殲滅する」ことによってのみ、ドイツ民族は拡大することができると語った。その翌日、ヒトラーはヨシフ・スターリンと秘密裏に不可侵条約を交わし、東ヨーロッパをソヴィエト連邦が、ポーランドの大部分をドイツが、それぞれ占領することで合意した。ドイツ軍の作戦が成功すれば、ヴィトルトは家と土地を奪われ、ポーランドは属国にされるか、完全に破壊されることになる。[2]

ほこりをかぶった車から一人の兵士が降りてきて、ヴィトルトに部下を集めるように指示した。ポーランドは予備兵五〇万人を含む大量動員を命じていた。ポーランド貴族の地主階級で、騎兵隊の予備役少尉でもあったヴィトルトは、四八時間以内に部隊を近くの町リダの兵舎に送り、西に向かう輸送列車に乗せることになっていた。夏のあいだに九〇人の志願兵を訓練しようと最善を尽くしたが、大半は農民で、実際の戦闘を見たこともなければ、怒りに任せて銃を撃ったこともなかった。馬がない者は自転車でドイツ軍と戦おうとしていた。ヴィトルトはルベルの八ミリ・ボルトアクション式カービン銃だけは何とか人数分、用意した。[3]

ヴィトルトは急いで軍服に着替え、乗馬靴を履き、喫煙室に使っていた部屋で手桶からヴィスの拳銃を取り出した。夏の初めに七歳の息子アンジェイが妹に向けて拳銃を振り回しているのを見た後、隠していたのだ。妻のマリアは子供たちを連れて、ワルシャワ近郊に住む自分の母親を訪ねていた。家族を呼び戻さなければならない。ヒトラーの前線から東側に離れたほうが安全だろう[4]。

庭から、馬番の少年がヴィトルトの愛馬バイカの準備をしている音が聞こえていた。彼は廊下で立ち止まり、先祖が戦った栄光の、しかし絶望的な反乱を物語る色あせた写真のあいだにかけられた鏡の一枚でカーキ色の軍服を整えた。このとき三八歳。中肉中背で、淡いブルーの瞳と、

ヴィトルト・ピレツキ（左）と友人（スクルチェ、1930年頃）［提供：ピレツキ家］

広い額から後ろに流した濃いブロンドの髪、かすかな笑みを絶やさない唇は、控えめに言って美しい顔立ちだった。謙虚で聞き上手な人柄ゆえに、ときどき聖職者や善良な役人に間違えられた。温かくて感情豊かなところもあったが、何かを隠しているような印象を与えるときのほうが多かった。自分に厳しく、他人にも厳しさを見せることもあったが、決して無理強いはしなかった。彼は人を信頼し、その静かな自信は周囲から信頼を集めた[5]。

若い頃は芸術家に憧れ、ヴィルノ〔現在のヴィリニュス〕の大学で絵画を学んだが、第一次世界大戦後の激動で学業を断念した。ポーランドはロシア、ドイツ、オーストリア・ハンガリーの帝国支配の残骸から一九一八年に独立を宣言したが、すぐにソヴィエト・ロシア共和国〔ロシア／ソヴィエト連邦〕に侵略された。ヴィトルトは偵察部隊とともに、ヴィルノの市街地でボリシェヴィキと小さな戦いを繰り広げた。この経験にヴィトルトは圧倒された。友人が川で溺れ死んだが、押し寄せる興奮は危険をいともたやすく押し流した。勝利の後の熱気がたちこめる町で再び絵筆を取る気になれず、何をしても身が入らなかった。しばらく軍需品倉庫と農民の組合で事務員として働き、情熱的だったが報われない恋愛もあった。一九二四年に父親が病に倒れ、スクルチェにあった家族の地所を相続することになった。邸宅は崩れかけ、果樹園は荒れ放題で、約二平方キロメートルのなだらかな小麦畑が広がっていた[6]。

気がつくと、ヴィトルトは地元の世話役になっていた。クルパの村の農民は彼の畑で働き、自分たちの土地の開墾について助言を求めた。ヴィトルトは酪農共同組合を設立して価格の交渉を有利に行い、相続した財産の多くを自慢のアラブ種の牝馬に費やして、義勇軍の騎兵部隊を設立

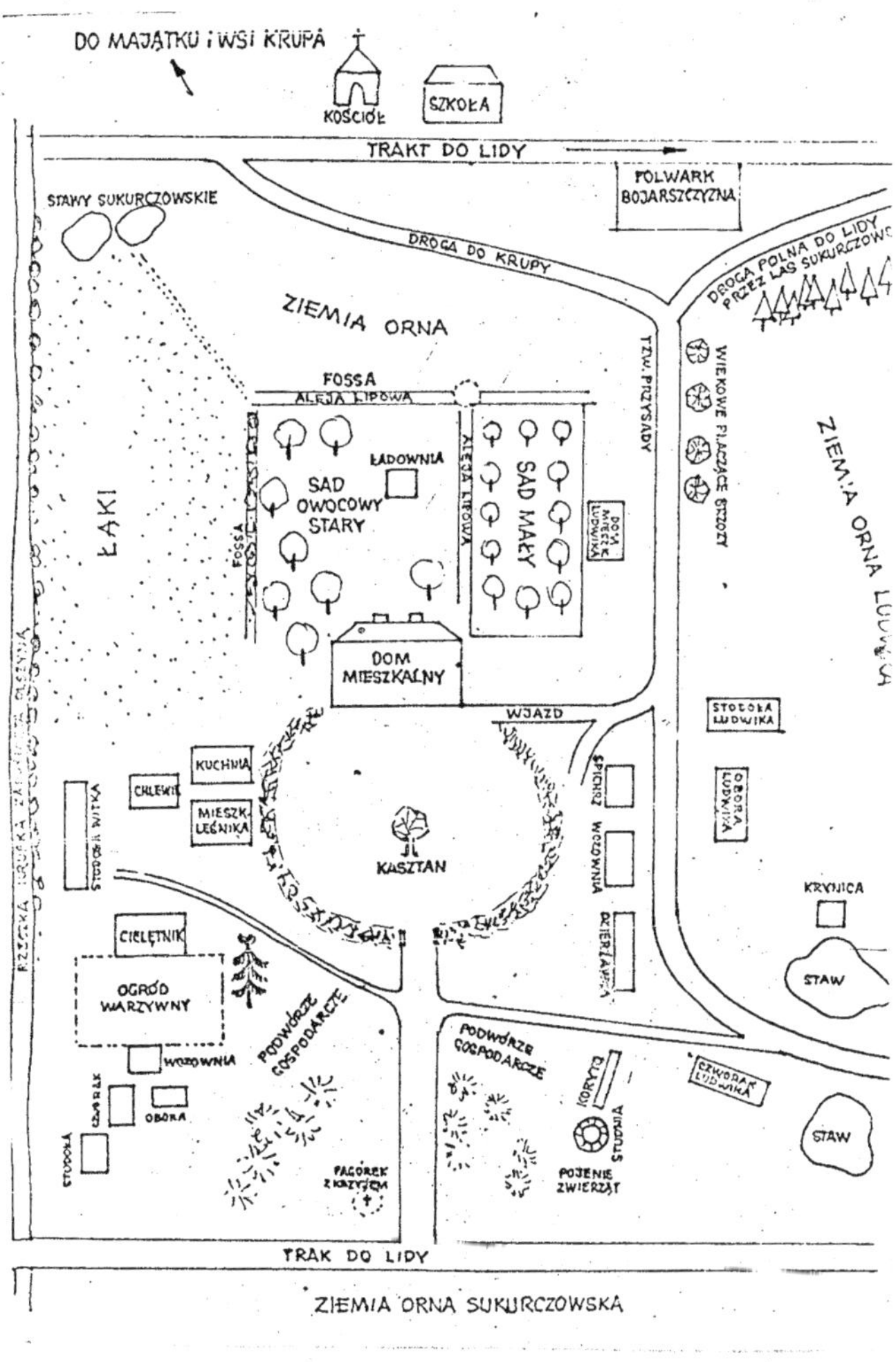


スクルチェの地図。ヴィトルトの姉妹の記憶より［提供：PMA-B］

した。一九二七年、クルパで再建に携わった学校で劇の背景を描いていたときにマリアと出会い、彼女の部屋の窓にライラックの花束を投げ入れて求愛した。二人は一九三一年に結婚。一年足らずで息子のアンジェイが、その一二カ月後に娘のゾフィアが生まれた。父親になったことで、ヴィトルトの思いやり深い面が出てきた。ゾフィアが生まれた後にマリアがしばらく床に伏せていた時期は、子供たちの世話をし、乗馬や家屋のそばにある池で泳ぎを教えた。仕事に復帰したマリアが夕方に帰宅すると、子供たちと寸劇を演じることもあった[7]。

しかし、家族との穏やかな生活のあいだも、一九三〇年代にポーランドを席巻していた政治の流れから切り離されていたわけではなく、ヴィトルトは憂慮していた。ポーランドは一〇〇〇年の歴史の大半において、ヨーロッパで最も多元的で寛容な社会の一つだった。しかし、一二三年間の分割統治を経て一九一八年に復活した国家は、アイデンティティが確立できず苦しんでいた。ヨーロッパのいたるところで民族主義が台頭していた。一部の政治家や教会指導者は、民族性やカトリック信仰にもとづいてポーランド人の定義を狭めるべきだと主張した。ウクライナやベラルーシの少数民族の権利拡大を擁護するグループは解体され、弾圧された。戦前にポーランドの人口の約一割を占めていたユダヤ人は経済的な競争相手と見なされて、教育や仕事で差別され、移住を迫られた。一部の民族主義者は自らの手で問題を解決するとばかりに、ユダヤ人の店の不買運動を行い、シナゴーグ〔会堂〕を襲撃した。ヴィトルトの地元リダでも、暴漢がユダヤ人の菓子店と弁護士事務所を襲撃した。町の中心の広場を囲んでいたユダヤ人の店は、扉を閉ざして国外に逃れた[8]。

上・結婚後まもないヴィトルトとマリア（1931 年頃）［提供：ピレツキ家］
下・ヴィトルト、マリア、アンジェイ、ゾフィア（1935 年頃）［提供：ピレツキ家］

ヴィトルトは政治も、民族や信仰の違いを利用する政治家のやり方も嫌っていた。彼の家系は、ポーランドが独立王国で文化の導き手だった時代の秩序の象徴だった。とはいえ、彼自身は時代と社会階級を体現していた。地元のポーランド人やベラルーシ人の農民に対して父性的な感情を抱き、当時優勢だった反ユダヤ主義的な考え方の一部を共有していた。しかし、ヴィトルトの愛国心は、ポーランドの大義を支持するあらゆるグループや民族を包含していた。ナチスの脅威を撃退するために、今はすべての民が団結しなければならない、と。[9]

## 前線へ

馬にまたがったヴィトルトは、息もつかせぬ勢いで一・六キロ先のクルパの村を往復した。村に数軒しかない電話がある家を訪ね、マリアに連絡を取ったのだろう。戻ってくると、そのまま邸宅の横にある訓練場に行き、部下を呼んで物資を集めた。リダの連隊本部から弾薬と非常食を受け取ったが、残りの食料は地元で手配しなければならなかった。パン、挽き割り大麦、ソーセージ、ラード、ジャガイモ、タマネギ、コーヒーの缶、小麦粉、乾燥ハーブ、酢、塩。馬には良質のオート麦が週に三〇キロ必要だった。村の誰もが喜んで協力するわけではなく、彼らも自分たちが食べる分に事欠いていた。うだるような暑さのなか、中庭で馬車に荷を積んで、長い一日が終わった。[10]

邸宅は将校の宿舎として提供していたため、翌日の夜にマリアと子供たちが帰宅したときには、ヴィトルトはおらず、家族のベッドに兵士が寝ていた。暑さで汗だくになっていたマリアは、控えめに言っても腹を立てていた。長旅だった。列車はすし詰めで、幼い子供たちは窓から客車に押し込まれ、軍に道を譲るために途中で何回も止められた。ヴィトルトはすぐに前線から呼び戻され、兵士たちに寝室から出るように頼んだ[11]。

ヴィトルトとマリアはいつものように夫婦で祈りを捧げてからベッドに入ったが、数人の農民が貨車に侵入して物資を盗んだという知らせで目が覚めたとき、マリアはまだ怒っていた。それでもヴィトルトが気に入っていたドレスを着て、壮行会に出席した。アンジェイとゾフィアには日曜日の礼拝用のベストを着せた。学校の周りに村の子供たちが集まり、クルパの唯一の通りは旗やハンカチを振る人々であふれていた。ヴィトルトが騎馬隊を率いて通りを進むと、歓声が上がった。彼はカーキ色の軍服に身を包み、腰には拳銃とサーベルをさげていた[12]。

ヴィトルトは家族の前を通り過ぎるときも下を向くことはなかったが、隊列が先に進んで群衆が散り始めると、きびすを返して戻ってきた。顔を紅潮させ、家族の前で馬を止めた。マリアと、自分の姉とチェーンスモーカーの年老いた家政婦ユゼファを残していくのは、家族の安全を考えてのことだった。ドイツ軍は先の戦争で民間人に残虐行為を行ったことで知られていた。彼は子供たちを抱き締めてキスをした。マリアは茶色いくせ毛をひっつめて、口紅をつけ、涙をこらえていた[13]。

「二週間で戻る」と、ヴィトルトは言った。ヨーロッパで最も強力な軍事組織に対峙しようとしているのだから、数日でも生き延びられれば幸運だとは、とても口にできなかった。ヒトラーが指揮する軍勢は三七〇万人。ポーランド軍のほぼ二倍の規模で、戦車も敵のほうが二〇〇〇台多く、戦闘機と爆撃機の数は一〇倍近い差があった。さらに、南のタトラ山脈から北のバルト海沿岸まで一六〇〇キロに及ぶ国境沿いには、両国を隔てる自然の要塞がなかった。ポーランドが望みを託すのは、同盟国のイギリスとフランスが西から攻撃してきてドイツを二つの戦線にさらすまで、持ちこたえることだった[14]。

ヴィトルトは自宅の近くにある両親の墓に立ち寄った。父親は数年前に他界していたが、母親は数カ月前に埋葬したばかりだった。彼は馬を木につなぎ、サーベルをはずして敬礼をした。そして、あの菩提樹の並木を再び見ることができるだろうかと考えながら出発した[15]。あるいは必要と情熱に引き寄せられて戦場に戻ることに、ひそかに興奮していたかもしれない。

ヴィトルトは部下がリダの兵舎に到着したところで追いついた。彼らはほかの部隊とともに練兵場に整列し、司祭が兵士に聖水をかけながら歩いていた。見送りに集まった群衆のあいだから、側線で待機している輸送列車が見えた。部下の大半は興奮していて、戦地に赴くことを心待ちにしていた。実戦経験のあるヴィトルトさえ胸が高鳴った。連隊の指揮官が激励の演説をし、軍楽隊が演奏していたが、ヴィトルトの部隊が馬や物資を積み込み、貨車の中で藁の上に腰を下ろす場所を見つけた頃には、演奏はとっくに終わり、人々は家に帰っていた[16]。

暗闇のなか、列車は大きく揺れながら動き始めた。ワルシャワまで約四〇〇キロ、進んでは止まるの繰り返しで、到着したのは八月三〇日の深夜近くだった。ヴィトルトは貨車の隙間から外

パレードで愛馬バイカにまたがるヴィトルト（1930年頃）［提供：ピレツキ家］

をのぞいた。ドイツ軍の空襲に備えて、カフェやバーは窓を閉め切っていた。ガスマスクを肩にかけて暑さと不安で眠れない人々が通りにあふれ、通過する輸送列車に手を振った。[17]

一〇〇万人が暮らすこの首都は、ヨーロッパで最も急速に成長している都市の一つだった。ヴィスワ川を見下ろすバロック様式の宮殿やパステルカラーの旧市街はワルシャワの過去を思い起こさせ、クレーンや足場、畑の中で途切れている工事中の道路は想像が混じった未来を物語っていた。ニューヨークの次に最も豊かなユダヤ人社会の中心であり、音楽や演劇の界隈はナチスドイツから逃れてきた人々があふれて活気にわき、イディッシュ語やヘブライ語の出版が盛況で、イスラエルに憧れる世俗的なシオニストからポーランドの奇跡を語るユダヤ教超正統派までさまざまな政治的・宗教的運動が行われていた。[18]

ワルシャワの中央駅は、列車に乗ろうともみ合う兵士と荷物を枕に床で寝ようとする兵士でいっぱいだった。一〇〇万人以上のポーランド兵をドイツ国境沿いに移動させる計画で、鉄道網はパンク寸前だった。ヴィトルトの部隊は約五〇キロ西のソハチェフで列車を降りた。リダを出発してから三日。ワルシャワに通じる幹線道路を守る小都市ピオトルクフ・トリブナルスキの近くの陣地まで、さらに一〇〇キロ以上の行程が残っていた。数千人の長い隊列は、荷馬車が壊れるたびに立ち往生した。ヴィトルトの部隊は馬で野原を駆け抜けたが、ほかの部隊は昼夜を問わず行軍を強いられても目的地にたどり着けなかった。「私たちは騎兵隊をうらやましくながめている――彼らはパレードでもしているかのように疾走し、鞍の上で背筋を伸ばして、元気な顔をしている」と、重い足取りで歩く兵士の一人は記している。[19]

ポーランド　1939年
エストニア
スウェーデン
ラトヴィア
バルト海
リトアニア
自由都市ダンツィヒ
(グダニスク)
ヴィルノ
(ヴィリニュス)
東プロイセン
ドイツ
クルパ
リダ
オストルフ・
マゾヴィエツカ
ベルリン
ヴィスワ川
ソハチェフ
ワルシャワ
ウクフ
ドイツ
ピオトルクフ・
トリブナルスキ
ヴウォダヴァ
ブレスラウ(ヴロツワフ)
ポーランド
クウォブツク
プラハ
(1939年ドイツが併合)
オシフィエンチム
クラクフ
タトラ山脈
ルヴフ(リヴィウ)
ソヴィエト
連邦
チェコスロヴァキア
1939年ハンガリーが併合
オーストリア
(1938年ドイツが併合)
ハンガリー
ルーマニア
N
0
100
200 km

翌九月一日の朝、ヴィトルトは地平線上にドイツ軍のハインケル、ドルニエ、ユンカーの爆撃機の第一陣を見た。機体が朝日に輝いていた。大半は上空高くをワルシャワに向かっていたが、一機が道路の上をかすめて地上からの反撃を煽った。まぐれで一発が命中して、爆撃機はくぐもった音を上げながら近くの畑に墜落し、つかのま士気が上がった。しかし、夜になっても行軍は続き、翌日も歩き続けた。汚れたみすぼらしい姿は、道中ですれ違った避難民のようだった。動員から一週間以上が経った九月四日の夜、ピオトルクフ・トリブナルスキに近い森の中で、ようやく休息を取った。前線について確かな情報はほとんどなかったが、ドイツ軍が急速に前進しているという噂は次々に届いていた。遠くに聞こえる大砲の音で地面が揺れていた。[20]

翌朝、ヴィトルトの指揮官のミエチスワフ・ガウリキエヴィチ少佐がフィアットのオープントップのジープで現れ、町の南側に進むように命じた。ガウリキエヴィチはヴィトルトに、森の中ではなく、道路から離れずに行進するように指示した。格好の標的になることはわかっていたが、命令に従った。出発後すぐに、ドイツ軍の戦闘機が一機、上空を通過して、数分後には六機で戻ってきて隊列を攻撃した。ヴィトルトの部隊はあわてて道路を離れ、馬を溝に引き入れた。再び戻ってきた戦闘機は機銃掃射を浴びせ、急上昇して飛び去った。負傷者はいなかったが、これから起きることの序章にすぎなかった。[21]

## ドイツ機甲師団の急襲

その日の夕方、ピオトルクフ・トリブナルスキの中心部は猛火に包まれていた。ヴィトルトは数キロ離れた西向きの低地に野営し、八人の隊員を連れて偵察に出かけた。森の中から初めてドイツ軍の姿を見た。細い川を挟んで、対岸の村に機甲偵察隊が展開していた。ヴィトルトは野営地に戻り、見張りを立てた。燃え盛る町の炎が空を照らした。明日には戦闘が始まる。これが最後の夜かもしれないと思いながら、部下たちは故郷にいる家族や愛する人の話をした。そして、一人、また一人と眠りについた。[22]

ヴィトルトは知る由もなかったが、彼の小隊は、ワルシャワに向かうドイツ軍の第一および第四機甲師団の真正面にいた。ドイツ軍はすでにクウォブツクの国境でポーランドの戦線を突破し、戦闘開始から数日で一〇〇キロ近く前進していた。戦車を集結させ、急降下爆撃機のシュトゥーカが近接飛行して援護するドイツの電撃戦に対抗するすべは、ポーランド軍にはなかった。六〇〇両以上の装甲車がリダから来た兵士に向かって突進し、そのスピードは彼らの馬が疾走するより速かった。[23]

明け方、プロシェニエに近い森まで退却するよう命令が出た。プロシェニエはピオトルクフ・トリブナルスキから北東に約一〇キロの小さな村で、師団の司令部が置かれ、物資の輸送車列が待機していた。しばらくしてドイツ軍が攻撃を再開した。砲撃は森の中まで降り注ぎ、砕け散った木々の破片が槍となって人や馬を襲った。爆撃は東側のほうが激しく、市内への入り口を守るために連隊が一つだけ残された。彼らは必死に身を潜めていたが、ドイツ軍の機甲師団が戦線を突破したという話が伝わってきて、司令部は急遽、ワルシャワに通じる幹線道路に沿って退却を開始した。ヴィトルトは輸送車列とともに最後尾を守った。数キロも進まないうちに、ヴォルブシュという町の狭い橋を渡ろうとして先が詰まり、立ち往生した。しかし、あたりが暗くなると爆撃はやんだ。[24]

午後八時過ぎ、突然、戦車の轟音が響いた。反応するまもなく、隊列に機甲師団が突っ込んできた。その勢いはすさまじく、後方の兵士は馬から投げ出され、ほかの兵士は砲弾の雨になぎ倒された。ヴィトルトの馬、バイカは銃弾を浴びて崩れ落ちた。戦車から放たれる七・九二ミリ弾が兵士たちの体を切り裂き、道沿いの小屋に降り注ぐなか、彼は体を起こして溝に転がり込み、震える愛馬に寄り添った。[25]

決して動いてはならないと頭ではわかっていたが、虐殺される部下の悲鳴やうめき声を聞くのは苦痛でしかなかった。やがて銃声が静まった。ヴィトルトは殺戮の惨劇から脱し、町を抜けた暗い野原で十数人の生存者と馬に合流した。わずか数分間の攻撃でほとんどの部下を失った。死んだのか、負傷したのか、それとも捕虜になったのか。ヴィトルトはほかの生存者とともにワルシャワに向かったが、首都を守り切れなければすべて終わりだとわかっていた。[26]

最初は自分たちが前線の後方にいると思っていた。ポーランド人を殲滅するというヒトラーの命を受けて、ドイツ軍は逃げ惑う民間人を爆撃し、機銃掃射を浴びせた。道端に死体が散乱し、荷物や家具をうずたかく積んだ荷車が放置されていた。しかし、翌日になりワルシャワに近づくにつれて、生きている人々が道を埋め尽くすようになり、ヴィトルトはドイツ軍を追い抜いていたことに気がついた。荷物を担いで家畜を連れた男性や、子供を引きずるように連れている女性たちが、緊張した面持ちで空を見上げていた[27]。

## ワルシャワ降伏

九月六日の夜、ヴィトルトはワルシャワに入った。ラジオを携帯しておらず、いたるところで繰り広げられていた惨事の規模を知る手がかりもなかった。ドイツ軍はポーランドの戦線を複数の地点で突破し、ワルシャワを包囲しようと一気に迫っていた。先遣部隊がいつ市内に入ってもおかしくなかった。イギリスとフランスがドイツに宣戦布告していたが、動く気配はなかった。ポーランド政府はすでに避難しており、イギリスの代表団も出発の準備をしていた[28]。

「大使館の廊下に大使のワインがケースごと放置され、執事は涙を流し、階段には真新しいポロブーツなどあらゆる私物が散乱していた」と、代表団のピーター・ウィルキンソンは振り返る。彼は出発前に、大使館の素晴らしいワインセラーが五トントラックに積み込まれたことを見届けた[29]。

町の中心部に向かうヴィトルトが確認できた防御は、バリケードとして倒された路面電車の車両が数台だけだった。住民たちはありったけの服を着込み、あるいは派手なズボンにバンダナというスキー場に行くかのような格好で走っていた。前線から来た兵士が歩道にへたり込んでいる。無表情で疲れ切った姿を見るだけで、何が起きたのかわかった。空襲警報のサイレンも、もう鳴らなかった。ハンチング帽をかぶって葉巻をくゆらせている男性に道を尋ねると、薄ら笑いとともにドイツ語が返ってきた。ナチスがポーランドに大量に送り込んでいたドイツ系住民だったのだ。憤慨したヴィトルトはサーベルの平らな部分で彼の顔を殴り、馬を走らせた。[30]

王宮の近くのクラコフスキエ・プシェドミエシチェ通りでようやくワルシャワの軍司令部を見つけ、町を守る計画があることを知った。民間人の協力を得てバリケードを築き、包囲戦に備えようというのだ。ヴィトルトは馬用の麦や干し草を与えられたが、どの部隊に加わるのか、何をすればいいのか、明確な指示はなかった。そこで、ひとまず撤退して、東部で再編成されているポーランド軍に合流して反撃に出たほうが賢明だと判断した。九月九日、ドイツ軍の包囲網がほぼ完成した頃、ヴィトルトは部下とともにワルシャワを逃れ、南東へ約一〇〇キロのウクフに向かった。そこまで行けばポーランド軍の司令本部があると聞いたのだ。彼らが着いたときには、小さな町は煙を上げる廃墟と化していた。爆撃で開いた穴に横たわる農民の女性はスカートが頭までまくれ上がって真っ白な太ももが露わになり、かたわらの馬はばらばらだった。[31]

ウクフでは司令官たちは隣の町に退却したと聞いたが、行ってみると同じことが起きていた。その隣、さらに隣と、町が次々に爆撃され、放棄されていた。ドイツ軍はポーランド軍の再編成を防ぐために、地上部隊が進攻するよりはるか前に市街地とインフラを攻撃した。遠く離れたヴィトルトの故郷リダでも鉄道の駅が攻撃された。急降下爆撃機に追い立てられた民間人と兵士が道路を埋め尽くし、東に向かっていた。「私たちはもはや軍隊でも、分隊でも、砲兵隊でもない」と、ある兵士は回想している。「どこにあるともわからないゴールを目指して集団でさまよう個々の人間でしかない」[32]

事実に目をそむけることはできなかった。ヴィトルトはポーランドが再び独立を失ったことを知った。そして、彼を含むすべてのポーランド人が、ある問題を突きつけられていた――降伏するのか、それとも無駄だと知りながら戦うのか。ヴィトルトは前者の選択肢を受け入れることができなかった。九月一三日、ワルシャワから東に二四〇キロのヴウォダヴァで再びドイツ軍に爆撃された。ヴウォダヴァにはヴィトルトがボリシェヴィキの作戦で知り合ったヤン・ヴウォダルキエヴィチ少佐がいて、少なくとも彼は覚悟を決めていた。背は低いがボクサーのように体を鍛え上げた少佐は、ハンガリー国境に集合するよう命令を受けていた。ヴィトルトと同じように敗残兵を集めており、彼らは合流して一つの中隊を組織した。しかし国境に向かう途中で、相変わらず運転手付きの車に乗ったガウリキエヴィチ少佐をはじめ、それぞれ専用車に乗った司令官たちに出くわした。彼らは驚くほど冷静で、国外で集結して戦いを続けるつもりだと語った。ヴィトルトは脱走に等しいと抗議したが、彼らは肩をすくめて走り去った[33]。

ヴィトルトとヤンは独自に計画を練った。このまま国境を目指しても、ドイツ軍の目に留まるのは時間の問題だ。そこで、彼らは森に入った。そうすれば奇襲攻撃も可能で、同じ志の仲間を集めて大規模な作戦を立てられるかもしれないと考えたのだ。それから数日間、彼らはドイツ軍の車列を数回攻撃し、小さな仮設の滑走路を襲って航空機を一機、爆破したが、そうした攻撃にあまり意味がないことにヴィトルトは気づいていた。ドイツ軍の検問所が次々にできて、彼らは雑木林や沼地にとどまらざるを得ず、森で食べられるものを探し、山奥に住む農民から食料をかき集めた。追い打ちをかけるように雨が降り続いた。背中を水が川のように流れ落ち、足は泥まみれだった。[34]

九月末、ヴィトルトはソ連軍が東からポーランドに侵攻したことを知った。スターリンはポーランドの少数民族を守るためだと主張したが、大半のポーランド人はその真意がわかっていた。ソ連の独裁者は、戦利品の分け前を手に入れようとしていた。ヴィトルトは反撃に出られるだけの人数はいるというわずかな希望を持っていたが、それもすぐに消えた。今は目の前に対処すべき懸念があった。彼の一族は反ソ連の活動家として知られており、マリアと子供たちが危険にさらされていることはほぼ間違いなかった。[35]

九月二八日にワルシャワは降伏した。ヴィトルトが退却した後も首都はさらに二週間ほど持ちこたえた。激怒に駆られたヒトラーは、爆弾でワルシャワの空を暗闇に変えて人々を血の海に沈めるよう命じた。最後の空襲と爆撃で四万人が死亡、市内の建物の五分の一は破壊されるか甚大な被害を受けた。学校も病院も教会も無差別に爆撃された。旧市街は廃墟と化し、ヨーロッパ最大の新しいオペラハウスは数本の柱しか残らなかった。家を失った数万人が瓦礫の中にうずくまっていた。[36]

ワルシャワが破壊されたことは、ヴィトルトは噂で聞いただけだった。汚れにまみれ、ひげも剃らずに、ルバルトフの近くの森でヤンと身を寄せ合いながら、国を取り戻すための戦いは森ではなく権力が宿るワルシャワから始まるのだと悟った。彼らは部下に穴を掘らせて武器を埋めさせ、軍服を地元住民の服と交換した。ヴィトルトは古い羊の皮の上着を手に入れた。[37]

再び西を目指しながら、一人、二人と、離脱した兵士はそれぞれ故郷に向かった。ヴィトルトはワルシャワに戻る前に、首都から北に約一〇〇キロのオストルフ・マゾヴィエツカに寄った。マリアの母フランシスカが暮らすその町に、マリアと子供たちがいるはずだった。彼とヤンは手と手を握り締め、二週間後にワルシャワのヤンの母親のアパートで落ち合う約束をした。「始めたことはやり遂げよう」と、ヤンは誓った。[38]

## 家族はどこへ

ヴィトルトは野原を渡り、草むらをかき分けて、数日後にオストルフ・マゾヴィエツカ近くのブグ川に出た。流れの速い水路は、ドイツ軍とソ連軍の新しい境界線になっていた。ヴィトルトがいる側の岸をソ連兵が巡回していた。彼は暗くなるまで身を隠し、地元の漁師を説得して、監視の間隙を縫って小型の平底船で川を渡った。船は流れにもまれながら、ドイツ軍が有刺鉄線を張った対岸にたどり着いた。ヴィトルトは数キロ先のオストルフ・マゾヴィエツカへと急いだ。[39]

オストロフスキ家

町は不気味なほど静かだった。一万七〇〇〇人の住民の半分がユダヤ人で、そのほとんどはソ連占領地に逃れていた。店や住宅は略奪され、ポーランド人家族が住み着いているところもあった。フランシスカは町はずれの農家に住んでいた。ヴィトルトが到着したとき、家の向かいにあるビール工場の庭にドイツ軍の車両が止まっているのが見えた。工場はドイツ秘密警察、ゲシュタポの本部になっていたのだ。彼は家の裏手から入った。フランシスカは無事だったが、マリアの居場所はわからなかった。ヴィトルトは居間のソファで眠り、フランシスカは酒をあおった。[40]

続く数日間で、ヴィトルトはナチスが町で新たに始めた残忍な人種秩序について知った。ドイツ人は住民を集めて学校の体育館に閉じ込め、ポーランド人とユダヤ人に分けた。カトリック教徒のほとんどはすぐに釈放されたが、ユダヤ人は強制労働に回された。ドイツ人はポーランド系の住民に、ユダヤ人を罵倒して暴行を働き、彼らの店を略奪するように仕向けた。ユダヤ人家族が自宅から追い出されると、隣人のカトリック教徒から嘲笑が起きるときもあった。しかし、住民の大半はドイツ人の誘導に乗らなかった。町長はある家族を自宅の地下室に隠した。マリアの両親は、町から逃げてきたユダヤ人に果樹園のリンゴの収穫をさせるなど、精いっぱいの支援をした。[41]

ヴィトルトはオストルフ・マゾヴィエツカでの日々について多くを語っていない。地元の住民が、明らかにドイツ人の策略にはまったとはいえ、反ユダヤ主義を示したことに失望したのだろう。毎朝、マリアが子供たちを連れてドアから入ってくるようにと祈りながら目を覚まし、毎晩、最悪の事態を恐れながら眠りについた。[42]

最終的に、マリアはクルパに残って友人のところに隠れているのだろうと推測した。このまま家族を待つか、ドイツ軍との戦いを再開するか、ヴィトルトは選択を迫られた。マリアと子供たちが移動している最中なら、国境を越えてなだれ込む避難民の数を考えれば、見つけられる可能性は極めて低いことはわかっていた。いずれにせよ、選択肢は一つ。家族より国を優先するしかない。一一月一日の朝、彼は自転車を借りて、ヤンに会うためにワルシャワを目指した。この日は万聖節〔諸聖人の日〕で、墓地にはろうそくの花が咲き、生者は死者のために祈っていたが、ヴィトルトには時間がなかった。ワルシャワに戦いに行くのだ。[43]

# 2章　占領

## ワルシャワ、一九三九年一一月一日

自転車をガタガタと鳴らしながら、ヴィトルトはワルシャワに近づいていた。何が待っているのか、どのような抵抗運動に身を投じることになるのか、何もわからなかった。幹線道路はあちらこちらにドイツ軍の検問所があり、彼は田舎道を通って情報の断片を拾い集めた。イギリスやフランスからの攻撃の気配はなかったが、いずれ来るはずだ。連合軍の攻撃に合わせて蜂起を計画すれば、ドイツ軍を駆逐する最大のチャンスになる。自分と同じ思いを抱く人々がいるだろう。とにかくネットワークの構築に取りかかるのだ[1]。

ヴィトルトはヴィスワ川を渡る唯一の橋の上で群衆に紛れ込んだ。対岸の壊滅的な街並みを見て、彼は驚いたに違いない。ワルシャワの中心部はドイツ軍の爆撃の影響をまともに受けていた。倒壊した建物が道をふさぎ、瓦礫の土手のあいだに小道ができていた。マルシャウコフスカ通りとイェロゾリムスキエ通りが交わる角に数百人が集まり、レンガや石を積んだ市内で最も大きい墓の前にろうそくを灯していた。割れた窓ガラスの破片が足元で甲高い音を鳴らした。ナチスドイツのヨーゼフ・ゲッベルス宣伝相は、この頃ワルシャワを訪れて言った。「ここは地獄だ。町は廃墟と化した。われわれの爆弾と砲弾が完璧な仕事をした」。無傷で残ったわずかな区域も確実に変わっていた。「一見するとすべてが以前と同じように見えたが、何かが違った。喪に服す町の奇妙な空気に沈んでいた」と、ある目撃者は語っている[2]。

ヴィトルトは市の南部にある友人のアパートに向かった。惨状を目の当たりにした衝撃と落胆が、ヒトラーがポーランドで描く恐るべき計画を理解しなければならないという現実的な必要性にふたをした。九月にヒトラーはポーランド西部をナチスドイツに併合し、ドイツ人入植者のために、五〇〇万人以上のカトリック教徒のポーランド人とユダヤ人を追放した。ワルシャワやクラクフを含む残りのポーランド領は、ドイツの植民地になることが決まった。ヒトラーは元弁護士のハンス・フランクを「占領下のポーランド領総督府」の長に据えて、冷酷に搾取し、残忍な人種的階層を強いるように命令していた[3]。

ここで言うドイツ人とは、ドイツ系の血筋を証明できるポーランド人を含む支配民族のことだ。彼らには行政の仕事とユダヤ人から没収した財産が与えられ、専用の公園、公衆電話、タクシーなどを利用できた。公共交通機関や映画館も分離され、店には「ポーランド人とユダヤ人お断

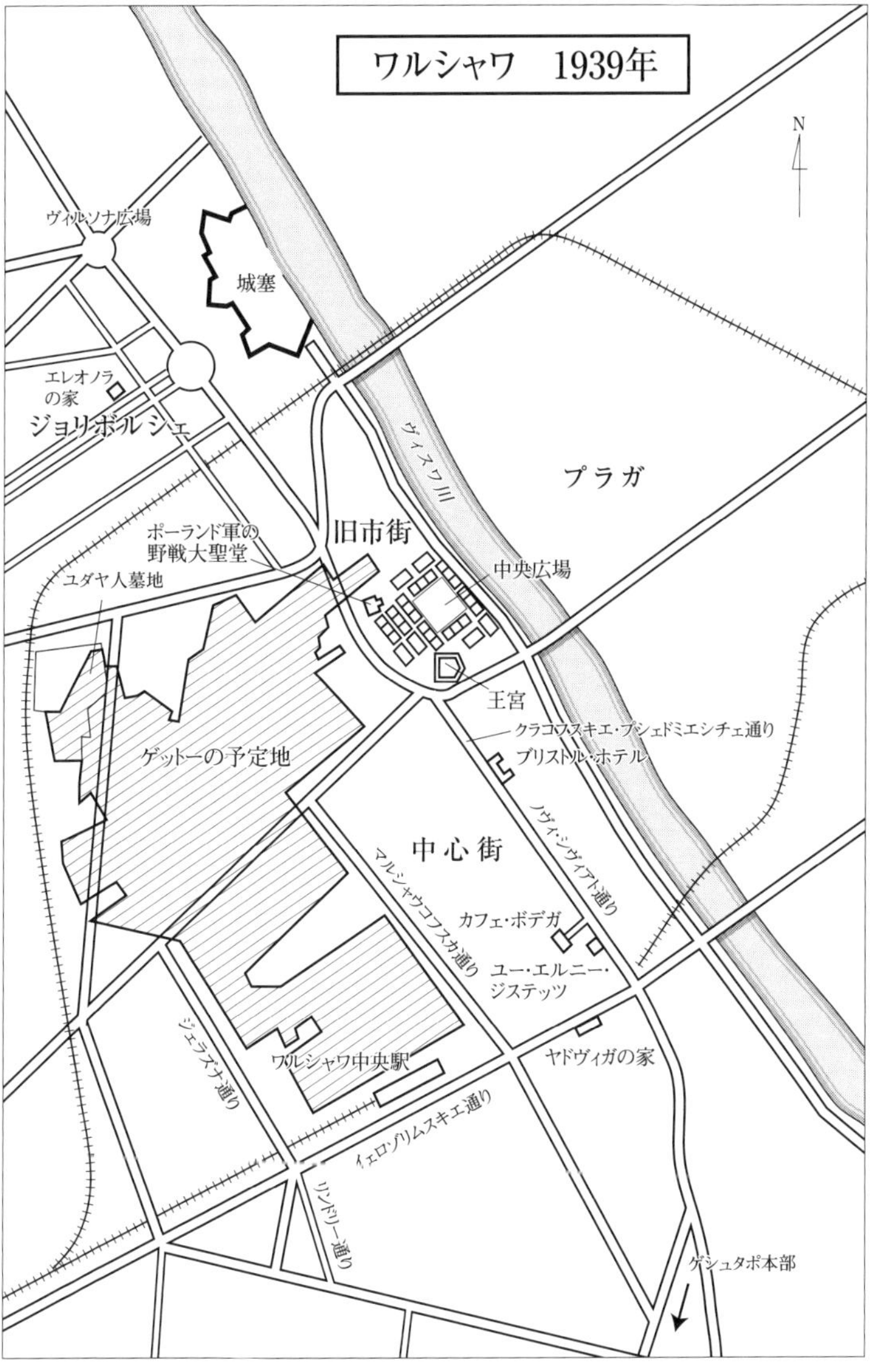
ワルシャワ　1939年
N
ヴィルソナ広場
城塞
エレオノラの家
ジョリボルシェ
ヴィスワ川
プラガ
旧市街
ポーランド軍の野戦大聖堂
中央広場
ユダヤ人墓地
王宮
クラコフスキエ・プシェドミエシチェ通り
ブリストル・ホテル
ゲットーの予定地
中心街
ノヴィ・シヴィアト通り
マルシャウコフスカ通り
カフェ・ボデガ
ユー・エルニー・ジステッツ
ジェラズナ通り
ヤドヴィガの家
ワルシャワ中央駅
イェロゾリムスキエ通り
リンドリー通り
ゲシュタポ本部

り」の張り紙が出された[4]。

ポーランド人は劣等のスラブ民族として、労働力と見なされた。ヒトラーは彼らを、他民族との混血で薄められたゲルマン民族の血を引くアーリア人とした。この年の秋、何万人ものポーランド人がナチスドイツで労働を強いられた。アインザッツグルッペンとして知られる移動虐殺部隊がレジスタンスの先手を打って、教養のある専門職のポーランド人――弁護士、教師、医師、ジャーナリストなど、知性がありそうな人々――約五万人を検挙して銃殺し、遺体を集団墓地に埋めた。新聞は検閲され、ラジオ放送は禁止、高校や大学は閉鎖された。ポーランド人に必要なのは「民族としての運命を教える教育的可能性」だけだった[5]。

最下層はユダヤ人で、ヒトラーは彼らを民族ではなく、ドイツ人を滅ぼそうとする寄生虫のような亜種と見なした。「国際的なユダヤ人金融業者」が再び世界大戦を引き起こすなら、ヨーロッパのユダヤ人を絶滅させると脅した。しかし、一九三九年の秋の段階で、ナチス指導部のユダヤ人に対する計画はまだ確定していなかった。ポーランドを占領したことにより、ドイツ国内にいたユダヤ人の一〇倍にあたる二〇〇万人のユダヤ人がナチスの支配下に入った。SS（親衛隊）大将のラインハルト・ハイドリヒは九月に、ユダヤ人問題を段階的に処理するよう各部隊に勧告した。そして、ソ連との新しい国境線沿いに設けた収容所に移送するために、ユダヤ人を都市部に集めるよう命じた。移送までのあいだ、ユダヤ人はダビデの星を袖や胸に付けなければならなかった。彼らの店や会社にも星の文様を示さなければならず、執拗な嫌がらせを受けた。一一月にハンス・フランク総督は演説で、「喜ばしいことに、ようやく……ユダヤという人種に肉

射殺されるために連行されるポーランド人女性（1939年）［提供：ポーランド国立公文書館］

体的に対処できるようになった」と述べている。「多く死ねば多いほどいい」[6]

ヴィトルトは市内の街灯に貼られたフランクの公布文を見て、ドイツ人が社会構造を破壊して民族同士を対立させることによって、ポーフンドを滅ぼそうとしているのだと理解したに違いない。しかし一方で、「勝手にしろ」（ポーランド語の慣用句を直訳すると「おまえを俺たちの尻の穴に突っ込んでやる」）というステッカーや、ヒトラーのカールしたひげと長い耳を強調した巨大なポスターが市街地に立てられるなど、心強い抵抗の兆しもあった。

一一月九日、ヴィトルトは仲間のヤン・ヴウォダルキエヴィチと連絡を取り、町の北側のジョリボルシェにあるヴィトルトの義姉のアパートに志のある者が集まる約束をした。ヴィトルトは午後七時以降の外出禁止令を破り、雨の降る通りを急いだ。[7]

義姉のエレオノラ・オストロフスカは、三階にある二部屋の区画に住んでいた。ジョリボルシェは爆撃の被害は比較的少なかったが、ほとんどのアパートの窓が吹き飛ばされ、電気も止まっていた。ヴィトルトを出迎えたエレオノラの足元には、二歳になる息子のマレクがいた。義姉とは以前にちらりと会ったきりだった。三〇歳の魅力的でタフな女性で、濃いブロンドの髪を後ろで束ね、唇は薄く、瞳は淡いブルーだった。夫のエドヴァルトがヴィトルトの妻マリアの兄で、騎兵隊の将校だが、戦争が始まってから行方不明になっていた。彼女はマレクを育てながら、ナチスが廃止しなかった数少ない政府部門である農務省で働いていた。[8]

続いてヤンが、喘ぎながら階段をのぼってきた。彼はワルシャワに向かう途中で胸を撃ち抜かれたが、命は助かり、母親の家に寝泊まりしていた。ヤンが選んだ将校や学生運動家など、さらに六人が集まった。エレオノラは窓に茶色い紙を貼っていたが、寒くて誰も上着を脱がなかった。彼らは居間のテーブルを囲み、エレオノラがろうそくを灯した。[9]

現状について、ヤンは厳しい結論に達していた――ポーランドの敗因は、指導者がカトリックの国づくりに失敗して、国の持つ信仰の源を力にして侵略者に対抗できなかったことだ。彼は今回の敗戦を機に、キリスト教を中心とした国づくりを行い、若い世代の宗教的な熱情を呼び起こすべきだと考えていた。右翼のグループを引き入れるという青写真も描いていたが、まずは、二重に占領された国にレジスタンスを広く呼びかけることからだ。[10]

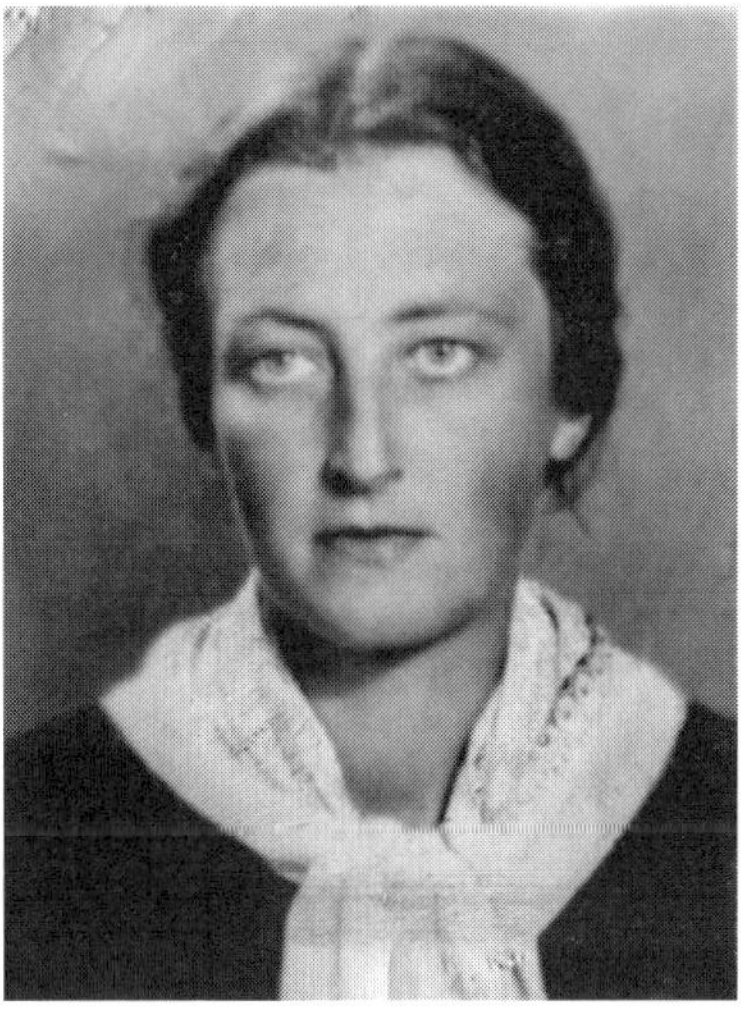

上・ヴォイスカ・ポルスキー通り 40 番地［提供：PMA B］
下・エレオノラ・オストロフスカ（1944 年）［提供：マレク・オストロフスキ］

ヴィトルトは、ポーランド政府に対するヤンの怒りを間違いなく共有しており、ワルシャワに対する思いも同じだったが、自分の信仰を他人と分かち合おうという気持ちはほとんどなく、宗教的な使命を公言することによって潜在的な味方を遠ざけるのではないかと案じていた。この段階ではむしろ、秘密裏に効果的なレジスタンスを構築できることが実際に可能かどうか、見極めることを優先させたかった[11]。

夜遅くまで戦略について語り合った後、それぞれの役割を決めた。リーダーはヤン。ヴィトルトはメンバー勧誘の責任者になった。組織の名前は「ターニャ・アルミア・ポルスカ（ポーランド秘密軍）」と決まった。夜が明けると目立たないようにアパートを出て、旧市街のはずれにあるバロック様式の教会「ポーランド軍の野戦大聖堂」に向かった。教会に知り合いの神父がいて、宣誓の証人を頼んだ。薄暗い祭壇の前にひざまずき、神に仕えること、ポーランドの国に仕えること、そして互いに仕えることを誓った。祝福を受けた彼らは、充血した目で意気揚々と教会を出た[12]。

## 地下組織への勧誘

ヴィトルトが勧誘を始めたその年は、冬の訪れが早かった。ときどき雪が降り、ヴィスワ川に氷が張って、市内に一〇〇近いレジスタンス組織が生まれた。ヴィトルトたちのように将校が率いるグループだけでなく、共産主義の扇動者、労働組合員、芸術家の集まり、さらには生物兵器の開発を計画している化学者のグループもあった。ブリストル・ホテルやアドリア・ホテルなど、人々が集まりやすい建物はドイツ軍に占領されていたが、地下のたまり場と呼ばれるようになる新しい隠れ家も生まれていた。ユー・エルニー・ジステッツは、スウェーデンのオペレッタ歌手が仕事のないアーティスト仲間を雇うために開いたレストランで、毛皮のコートを着た人々が猫背でテーブルを囲み、計画を語り合った。共謀者のグループは大半が顔見知りで、春に始まる連合軍の反攻について、最新の噂や違法ラジオで拾った情報の断片を共有していた[13]。

中央駅の周辺では、服や食料、ドル、ダイヤモンド、偽造書類などを扱う闇市がにぎわっていた。田舎から来た農民は、服の裾や隠し持った袋、ブラジャーなどに商品を忍ばせた[14]。「この時代のポーランドで、あれほど大きな胸を見たことはない」と、地下組織のメンバーだったステファン・コルボンスキは語っている。解体した豚を棺桶に入れて市内に運び入れる目ざとい密売業者もいた。ドイツ軍は統治の体制づくりに忙しく、検査も大ざっぱで、発見されても袖の下を使えば見逃された。例外ではあるが、競走馬を農民の女性に偽装しようとした密輸業者のように、気の利いたジョークで許された者もいた。「憲兵に発見されたときは、ユーモアのかけらもない彼らでさえ笑い死にするところだった」と、コルボンスキは語っている[15]。

ヴィトルトは人目に付く集会は避け、自分と同じように控えめで寡黙な性格の人を探した。彼はレジスタンス活動の基本的な真理を理解していた。どのようなグループでも国籍、言語、文化は重要な絆だが、彼のネットワークが最終的に軸としたのは、より基本的な性質である信頼だった。レジスタンスに勧誘するということは、自分の命を勧誘者に預けることであり、その逆もまたしかりである。ヴィトルトが選んだ人々は、自分に対するヴィトルトの信頼に驚くときもあった。[16]

「なぜ私を信じるのですか？」と、ある男性が尋ねた。[17]

「きみは人を信じなければならない」と、ヴィトルトは答えた。[18]

とはいえ、相手の気質に関する判断がいつも正しいわけではなく、情熱がありすぎるメンバーが自分たちを危険にさらすのではないかという心配もつきまとった。その年の冬、ターニャ・アルミア・ポルスカは新入隊員への助言をまとめた冊子を作成し、「レジスタンス活動に夢中になりすぎると、いとも簡単に捕まってしまう」と警告した。「ドイツ人に復讐したければ、復讐を果たすまで生き延びなければならない[19]」

一二月にはヴィトルトが勧誘した新しいメンバーは一〇〇人近くになった。その大半は若い青年で、彼は懸命に育てた。「彼はとても繊細だった」と、エレオノラは振り返る。「他人の問題にも影響を受けていた」。ある兵士は、彼は自分たちの「子守り」だと感謝を込めて笑った。ヴィトルトは自分がここまで簡単に変われるものなのかと驚きながら、新しい状況を楽しみ始めていた。これまでの人生を縛りつけていたものは、もう何も意味を持たなかった。久しぶりに自由を感じていた。[20]

占領に抵抗しようにも自分たちのグループに直接できることは、少なくとも今はほとんどないとわかっていたが、効果的な情報収集活動には貢献できると考えていた。ターニャ・アルミア・

ポルスカの情報部門を率いるイェジ・スコチンスキは、ポーランドの警察と接点があった。ドイツ軍はポーランド警察を従えて基本的な治安維持に当たらせていたが、大規模な作戦については頻繁に情報が流れてきた。ヴィトルトたちは警察からの情報を使って、ドイツからターゲットにされている者に警告した。しかし、ナチスが計画を実行していく目まぐるしいペースを把握することは難しかった[21]。

この冬、SSは併合したばかりのポーランド西部から大量のポーランド人を追放し始めた。ワルシャワの中央駅には毎日のように、体が半分凍りついた家族を詰め込んだ家畜用の貨車が到着し、板を剝ぎ取るように扉を開けると、固くなった死体が彫像のように地面に落ちた。生き残った人々は廃墟で寝るか、すでに人があふれている友人や親族の家に体を詰め込んだ。一九四〇年一月までにカトリック教徒とユダヤ人を含む一五万人以上のポーランド人がドイツ人入植者のために追放され、さらに数十万人の追放が計画されていた[22]。

ドイツ当局は、難民の流入に何の備えもしていなかった。フランク総督は全土に向けて食料の配給制度を発表した。いわゆるアーリア系ポーランド人は一日約六〇〇キロカロリー、ユダヤ人は一日五〇〇キロカロリーの割り当てで、生き延びるために必要なカロリーの三分の一にかろうじて届く程度だった（ポーランドに住むドイツ人は二六〇〇キロカロリーを保証された）。配給カードは指定された店でしか使えず、買える品物は数えるほどだった。おがくずを混ぜた「小麦粉」のパン、ビーツのマーマレード、苦いドングリのコーヒー。ジャガイモだけは常に全員に配給があった。闇市が少しは足しになったが、多くの人が飢えていた。栄養失調の難民が街角にあふれ、物乞いをしていた。[23]

街中は窮屈で汚く、すぐにチフス〔発疹チフス〕が流行した。チフスほどドイツ人を恐怖に陥れる病気はまずない。第一次世界大戦中にも東部戦線で猛威を振るった。ナチスはユダヤ人が特に感染しやすいと考え、感染を封じ込めるとして、ワルシャワにある密閉されたゲットーにユダヤ人を閉じ込める計画を加速させた。[24]

一方で、ドイツは現実の敵や想像上の敵の弾圧も始めた。いくつかの地下組織が解体され、ワルシャワ北部のパルミリの森では弁護士や歯科医、さらには国内トップのチェスプレーヤーらが大量に虐殺された。こうした報復措置は、より有能なグループを選別して発展させるという予想外の結果をもたらした。一連の取り締まりを機に頭角を現した最も有力な勢力は、前年の秋にフランスで設立されたポーランド亡命政府の支援を受ける「武装闘争同盟（ZWZ）」だった。[25]

ヴィトルトの部下は占領軍と内通しているポーランド人の取り締まりに注力した。彼らの大半は、一〇〇万人強のドイツ系コミュニティの人々だった。「どのコミュニティにも、自分だけが難を逃れることや、気に入らない夫や妻、あるいは愛人を糾弾することに、良心の呵責を感じない人がいる」と、ある地下組織のメンバーは語っている。密告者の動機が何であれ、地下活動にとって脅威であり、排除しなければならなかった。[26]

情報提供者はノヴィ・シヴィアト通りにある地下のナイトクラブ、カフェ・ボデガによく集まっていた。この店はイタリア大使のポーランド人夫人が所有していたおかげで、ジャズが唯一の売りだったにもかかわらず生き延びていた。ヒトラーが「ネガームジーク〔黒人の音楽〕」を嫌ってい

ジョージ・スコットとバンド（1941 年頃）［提供：ポーランド国立公文書館］

ることはよく知られていたが、公式には禁止されていなかった。ゲシュタポがボデガを容認していたのは、暗くて騒がしい店内が、バーや、バンドスタンドの横の予約席で情報提供者と会うのにうってつけだったからだ。[27]

情報部門を束ねるイェジはクラブの入り口の向かいにある印刷所の上に小さな監視所を構え、店に入る人を記録し、街灯の明かりを頼りに密告者と思われる人物の写真を撮った。店員の協力を得て会話を盗み聞きしたり、ときには情報提供者のふりをした部下を送り込み、本物の情報提供者の犯罪をでっちあげてゲシュタポに告発した。ボデガでは、抗議する情報提供者をゲシュタポの隊員たちが引きずり出す光景も日常茶飯事だった。アフリカ系アメリカ人の父とサーカスで働いていたポーランド人の母とのあいだに生まれたバンドリーダー兼ドラマーのジョージ・スコットは、何が起きてもメドレーのビートを止めなかった。[28]

## ヤンとの対立

その春、マリアと子供たちがオストルフ・マゾヴィエツカの実家に到着したという知らせが入った。ヴィトルトはドイツ軍がほとんど検査をしていないおんぼろの路線バスを使って家族のもとに急いだ。マリアが語るソ連占領下の東部の状況と逃避行は悲惨なものだった。

スターリンはポーランドの占領地をソヴィエト社会主義共和国連邦の白ロシアとウクライナに組み込み、ソ連の秘密警察はポーランド人をシベリアの収容所や中央アジアの再定住地に強制移送していた。マリアはクリスマス前に、まもなく自分たちも逮捕されるという情報を得た。数枚の着替えを鞄に詰め、かろうじて荷馬車に乗り込んだ。家族の愛犬ネロは置いていくしかなかった。冬のあいだはクルパで家族の友人のもとに隠れていた。寒さが和らいだ頃、マリアの母の家を目指し、ソ連とナチスドイツの新しい国境に向かう列車に乗った。国境から三〇キロほどのヴォルコヴィスクという小さな町でソ連の警察官に止められ、マリアは駅の近くにあった地下壕で尋問を受け、子供たちは近くの町役場で一晩待たされた。翌朝、お金と結婚指輪を失ったマリアがようやく釈放されたとき、八歳のアンジェイは恐怖と寒さで全身が強ばっていた。[29]

親子は近くの町のいとこの家にたどり着き、一週間休んでから再び出発した。今度はガイドを雇い、夜に国境を越えることになった。氷点下の寒さで、吹きさらしの緩衝地帯を満月が照らしていた。途中でアンジェイが有刺鉄線につまずいて転び、羊の皮の上着が引っかかった。まさにそのときドイツ側のサーチライトが彼らのいるあたりを照らし、鉄線から上着をはずそうともがいている姿を捉えた。すぐに身柄を確保されたが、幸運にも国境警備隊の担当者は彼ら家族にほとんど関心を示さず、そのまま通過させた[30]。

オストルフ・マゾヴィエツカに着いて目にしたのは、ドイツが次々に実施する人種政策で荒れ果てた町だった。一一月一一日にドイツ軍がユダヤ人の男女と子供三六四人を町はずれの森まで行進させて射殺したと、マリアは聞かされた。最初の大量虐殺の一つだった。処刑場は彼女の母親の家から二キロ足らずのところで、アンジェイのお気に入りの遊び場だった家族の果樹園の隣だった（アンジェイは言いつけを破って現場に行き、木々のあいだで少年用の濡れた帽子を見つけた[31]）。

ヴィトルトは家族が落ち着いて暮らせるようにできるだけのことをした。さらに気を引き締めてワルシャワに戻ると、ヤンが反ユダヤ主義を都合よく使おうとしていた。ヴィトルトはヤンが以前からグループの会報を作りたがっていることを知っていた。地下活動の世界にはさまざまな政治色の出版物があふれており、一九四〇年の時点で八四種類が発行されていた。しかしヤンは、レジスタンスの道徳的な基盤に焦点を当てたいと考えていた[32]。

ヴィトルトは反対せず、自分が滞在していたジェラズナ通りにある食料品店を配布場所にできるよう手配した。しかし、『ズナク（署名）』の創刊号には、戦前の右翼団体のマニフェストを丸ごと引用したような記事が掲載されていた。ポーランド人のためのポーランド国家や、真のキリスト教国の建設を声高に叫ぶヤンの主張は、ナチスの占領を、ユダヤ人を永遠に排除するための手段と見なしていた超国家主義者たちの意見に気味が悪いほど近かった[33]。

ドイツの弾圧が強まっている今こそ、ポーランド人は団結しなければならないのだと、ヴィトルトは矛先をかわしながらヤンに説明した。編集長のヤドヴィガ・テレシュチェンコは自宅で仲間と夜遅くまで編集作業をしながら、ポーランド人のあいだに反ユダヤ主義が広まっている問題を提起したが、彼女の懸念は切り捨てられた——ユダヤ人はどちらの味方かわからないから、いなくなったほうがいい、と。ゲットーの周りに壁が築かれ、ユダヤ人家族は移転を余儀なくされていると、ヤドヴィガは指摘した。彼女の隣人も去った。しかし、近隣のカトリック教徒のポーランド人は助けるどころか、彼らが残した家財を奪った。ポーランド人には「汝の隣人を愛せよ」という戒めから始まる道徳的な目覚めが必要だと、ヤドヴィガは思った[34]。

ヤンに反省の色はなく、組織の右翼的なマニフェストの作成に着手した。彼は政治運動に高めたいと考えていたようだ。さらに、国粋主義的なグループと統合の可能性について話し合いを始めた。そうしたグループの一つには、ナチスの傀儡政権をつくろうとドイツ側に打診したメンバーもいた。ヤンは明らかに道を見失っていた。ヴィトルトは、友人の意に背くことになるが、自分が止めなければならないと感じていた[35]。

ヴィトルトは武装闘争同盟を率いるステファン・ロヴェツキ大佐に組織の統合を持ちかけた。

ヴィトルト（左）とヤン（1940年頃）［提供：ピレツキ家］

ライバル組織だと反発する者もいたが、ヴィトルトはロヴェツキの包括的なアプローチを気に入っていた。四五歳のロヴェツキは、フランスのポーランド亡命政府の直属となる地下の民政組織の設立に賛成しており、ポーランドのユダヤ人にも平等な権利を与える「真の民主主義」の国をつくろうと、折に触れ呼びかけていた。シャーロック・ホームズのファンを公言してさまざまな変装を楽しみ、自分の意見を述べることはほとんどなかったが、国の雰囲気を敏感に察知していた。また、すでにフランスにいるポーランドの指導部に書状を送り、ナチスが反ドイツの運動からポーランド人の目をそらすために、意図的に人種的憎悪を煽っているのではないかという懸念を伝えていた。ロヴェツキの報告によると、ポーランド民族によるユダヤ人への攻撃がかなり激しくなっており、ドイツに取り込まれた右翼政治家が自分の立場を正当化するためにユダヤ人迫害を利用するのではないかと、彼は懸念していた。[36]

ロヴェツキもヴィトルトと同じく、地下組織が占領軍の武力に対抗して何かを成し遂げられるという幻想は持っていなかった。しかし、自分たちの抵抗運動には、少しずつ能力を高めながら士気を上げるという、より深い目的があると感じていた。[37]

ロヴェツキはナチスの犯罪の記録をまとめ、連合国が行動を起こすように圧力をかけたいと考えていた。報告書は密使のネットワークを使ってタトラ山脈の人里離れた峠を越え、ひそかにフランスへと運ばれた。今のところ彼の報告は西側のリーダーたちの想像力をかき立てるまでには至っていないが、いくつかの暴露にドイツは困惑しており、国際的な反発を受けて拘束していた学者グループを釈放したこともあった。このような情報が蓄積されれば、イギリスとフランスが決意を固める後押しになるだろうと、ロヴェツキは考えていた[38]。

寡黙で秘密主義的なロヴェツキの力量に感銘を受けたヴィトルトは、彼の権威に従うべきだと確信した。しかし、ヤンは自分もポーランド亡命政府に密使を送って支持を得ていることを強調し、統合を即座に否定した。そして、自分が用意したマニフェストに、末端のグループがいくつか共同で署名する準備はできていると明かした[39]。

「そんな宣言をしたら、これまでの苦労が水の泡だ！」と、ヴィトルトは叫んだ。「武装闘争に集中しよう。憲法の問題は後回しだ[40]」

ヤンは呆気に取られていた。彼はヴィトルトが同意すると当てにしていたのだ。しかし、グループの新しい参謀長に就いていた勇猛なヴワディスワフ・スルマツキ大佐をはじめ数人がヴィトルトに賛同した。ヤンは降参してロヴェツキとの話し合いに応じ、ここはヴィトルトが勝った[41]。

しかし、ヤンは自分の宣言を推し進め、ヴィトルトが案じていたように対立が生じた。ユダヤ人やその他の少数民族への言及はなかったが、その意図は明らかだった。「ポーランドはキリスト教国でなければならない」「ポーランドは国民のアイデンティティにもとづく国でなければならない」と、宣言はうたい上げた。こうした考えに反対する者は「われわれの国から排除されるべきだ」と。ヴィトルトは二人の関係が破綻したことを悟った。「表面的には組織の運営を続けることで合意した」が、「深い恨み」を隠すことはできなかったと、後に振り返っている[42]。

## アウシュヴィッツ収容所潜入計画

五月一〇日、ヒトラー軍はフランスに向かう途中でルクセンブルクと低地諸国に侵攻した。地下組織が待ち望んでいた瞬間だった。連合国の軍勢を結集させてドイツ軍を攻撃し、彼らを破るか、ポーランドの蜂起が意味のあるかたちになるまで時間を稼ぐか、どちらかはできるだろう。ヤンの母親が自宅に違法なラジオを設置していた。ヴィトルトたちはそのラジオを囲み、最初は熱心に耳を傾けていたが、ドイツ軍がダンケルクでイギリス軍を撃退してパリに侵攻したとBBCが伝えると、次第に険しい表情になった。フランス軍が壊滅的な敗北を喫し、この戦争が延々と続くだろうということが、すぐに明らかになった。[43]

フランク総督は外国メディアの否定的な報道を気にする必要はなくなったと考え、徴兵年齢に達する男性の大量検挙を命じた。六月二〇日、パルミリの森で三五八人が銃殺された。さらに数千人がドイツの強制収容所に送られた。あるとき、エレオノラのアパートにSSが踏み込み、ヴィトルトは危うく捕まりそうになった。外からトラックの音が聞こえてきたので、床板の下に書類を隠してドアを出た直後に、警察官が押し入って室内をくまなく捜索した。ヴィトルトは隠れ家を転々とし、クラクフ郊外に住む士官で犯罪歴などがないトマシュ・セラフィンスキという人物の身分証明書を使い始めた。[44]

取り締まりが強化されて、ヴィトルトのネットワークは打撃を受けた。ボデガもゲシュタポの急襲を受け、ウェイターの大半が逮捕された。代わりに新しく人が入ったが、ゲシュタポはスパイを紛れ込ませることに成功した。彼女はＳＳの士官に恋をしたポーランドの若い気まぐれな女性で、数人の名前を士官に提供した。その一人がヴィトルトの仲間で、彼女のおじでもある婦人科医ヴワディスワフ・デリングだった。一九四〇年七月三日、夜が明ける直前に、ＳＳはデリングと妻をアパートから引きずり出した。[45]

地下組織の情報網ではデリングの消息はわからなかったが、六月にオシフィエンチムという小さな町のはずれでポーランド軍の旧兵舎にＳＳが強制収容所をつくったという知らせがいくつか

上・ステファン・ロヴェツキ（戦前）［提供：ポーランド通信社］
下・ヴワディスワフ・スルマツキ（1930年頃）［提供：PMA-B］

届いた。ドイツ人はそこをアウシュヴィッツと呼んだ。ヒトラーが権力を握って以来、このような収容所は、ドイツ政界では当たり前になっていた。ヒトラーは緊急命令として、SSが国家の敵と判断した市民を無期限に拘束したり、「保護拘禁」することを認めていた。実際に戦争が始まるまでに、ナチスは何千人という政治家や左翼活動家、ユダヤ人、同性愛者、さらにはいわゆる社会的逸脱者を、ドイツ全土にある六カ所の「公認の」強制収容所に送り込んでいた。[46]

アウシュヴィッツはドイツの収容所として初めて、国籍にもとづく集団をターゲットにした。ただし、この時期はまだ、収容所に送ったポーランド人の民族的背景を区別していなかった。初期の収容者はカトリック教徒が大半を占めていたが、ユダヤ人やドイツ系もいた。[47]

地下組織はこの収容所についてほとんど知らなかったが、ドイツ軍が次々に収容者を送り込んでいることは聞いていた。その年の八月には一〇〇〇人以上が収容されていた。収容所内から届く手紙では何もわからなかった。それでも、死亡した収容者の家族にSSが送った死亡通知の数や、血が飛び散った身の回りの品々から、アウシュヴィッツの暴力性をうかがい知ることができた。[48]

八月にターニャ・アルミア・ポルスカの参謀長ヴワディスワフ・スルマツキが逮捕され、ヤンはヤドヴィガの家で緊急会議を招集した。息苦しいほど暑く、タバコの煙が立ち込めていた。ヤンが会議を始めると言った。そして、ヴィトルトの主張どおり、地下組織の主流派との統合を発表した。[49]

ヤンはヴィトルトのほうを向いた。二人のあいだの空気は、手で触れそうなくらい張り詰めていた。
「きみの栄誉を称えるよ」と、ヤンは言った。[50]
ロヴェツキとの話し合いでオシフィエンチムの収容所のことが出たと、ヤンは説明した。この収容所が秘密を貫いているかぎり、ドイツ軍は何をやってもとがめられないと、ロヴェツキは考えていた。そこで、誰かが収容所に潜入し、情報を集め、可能なら抵抗組織をつくって脱走させようというのだ。[51]
「そんなことができる唯一の将校として、私はきみの名前を挙げた」と、ヤンは言った。[52]
ヴィトルトは必死に動揺を隠した。ヤンの思想に賛同しなかった報復だとわかっていたが、彼を満足させるような反応を見せるつもりはなかった。ヤンは続けた。警察の情報提供者から、ドイツ軍が数日以内に大規模な一斉検挙を計画しているという情報を得ていた。SSは教育を受けた人や知識人と思われる人をアウシュヴィッツに送ろうとしていた。つまり、レジスタンスとの関係を疑われた者はすぐに射殺される可能性が高いが、自ら収容所に連行されることはできる。
ただし、危険を考えれば、ヤンはヴィトルトに命令することはできなかった。
志願させなければならなかった。[53]
ヴィトルトの心は揺れ動いていた。ドイツ軍の一斉検挙に飛び込むなど狂気の沙汰だ。レジスタンスに関与しているのではないかと疑われてその場で射殺されなくても、尋問されれば身元がばれるかもしれない。アウシュヴィッツにたどり着いたとしてもどうするのか。地下組織が心配しているように収容所に暴力が蔓延していれば、レジスタンスを組織して反乱を起こせる可能性は低い。あるいは、収容所が単なる拘留施設だったら、レジスタンスの中心であるワルシャワの近くにいながら何カ月も捕らわれたままになりかねない。そうしたリスクと、自分がヤンにロヴェツキのリーダーシップを受け入れさせたという事実を天秤にかけた。ロヴェツキの最初の要求にたじろいだら、どうなるだろうか。ヴィトルトは追い込まれていた。[54]

ヴィトルトはヤンに、考える時間が欲しいと言った。そして数日間、考え続けた。彼が自分の身を案じたことは後年の記録には書かれていないが、家族のことは心配していたに違いない。マリアは彼がワルシャワの地下組織で働くことを受け入れた。ワルシャワにいれば、ときどきオストルフ・マゾヴィエツカを訪ね、緊急時もすぐに駆けつけることができる。アウシュヴィッツに行くということは、彼女を見捨てることであり、企みが発覚すれば家族がドイツの報復にさらされる恐れもあった。[55]

ヴィトルトが言葉を濁している一方で、八月一二日に一斉検挙が始まった。SS隊員と警察官が市の中心部に通じる幹線道路に検問所を設置して、徴兵年齢に達する男性を連行した。「当然ながら優しい対応ではなかった」と、日記作家のルドヴィク・ランダウは書いている。「路面電車は銃剣を突きつけられて止められ、逃げようとする者はこれを食らうと脅された。実際に逃げようとした二人が殺された。一人は銃剣で、もう一人は銃で撃たれた」。午後のあいだに一五〇〇人以上の男性が検挙された。ヴィトルトは何も言わなかった。「黙って座ったまま考え込んでいたので……私は詳しく聞いてはいけないと思っていた」と、エレオノラは振り返っている。[56]

数日後、ヤンが会いに来た。デリングとスルマツキがアウシュヴィッツにいることが確認されたのだ。「絶好の機会を逃したな」と、ヤンは言った。[57]
ヴィトルトの返答は記録にないが、仲間が収容所にいると知ったことは、不安を捨てて任務を引き受ける決定的な要因になったのかもしれない。デリングとはボリシェヴィキの作戦以来の友人であり、スルマツキはリダ地区で隣人同士だった。ドイツの勝利が目前に迫り、今はやるべきことをやるしかないとヴィトルトは思った。[58]
覚悟を決めたと、彼はヤンに告げた。数週間後にジョリボルシェで次の一斉検挙が予定されており、そのときに連行されることになった。間近に迫った検挙に備えて現実的な準備をしなければならず、部下の管理や勧誘の仕事を後任に託した。マリアには新しい任務について詳しく話さないことにした。ゲシュタポが来たときに、知らないと主張できるほうがいいだろう。マリアが知っているのは、ヴィトルトが重要な任務に選ばれたということと、またしても家族より国を選んだということだけだった。[59]

## アウシュヴィッツへ

九月一八日、ヴィトルトは身の回りのものをナップザックに詰めてエレオノラのアパートに向かった。翌朝にドイツ軍がこの地区に襲来するはずだった。エレオノラと幼い甥マレクとの食事は、最後の晩餐のような雰囲気だった。ヴィトルトは隣の部屋でマレクを寝かしつけているときも落ち着いていた。そして、アパートに証拠となる書類を残していないかどうか、もう一度、確認した。[60]

二人は計画をおさらいした。首尾よく収容所に着いたら、エレオノラがヤンとの連絡の窓口になり、ヤンはヴィトルトが集めた情報を地下組織のリーダーに伝える。ヴィトルトの潜入がゲシュタポに発覚したら、真っ先に尋問されるのはエレオノラだ。しかし、彼女は危険を理解していた。むしろヴィトルト以上に冷静で、居間のソファで横になった彼には心強かったに違いない。ヴィトルトは自分が使うトマシュ・セラフィンスキという偽名が、家族の安全を守ってくれることを願った。[61]

翌九月一九日、ヴィトルトは夜明け前に起きて服を着た。すぐにトラックの音が近づいてきた。その直後、ドアを叩く音がした。すでに着替えていたエレオノラがドアを開けた。廊下に管理人のヤン・キリアンスキが立っていて、緊張と恐怖を顔に浮かべながら、ドイツ軍が来たと告げた。[62]

「ありがとう、ヤン」[63]

ヴィトルトはエレオノラ親子の寝室に入った。マレクはベビーベッドで立ち上がり、目を見開いていた。外から激しい物音と、ドイツ軍が吠えるように命令を伝える声が聞こえていた。マレクのお気に入りのテディベアが床に落ちていたので、ヴィトルトは身をかがめて拾い、渡してやった。マレクは怯えていたが、泣いてはいけないとわかっていた。建物のドアがガタガタと音を鳴らして開き、コンクリートの階段を上る足音に続いて叫び声と怒鳴り声が響いた。[64]

キリアンスキが再び玄関に現れた。「やつらは建物の中にいる。これが最後のチャンスだ」

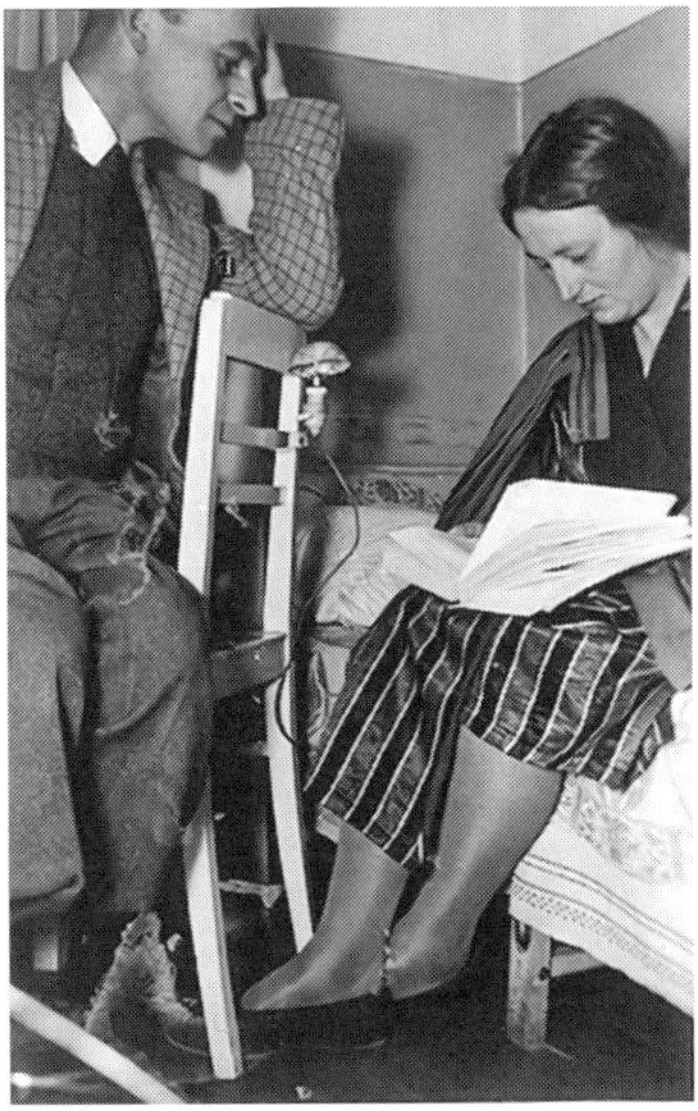

左・ヴィトルトとマレク（1940 年頃）［提供：ピレツキ家］
右・ヴィトルトとエレオノラ（1940 年頃）［提供：マレク・オストロフスキ］

「ありがとう、ヤン」。ヴィトルトが再びそう言うと、管理人は立ち去った。

そのときドアを激しく叩く音がして、兵士が武器を振りかざして押し入った。「来い！」と彼は叫んだが、ヴィトルトはすでに上着を着ており、ゆっくり彼のほうに歩いた。途中で息をひそめてエレオノラにささやいた。「命令は実行されたと報告してくれ」

階段の吹き抜けは、兵士や私服警察官でいっぱいだった。彼らはヴィトルトたちを通りに連れ出した。夜が明けて、ヴィトルトは拘束された人の中に、隣人のスワヴェク・シュパコフスキのひょろりとした姿を見つけた。その頃には一〇〇人かそれ以上が集められていた。出張に行くかのように鞄を持ちコートを着ている人もいれば、裸足でパジャマ姿の人もいた。[65]

捜索が終わると、ドイツ軍は彼らを一キロほど先のヴィルソナ広場まで行進させた。広場では一列に並んだ兵士が彼らの書類をチェックして、工場労働者や鉄道員を解放し、残りの者を覆いをかけたトラックの荷台に乗せるよう命じた。エンジンの大きな音が聞こえてきて、ヴィトルトは人波にもまれながら乗り込んだ。[66]

# 3章　到着

アウシュヴィッツ、一九四〇年九月二一日

トラックは馬小屋の前で止まった。ヴィトルトは馬術教練場で名前を登録され、貴重品を取り上げられて、一〇〇〇人の収容者と一緒に固い土の上に横たわるよう命じられた。そのままの姿勢で二日間、拘束された。その間に数人が釈放され、ドイツでの労働に選ばれた者もいた。九月二一日の早朝、再びトラックに乗せられ、貨車が並ぶ駅へと運ばれた。ヴィトルトたちは六〇人で一台の貨車に押し込まれた。ドイツ軍からは食べ物も水も与えられず、トイレ用のバケツが一つだけあったが、石灰で覆われた床はすぐに排泄物であふれた。ヴィトルトの周りにいた人々は虚ろな表情を浮かべていた。列車のゆっくりとした揺れと、暖かく湿った空気に誘われるように、多くの人が互いにもたれながら眠りに落ちた。数人が貨車の壁の隙間から外をのぞき、自分たちの行き先の手がかりを探った。[1]

列車が止まったのは、暗くなってからだった。線路のどこかで貨車の扉が開き、叫び声や悲鳴が上がって、犬が吠えた。ヴィトルトは貨車の中で集団が移動するのを感じた。扉が引き裂かれるように開き、人々は光にたじろいだ。「出ろ！　出ろ！　出ろ！」という怒鳴り声を聞いて、収容者は出口に押し寄せ、転がりながら前に進んだ。ヴィトルトは体を押されながら、何とか足を踏ん張った。投光器に照らされた夜空と霧雨が一瞬、見えたかと思うと、人ごみの中に落ちていた。線路の砂利に足を取られてよろめいたとき、警棒が頭上をかすめた。棒を持った男たちが倒れた人に殴りかかり、列車に残っている人を引きずり出した。いくつかの手がヴィトルトにすがりついた。彼はそれらを振りほどき、ほかの収容者に合流した。走りながら、つまずきながら、彼らはぬかるんだ野原を横切った。[2]

ばらけた列の両側で、ＳＳ隊員がタバコを吸いながら笑っていた。彼らは収容者の一人に、道の横にある柵の支柱に向かって走れと命じた。彼は戸惑いながらよろけるように列を離れ、隊員たちは彼を射殺した。収容者の列の足が止まると、隊員はさらに一〇人を引きずり出して撃った。「逃亡」の連帯責任だと、ドイツ人が言った。行進が再開した。処刑された男たちの遺体は、ほかの収容者たちに引きずられて列の後ろに続き、隊員が連れている番犬が追い立てた。[3]

ヴィトルトは混沌とした光景に目を奪われ、暗闇にそびえ立つ有刺鉄線のフェンスにも、門扉の鉄格子の上に掲げられた「ARBEIT MACHT FREI（労働は自由への道）」という標語にも、しばらく気がつかなかった。門の奥にレンガ造りの収容棟が並んでいて、鉄格子のない窓は真っ暗だった。建物の脇にある練兵場が明るく照らされ、縞模様のデニムの服を着た男たちが一列に並び、棍棒を手に待ち構えていた。腕に「ＫＡＰＯ（カポ）」の文字が入った上着を着て、縁なしの帽子をかぶり、まるで水兵のようだった。彼らは収容者を一〇人ずつのグループに分けながら、時計や指輪などの貴重品を奪った[4]。

　ヴィトルトの目の前で、カポが収容者の一人に職業を尋ねた。裁判官と、彼は答えた。カポは勝利の雄叫びを上げ、棍棒で彼を地面に叩きつけた。縞模様の暴漢たちが集まって、彼の頭を、体を、股間を殴り、血まみれの肉の塊が地面に横たわっていた。制服に血しぶきを浴びたカポが宣言した。「これがアウシュヴィッツ強制収容所だ、親愛なる諸君[5]」

　カポは、医師や弁護士、教授、そしてユダヤ人を選び出しては殴った。教育を受けた人が標的になっていることにようやく気がついたヴィトルトは、ドイツ人はポーランド人を単なる家畜におとしめると言明しているのだから、当然なのだろうと思うだけだった[6]。

　倒れた人々はそれぞれの列の端に引きずられて行った。点呼の合図に銅鑼を叩く音が聞こえた頃には、いくつか山ができていた。中庭の横にある低い壁の上から、フリッツ・ザイドラーＳＳ中尉が新入りに演説を始めた。三三歳のザイドラーはライプツィヒ郊外出身の元建設業者だった。

「生きてここを出られる者がいるとは、誰も想像するな。配給は六週間しか生き延びられないように計算されている。それより長く生きるには、盗みをするしかない。盗みをした者はすべて懲罰隊に送られ、そこでもあまり長くは生きられない[7]」

演説が終わるとさらに殴打が続き、最後に一〇〇人ほどの集団が中庭のそばにある平屋の建物に連れて行かれた。そこで裸にさせられ、入り口のそばで持ち物をずだ袋に入れて、食べ物を持っていれば手押し車に投げ入れてから、一人ずつ建物に入った。自分の番が来たヴィトルトは、ポケットにパンの切れ端があることに気づき、何も考えずに捨てた[8]。

建物に入ると、白い壁の小部屋に進んだ。裸の男たちが机の前に並び、収容者番号が記された小さなカードを受け取った。ヴィトルトの番号は四八五九だった。隣の部屋では理容師の一団が低いベンチに腰掛けて、収容者の頭や脇の下、性器の周りをなまった刃で剃っていた。にじんだ血を消毒液で雑に拭い取られた。続いて向かった洗面所で、ヴィトルトはカポに棍棒で顔を殴られた。収容者番号のカードを歯でくわえていなかったからだ。ヴィトルトは奥歯と血の混じった唾を吐き出し、さらに前に進んだ。ユダヤ人は割礼で見分けがつき、特別な怒りを込めて襲われ、叩かれ、殴られて、ぬるぬるした床に折り重なった。最後の部屋で、青と白の縞模様の囚人服を渡された。デニム生地の上着は首までボタンがあり、木靴はサイズが合わなかった。つばのない丸い帽子を配られた者もいた[9]。

ヴィトルトが外に出た頃には空が少し明るんでいて、練兵場のようすがわかった。収容棟が並んでいる側から傾斜していて、隅に巨大な灰色の水たまりがある。広場沿いの建物は短い切妻屋根で、ほとんどが白い漆喰で覆われているが、はげて黄土色のレンガが露出しているところもあった。広場の二面は開けていて、一面は彼らがつまずいたに違いない野原に、もう一面は道路と、川岸らしき並木道につながっていた。有刺鉄線が一本張り巡らされ、数百メートルごとに木製の

ヴィトルトのブロックの入り口。1941 年に 25a 番に変更された

監視塔が設置されていた[10]。

収容者は再び列になり、収容棟のフロアを示すブロック番号を割り当てられた。カポは相変わらず暴力を振るっていたが、夜明け前の淡い光を受けて、粗暴な男たちはさっきより小さく見えた。収容者は互いのことをほとんど知らず、裸にされ、毛を剃られ、体に合わない囚人服や古い軍服を着ていた[11]。

ヴィトルトのブロックは広場に面した収容棟の二階の一七ａ。約五五平方メートルの部屋に一〇〇人ずつ詰め込まれた。収容棟の壁はむき出しで、年代物のタイルや古めかしい照明など、ヴィクトリア時代の少年院のような雰囲気だった。ヴィトルトたちはシャツに自分の番号を縫い付け、政治犯であることを示す赤い三角形を付けた。疲れ果てた彼らは、床に薄い麻のマットレスを敷き、残り少ない夜を過ごした。ヴィトルトは三人で一枚のマットレスに横たわり、木靴と縞模様の囚人服を枕に体を丸めた。窓は閉まっていて、壁は結露で濡れていた。男たちは体勢を変えようともがきながら、うめき声といびきと罵声を浴びせ合った。ヴィトルトの衝撃は、鈍い疲れに変わっていた。収容所に入ることには成功した。いよいよ仕事が始まる。[12]

## 部屋長となる

目を閉じたかと思うと、銅鑼が鳴った。ヴィトルトのブロックを監督するドイツ人のカポ、アロイス・シュタラーが突入してきて、まだ立ち上がっていない者に殴りかかった。収容者は急いでマットレスを積み上げ、スープ缶を集めて廊下に出し、その間にシュタラーはほかの部屋の収容者を起こして屋外で着替えるように命じた。彼らは木靴を鳴らしながら階段を駆け降りた。[13]

川から霧が流れ込んで、収容所全体が乳白色のボウルのようだった。ヴィトルトは建物の裏手にある便所に駆けて行く黒い影を追いかけた。屋根はなく、溝に梁を一本渡しただけの便所だった。すでに長い列ができており、カポが二〇人ずつ位置につかせ、一回につき二、三秒ずつカウントした。体を洗う決まりになっていたが、収容者が使える水槽は中庭に一つしかなく、大勢の男が取り囲んで押し合いへし合いしていた。ヴィトルトは何とか自分の缶で塩っぽい水をすくった。目に見えない合図に驚いた鳥の群れのように、人だかりが散った。[14]

上・イェジ・ポチシェボフスキ「夜」（戦後）［提供：PMA-B］
下・イェジ・ポチシェボフスキ「ポンプを押して体を洗う人々」（戦後）［提供：PMA-B］

部屋に戻ると朝食が配られた。コーヒーと呼ばれている苦い味のする液体を、シュタラーの助手の一人が金属の桶からひしゃくで各自の缶に注いだ。それを飲み干して缶を重ねると、また外に戻った。収容所に先に運ばれてきた者ほど痩せて髪が白かった。彼らは新入りを取り囲み、収容所の外の話をねだった。新入りたちは収容所について尋ねたが、何でもよく見ておけと言われるだけだった。[15]

シュタラーがふんぞり返って歩きながら外に出てきた。ラインラント出身の共産主義者で三五歳。元建設作業員で、鼻は細長く、耳が妙な角度に突き出ていた。一九三四年に故郷で反ナチスのポスターを掲示して逮捕され、無期限で強制収容所に送られていた。刑務所長は仮釈放に反対する報告書に、「この囚人の性格には欠陥があり、国家の敵と見なすべきだ」と記した。[16]

シュタラーのかつてのレジスタンス精神は消え去り、アウシュヴィッツではカポの地位を喜んで務めていた。兵士だった兄は、ポーランド侵攻で殺された。シュタラーはポーランド人を激しく憎み、戦争を始めたのは彼らだと非難していた。本人の前では「ヘア・カポ（カポ殿）」と呼び、脱帽して気をつけの姿勢を取るように求められていたが、収容者のあいだでは「血染めのアロイス」と呼ばれていた。[17]

収容所の日常的な運営は、シュタラーのようなカポが仕切っていた。カポは収容者の秩序を保つことを条件に、食料を余分に配られ、重労働を免除された。この制度はほかの強制収容所でも確立していたが、ヒトラーが人種的敵対者を絶滅したいと公言したことによって、アウシュヴィッツではカポがほかの収容者に強いる重労働や軍事訓練に殺人的な激しさが増した。聖職者とユ

アロイス・シュタラー［提供：PMA-B］

ダヤ人は、収容所では少数派で、懲罰隊で特に過酷な扱いを受けた[18]。

　カポは、常に自分の非情さを証明しなければならなかった。ＳＳの最高指導者ハインリヒ・ヒムラーは後にこう説明している。「われわれが満足できなくなると、彼はもはやカポではなくなり、ほかの収容者のもとに戻る。戻った最初の夜に殴り殺されると、彼はわかっている」。アウシュヴィッツのカポは、ベルリン郊外のザクセンハウゼン強制収容所でカポの制度を学んだドイツ人収容者だった。彼らは自分のブロックで助手を任命した。助手は基本的に、ドイツ語を話せる地元のポーランド人だった[19]。

　ヴィトルトが収容所で迎えた最初の朝、シュタラーは、一〇人ずつ整列して、背の高い者が各列の最後尾につくように命じた。前からいる収容者は教練を把握していて、新入りを指導した。点呼にはドイツ語で答えなければ殴られた[20]。

　シュタラーは、ヴィトルトを含むドイツ語を話す数人を選び、二階の廊下に行かせた。壁のほうを向いて並び、前かがみになって「最高の五発」を受けるよう命じられた。シュタラーが棍棒を振るった。ヴィトルトはうめき声を上げないように歯を食いしばった。彼らはシュタラーを満足させたようで、部屋長になり、それぞれ自分の棍棒を持つように言われた。殴られたのは「どんな味がするかを知り、自分の棍棒をそんなふうに使ってブロックの清潔と規律を守る」ためだった。[21]

ヴィトルトは、点呼のために広場に並んでいる収容者のところに戻った。ほかのブロックの収容者も集まって整列していた。中庭の柱に吊るされた銅鑼が打たれると、最初のSS隊員たちが現れた。緑色の野戦服に、ふくらはぎまである革靴を履いている。童顔のドイツ人で、収容所の死刑執行人でもあるゲアハルト・パーリチュSS上級曹長が、各ブロックの人数を二回ずつ確認して集計した。ヴィトルトの登録番号から概算すると、五〇〇〇人に、各列の最後尾に積み上げられた一晩の死者を加えた数になる。集計が終わるまでヴィトルトたちは気をつけの姿勢で立ち、「脱帽」の号令で、縁なし帽をかぶっていれば脱いで太ももに叩きつけた。帽子がない者は手だけで同じ動作をした。この号令に正しく応じられる者はほとんどおらず、副収容所長のカール・フリッチュSS大尉が満足したと合図するまで繰り返された。フリッチュはしゃがれた声で宣言した。[22]

「おまえたちのポーランドは永遠に死んだ。これからおまえたちは労働で罪を償え」

「あそこを見ろ。煙突だ。あそこだ！」。彼は収容棟の列の後ろにある建物を指差した。[23]「遺体の焼却場だ。二〇〇〇度くらいになる。この煙突が、おまえたちが自由になる唯一の道だ[24]」

演説が終わると、カポのグループが集団から一人を引きずり出し、血まみれになって動かなくなるまで殴り続けた。監視塔の衛兵が機関銃を手に周囲を見渡していた。「彼らは私たちの精神を壊そうとしていた」と、元収容者のヴワディスワフ・バルトシェフスキは後に語っている。「私たちは恐怖を抱き始め、彼らはその目的を果たした[25]」

ヴィンツェンティ・ガヴロン「カール・フリッチュの似顔絵」（1942年頃）［提供：PMA-B］

## アウシュヴィッツ、最初の数日間

再び銅鑼が鳴り、収容者は解散した。この日は日曜日で作業はなく、午前中は収容棟から出ることはできずに掃除やひげ剃りをする。ただし、新入りは中庭に残されて軍事教練を受けた。ヴィトルトは部屋の監督係として収容棟に戻ることを許されたが、二階の窓から外のようすをのぞいていたはずだ。シュタラーは棍棒を手に、気をつけの姿勢を取って帽子を脱ぐ動作を指導した。全体の動きを乱す者には集団「スポーツ」と称し、腕立て伏せ、スクワット、ジャンプなど、思いつくかぎりの過酷な運動をさせた。ほかのブロックのカポも同じように新入りを指導した。数十人が走ったり、跳ねたり、転んだり、バレリーナのように腕を振ったりしながら中庭を行ったり来たりした。カポたちは疲れ切った収容者を追いかけ、ＳＳの看守がはやし立てた[26]。

ヴィトルトは白昼夢に入り込んだような気がした。世界はこれまでと変わらないが、そこにいる人々は奇妙で、悪霊のようにさえ見えた。彼は部屋の片付けを終えると、収容棟を探索した。廊下に面して六つの部屋があり、階段を上がったところがシュタラーの専用スペースだった。ほかの部屋にいる収容者は、ヴィトルトを気にもとめなかった。自分のことで頭がいっぱいだったのだ。汚れた囚人服を繕うために数本の針を奪い合っている人々もいれば、壁にもたれかかったままの者もいた。ある部屋で、収容棟の理容師が収容者の頭や体を剃っていた。彼はよく切れる

アウシュヴィッツのSS看守［提供：ミロスワフ・ガノビス］

刃を使う見返りとして、パンの切れ端を要求した[27]。

大半の収容者は、アウシュヴィッツに来てすぐに人格が変わった。収容所の絶え間ない暴力は収容者同士の絆を破壊し、生き延びるために自分のことしか考えられなくなった。彼らは「不機嫌で、疑い深く、ひどい場合は裏切り者になった」と、ある収容者は振り返っている。「大多数がこのような性格になるから、穏やかな人でも攻撃的な姿勢を取らなければならなかった」。収容者の中には小さなギャング団を結成して身を守ろうとする者もいたが、暴力をエスカレートさせるだけだった。少しでも多く食料を手に入れようと、些細な噂話でカポに密告する者も多かった。ユダヤ人のほとんどがカポに売られて懲罰隊に送られた[28]。

収容所の表向きの規則と違反になり得る行

為のリストは理解を超える長さで、国家社会主義の特徴である独特の好色さを交えて詳細まで事細かに網羅されていた。作業中の私語、喫煙、怠惰、ポケットに手を入れること、歩くのが遅すぎること、適切な運動の姿勢を取らずに走ること、突っ立っていること、塗りたての壁にもたれること、汚れた服を着ること、SS隊員に不正確な敬礼をすること、生意気な表情、だらしのない寝床、不適切な時間と場所で用を足すこと。違反のリストは延々と続いた。[29]

これらの違反行為は鞭打ちや殴打で罰せられた。指揮系統を経て命令が下され、正式には点呼の広場で実施されることになっていた。しかし実際は、カポが気まぐれで違反を処理していた。違反になり得る項目があまりに多く、いつ誰が殴られてもおかしくなかった。[30]

息をひそめて大人しくしていることは、生き延びる一つの可能性ではあった。目立たないことは何よりも重要な鉄則だった。自分をさらけ出さず、最初の一人にも最後の一人にもならず、行動は速すぎても遅すぎてもいけない。カポとの接触は避ける。避けられない場合は従順に、協力的に、人当たりよく接する。「自分が知っていることを彼らに知られてはならない。知っているのは、彼らがクソ野郎だということだから」と、ある収容者が戦後に書いている。「殴られるときは、最初の一発で必ず倒れる[31]」

収容者同士のルールは一つ、他人の食べ物を盗むな、だ。しかし、彼らはほかの収容者から少しでも多く食べ物をせしめようと、さまざまな方法を編み出した。食べ物は収容所の通貨だった。予備のボタン一個、わずかな石鹼、針一本と糸、書き物用の紙、タバコ一箱は、それぞれパン一個以上の価値があった。新入りは食事の価値を理解できるほど空腹になる前に搾り取られた。[32]

新入りにとって最初の数日間は、「収容所の肌」になる前の最もつらい期間だ。カポの暴力への不満をSS隊員にもらして即座に殴り殺された収容者がいるように、収容所の倒錯した道徳的秩序を受け入れられない者はすぐに始末された。あるいは、生きる気力を失い、ほかの収容者の餌食になる者もいた。カポのように性格がひねくれる者もいた。それでも大半の収容者は、食べ物と安全と避難場所を確保することだけを考えて精いっぱい順応した[33]。

ヴィトルトは収容所のルールを身につけながら、この絶望的な環境でほかの収容者とどのようにして心を通わせ、レジスタンス組織への参加を促すことができるだろうかと考えた。空腹で何回か激痛が走り、昼食を知らせる銅鑼が鳴ったときには、パンの切れ端を捨てたことを後悔していた。部屋長は、広場の反対側にある屋外の調理場から五〇リットルのやかんで運ばれるスープを取りに行って収容者に配る。ヴィトルトはほかの部屋長とともに練兵場を急いで渡った。その一人、カロル・シュヴィエントジェツキはクレスィでもヴィトルトと同じ地域の出身で、二人で話をしていて同郷だと気がついたのだった[34]。

ヴィトルトとカロルはやかんを抱えて必死に戻り、正午の点呼に何とか間に合った。続いて部屋で大麦とジャガイモの薄いスープが配られた。午前中は気だるそうにしていた古株たちは、少しでも先にもらおうとやかんを取り囲んだ。部屋長は木製のひしゃくで何回も彼らの手や頭をぴしゃりと叩いた[35]。

朝から五時間、広場で汗とほこりにまみれていた新入りたちは、わずかな量をよそわれた器を信じられないという顔でながめていた。ヴィトルトは自分が持つ力を実感しながらスープをよそい、全員の目が彼を見つめていた。[36]

## 収容所の歌

この日は日曜日だったので、午後は自分の収容棟を離れて思い思いに歩き回ることが許されていた。問題に巻き込まれないように自分の部屋から出ない人や、ほかの建物にいる友人のようすを見に行く人も多かった。収容者が集まるのは、暗い玄関か広場の中央だった。フェンスに近づけば銃殺される恐れがあった。デリングとスルマツキを探すチャンスだったが、ヴィトルトは彼らがすでに死んでいるかもしれないと思い始めていた。

霧が晴れ、秋の薄明かりが練兵場を照らした。端のほうに馬を訓練するトラックが残っていた。収容所全体の広さは六万七〇〇〇平方メートルほどで、どの方向に歩いても鉄条網にぶつかった。中央の広場から延びる通路に沿って、二〇棟の建物が配置されていた。前日の夜に体を剃られた棟の向かいにある平屋の建物は病院になっていたが、病気で働けない収容者のためにいくつか部屋があるだけだった。治療のための薬はなかったが、収容者のケアが十分になされているように見せる必要があった。[37]

病院棟に行けばデリングが見つかるだろうと思ったが、中に入る方法がわからず、収容所のほかの場所を調べて回った。敷地のいちばん奥に、聖職者とユダヤ人の懲罰隊の収容棟があった。

その反対側の角、屋外の小さな調理場のそばにある小さな小屋は木工作業所だった。収容者の記録を保管している事務所は正面の門と衛兵所の隣にあった[38]。

収容者の群れからはずれて、石の山に座っている精悍な顔の男が目に留まった。私物の汚れたドレスシューズを履き（ＳＳが木靴を切らしていたのだ）、晩餐会の最中に捕まったかのようだった。縞模様のシャツを背中までまくり上げられて、別の収容者が彼のあざを調べていた。

「血に飢えたカポたちは、軍事教練のことを何も知らない」。石の上の男は恨みがましく言った。「俺に任せれば、閲兵のパレードみたいに行進させてみせるのに。誰も殴らずにな！[39]」

荒唐無稽な想像に、そばにいた痩せこけた若者がにやりと笑いながら言った。「自分がどこにいると思っているんだ？　士官学校で士官候補の訓練でもしているつもりか？　自分を見てみろ、おまえは将校どころか、浮浪者か受刑者だ。昔の自分は忘れて、残されたものでやれるだけのことをやるしかない[40]」

ヴィトルトは彼らに近づき、将校なのかと尋ねた。茶目っ気のある若者はコンスタンティ・ピエカルスキと名乗り、ポーランド語で「猫」を意味する「コン」や「コト」と呼ばれていると言った。あざだらけの男はミエチスワフ・レビシュ。二人は騎馬砲兵隊の中尉で、前日の夜にヴィトルトと一緒に到着したばかりだった。ミエチスワフはあるユダヤ人収容者の扱いについてカポに異議を唱え、洗面所でむちで打たれてみみずばれをつくっていた。

三人はしばし話をした。しゃべっていたのはほとんどコンで、馬術の飛越競技で騎兵隊に勝ったというくだりにヴィトルトも笑顔になった。ヴィトルトがその場を離れようとしたとき、コン

コン・ピエカルスキ（1941 年頃）［提供：PMA-B］

のブロックを仕切るカポが重たそうな足音を立てながらやって来た。カポはずんぐりとしたドイツ人で、誰か手伝うようにと声をかけたが反応はなく、コンとヴィトルトを含む一〇人を指差し、自分の収容棟に来てマットレスに木屑を詰めるように命じた。簡単な作業で、コンにとっては午後の教練よりましだったに違いない。広場から殴り合う音が聞こえてきたが、しばらくすると、とりとめもない歌声に変わった[41]。

ヴィトルトは作業をしながら、コンの経歴について穏やかに質問した。「とても優しい、威圧感のない話し方だった」と、コンは振り返っている。「意見を言うより聞くほうが好きな人だった」。彼はヴィトルトが新兵の候補者を探っていることに気づいていなかった[42]。

夕食前に最後の点呼が行われ、具合が悪くて病院に行きたい収容者は、裸になって副収容所長のフリッチュの前を行進した。大半は一、二発殴られて隊列に戻された。病院に送られるのは手足の骨が折れたか、極度に消耗している者だけだった。ヴィトルトはデリングのことを思

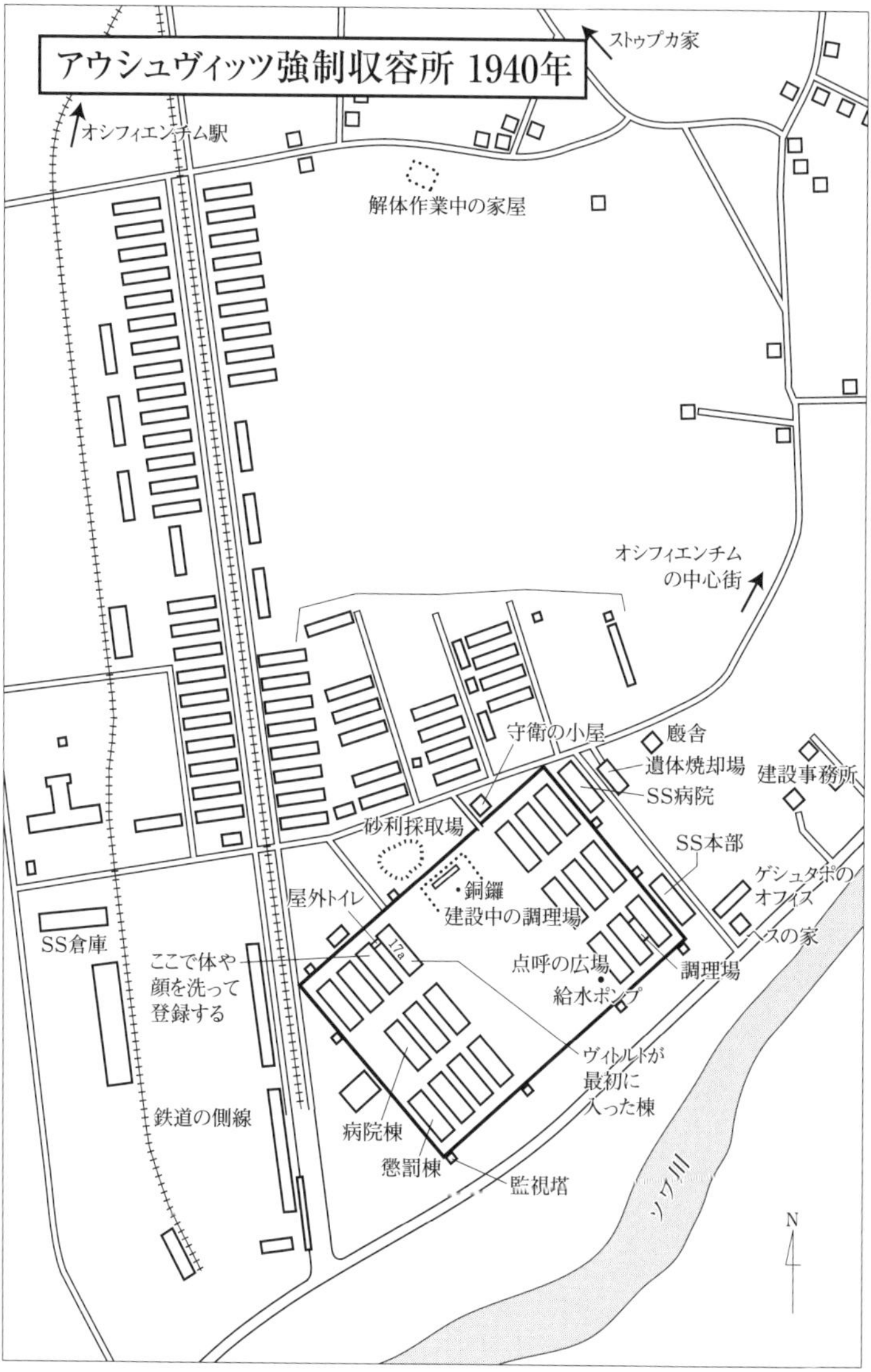
アウシュヴィッツ強制収容所 1940年
ストゥプカ家
オシフィエンチム駅
解体作業中の家屋
オシフィエンチムの中心街
守衛の小屋
厩舎
遺体焼却場
建設事務所
SS病院
砂利採取場
SS本部
ゲシュタポのオフィス
銅鑼
建設中の調理場
屋外トイレ
ヘスの家
17a
点呼の広場
調理場
SS倉庫
ここで体や顔を洗って登録する
給水ポンプ
ヴィトルドが最初に入った棟
鉄道の側線
病院棟
懲罰棟
監視塔
ソワ川
N

い出し、調べられずに病院の中に入る方法はないかと考えただろう。その日に死んだ収容者が積み重ねられ、数えられて、焼却場に運ばれた[43]。

点呼を終えると、部屋に戻って夕食をとった。収容所の外にあるパン工房から送られてきたパンが、各棟に少しずつ配られた。ヴィトルトは重みのある黒いパンを約二〇〇グラムずつ切り分けて、豚の脂身と、船底にたまった水のようなコーヒーを添えて渡した。収容所に慣れた者たちは新入りに、朝食用にパンを少し取っておくよう忠告したが、大半は空腹のあまり我慢できなかった[44]。

夕食後、シュタラーの助手のカジクが新入りに収容所の歌を教えた。ヴィトルトが午後に聞いた軽快な節だった。シュタラーは音楽が得意だから精彩を欠く歌には失望するだろうと、カジクは言った。そして、収容所でなければ嘲笑されそうなもの悲しい甲高い声で、軍歌から引用した冒頭の一節を歌った。「私はアウシュヴィッツの収容所にいる、一日、一カ月、一年／でも私は幸せだ。遠く離れた愛する人たちのことを考えるとうれしくなる」。その日の夜は練習を続けた。ときおりシュタラーが出入り口に現れ、両手を後ろに組んで体を乗り出し、どこか楽しげに聞いていた[45]。

やがて消灯の銅鑼が鳴った。マットレスが並べられ、収容者が横になり、ヴィトルトは人数を数えてシュタラーに報告した。シュタラーは収容者のあいだを歩き、ときどき足を見せろと命じて、きれいかどうかを確認した。汚れていると見なされた者は尻を数回叩かれ、最後にシュタラーが荒々しく息を吐き、灯りが消された。収容所で丸一日を過ごしたヴィトルトは、脱走計画の発想が甘かったことに気づき始めていた。ワルシャワに収容所の状況を知らせなければならなかった。自分と同じ恐怖をほかの人々も感じるだろうと、本能的に思った。ロヴェツキがイギリスに知らせれば、イギリスは報復しようとするはずだ。しかし、収容所の壁の外にメッセージを伝えるために、誰を信用して協力を求めることができるのか。デリングなら何か答えを持っているだろう――彼を見つけることができれば。[46]

# 4章　生存者

アウシュヴィッツ、一九四〇年九月二三日

翌朝、点呼を終えると、ヴィトルトはデリングを探しに病院棟へ向かった。カポは収容者を班に分けて、収容所の外の作業を割り当てていた。新入りは混乱して門の前をうろうろしていたが、作業長が全員鞭打ちにするぞと怒鳴りつけた。ヴィトルトはその作業長を見て驚いた。彼はポーランド人で、SS隊員に見つからないように、収容者に目配せをしていたのだ[1]。

平屋の病院棟の外で、ヴィトルトは検査を待つ収容者の列に加わった。朝の検査には夕方のような儀式はなかったが、入院を認められなかった収容者は作業をさぼっていると見なされ、広場での運動を命じられる。それでも毎朝、数十人の列ができた。入院の許可を監視するドイツ人のカポ、ハンス・ボックが白いガウンを羽織り、木製の聴診器を手に病院の階段に立っていた。彼は医学的な訓練は受けておらず、若い収容者に性的な見返りとして病院の仕事を斡旋することで知られていた[2]。

ヴィトルトは口実をひねり出してボックの関門を突破した。建物に入ると、長い廊下に収容者が裸で立って検査を待っていた。洗面所で氷水を浴びせられる者もいた。大半の部屋は病室で、病人が床にぎっしりと並んでいた。棟内に腐敗と排泄物の臭いが漂っていた[3]。

病室の一つにデリングがいた。顔色が悪く、瘦せこけて、彼とはわからないくらいだった。奇妙に腫れた足は立っているのもつらそうだった。二人は病棟の奥にある看護師の部屋に隠れて話をしたのだろう。デリングは、最初は最も過酷な作業の一つである道路建設班に配属された。しかし、数日後に熱が出て、半分意識を失ったまま病院へと引きずられた。当初はボックに入院を拒否されたが、デリングは幸運だった。ワルシャワ時代の知り合いのマリアン・ディポンが病院で働いていて、広場で懲罰の教練をしているデリングを見かけ、ボックを説得したのだ。デリングは回復し、看護師として病棟で働くことになった[4]。

脱走は考えられないというヴィトルトの判断に、デリングは同意した。有刺鉄線の下を駆け抜けて脱走に成功した収容者は、一人しかいなかった。SSは見せしめとして、二〇時間の容赦ない点呼を行った。デリングはさらに、ヴィトルトは収容所の本当の殺し屋をまだ知らないと警告した。カポの棍棒も恐ろしいが、運動神経と少しの運があれば避けることもできる。本当に危険なのは飢えだと、デリングは言った。初日の夜に演説したザイドラーSS中尉が、彼らの余命は六週間だと言ったのは少々誇張が入っていた。収容者に配給される一日の食事は約一八〇〇キロカロリーで計算されている。重労働をする成人男性に必要なカロリーの三分の二だ。カポが物資をくすね、収容者が互いに盗んでいることを考えると、ほとんどの収容者が実際に摂取しているのは一日一〇〇〇キロカロリーに満たず、急激な飢餓状態に陥っていた（後にＳＳは生存期間を計算する簡単な公式を考案した。平均余命［月］＝五〇〇〇／不足カロリー[5]）。

収容所では餓死寸前の人々のあだ名があった。かたわ、廃人、宝石。最もよく耳にするのは「ムーゼルマン」、つまり「イスラム教徒」で、体が弱って前後に揺れるようすが、祈りを捧げる者に見えるからというようだ。ヴィトルトもすでに何人か見ていただろう。頬の脂肪まで使い尽くして頭が球根のような形になり、瘦せこけた体とむくんだ手足がぶらさがっていた。彼らは調理場をうろついて食べかすを探していたが、カポにとって格好の餌食となり、虐待の標的にされた[6]。

デリングによると、飢餓は命を脅かすだけでなく、カポ制度の腐った権力の基盤を形成していた。収容所の入り口の近くにゲシュタポの小さな事務所（公式には「政治部」と呼ばれていた）があり、朝に夕に収容者が列をつくっていた。密告者は周囲から避けられていたが、いつ誰が限界に達するかわからなかった。飢餓の重圧に耐えられる地下組織を作らなければならないと、ヴィトルトは理解した[7]。

その方法の一つは、食べ物をより均等に分配することだった。部屋長の信仰や愛国心に訴えれば何人かは説得できるだろうが、それだけでは十分な人数を動かせない。彼らに提供する食べ物が必要だった。すると意外なことに、デリングが追加の食料を調達できるかもしれないと言った。ワルシャワ時代の仲間のヴワディスワフ・スルマツキがまだ生きていて、ＳＳの建設事務所で収容者の測量チームとともに収容所周辺の工事に携わっていた。スルマツキは駅の近くに住む地元の家族と連絡を取って物資をもらい、服の下に隠して収容所に持ち込んでいた。これは外部との初めての接触であり、追加の食料だけでなく、ワルシャワのロヴェツキに情報を送る可能性も開けそうだった。[8]

ヴィトルトはデリングと別れて自分の棟に戻った。その日の夕方、新入りは点呼のため早めに集合した。彼らは命令に従うことに慣れてきて、ほかの作業班が戻ってくるのを見ていた。疲れ切った男たちが、隊列の中で倒れた者を引きずり、死体を手押し車で運んでいた。手押し車からだらりと手足が垂れ下がった死体は、広場に捨てられ、数をかぞえられた。[9]

ヴィトルトの収容棟の向かい側に、砂利採取場で最もきつい労働をしている聖職者とユダヤ人の懲罰隊の棟があった。ユダヤ人は、ほこりだらけの囚人服に付いている黄色い星でわかった。彼らのカポはベルリン出身のエルンスト・クランケマンという男で、戦争前に精神科の病院に収容され、ナチスの不妊手術の対象になっていたが、アウシュヴィッツに送られていた。彼はほかのカポからさえ恐れられていた。「とにかく嫌なやつで、おぞましいヒキガエルのような男だった」と、ある収容者は後に書いている。「肉と脂肪の巨大な塊で、並はずれた力を持っていた」[10]

クランケマンは袖にナイフを忍ばせていた。彼は収容者の列のあいだを動き回り、列を乱していると見なした何人かを刺した。そして、男を一人選び出し、殴り殺した。ヴィトルトはすでに

イェジ・ポチシェボフスキ「闇市」（戦後）［提供：PMA-B］

収容所で十数回、人が殺されるところを目撃していたが、この場面を見て無力感から叩き起こされたのだろう。収容者の列を見渡すと、彼らも同じように、集団的な恐怖と無関心を切り裂く熱烈な怒りを感じていた。ヴィトルトは初めて、カポに反撃するために力を結集できるかもしれないと思った。十分な人数が集まれば、ほかの収容者にも、非難し合うのをやめて弱い仲間を助けようと働きかけることができるだろう。[11]

## 残虐な「スポーツ」

つかのまの高揚感だった。それから数日間、ヴィトルトは自分の部屋に団結心を持ち込もうとしたが、シュタラーは気に入らなかった。暴力抜きで部屋の秩序を保とうとするヴィトルトの能力が、収容所の倫理観に対する挑戦であることを本能的に理解しているようだった。彼はヴィトルトに、もっと暴力的な方法を使えと警告した。そして、ある朝、ついに怒りを爆発させ、ヴィトルトに自分で作業を探してこいと告げて収容棟から三日間、締め出した。

「どんなものか自分で確かめてこい」と、シュタラーは言った。「この収容棟の快適さと平穏がわかるだろう」[12]

古参の収容者は、朝の点呼の後の大混雑の中で、いい作業班に滑り込むコツを知っていた。しかし、まだ慣れないヴィトルトは砂利採取場に配属された。収容所は昔の川床の上に建っていた

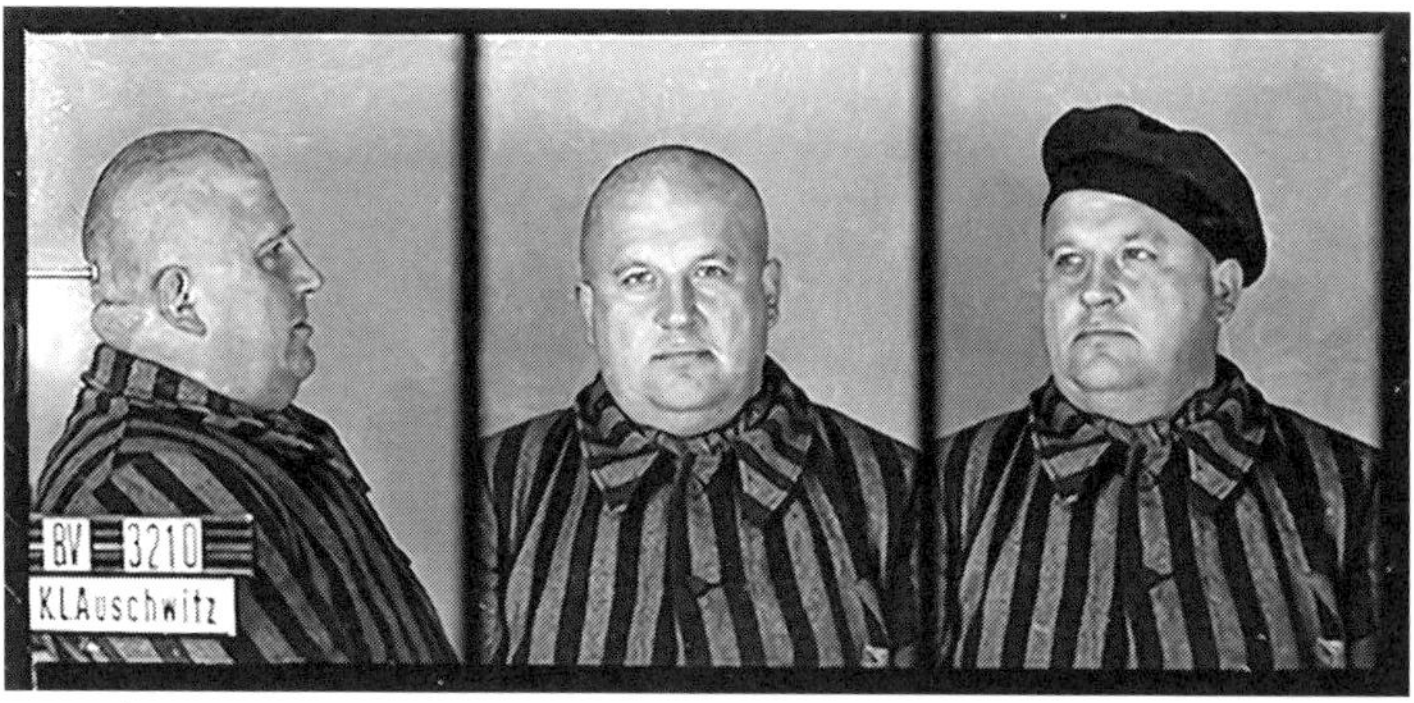


エルンスト・クランケマン（1941 年頃）［提供：PMA-B］

ので、浮石がたくさん転がっていて、正門の近くに穴があった。収容者のグループが手押し車に砂利をうずたかく積んで、次のグループが板の通路を押して上がり、収容所のフェンス沿いの踏み固められた溝まで運んだ。十数メートルおきに棍棒を持ったカポがいた[13]。

ヴィトルトは二番目のグループに配属された。砂利を積んだ手押し車は重く、空が暗くなって小雨が降り始めるとバランスを取るのに苦労した。手押し車を押しながら走らなければならず、道はぬかるんでいて危険だった。角を曲がったところで、ヴィトルトはようやく砂利を運んでいる理由を知った。地面から焼却場の柱が一本、突き出ていた。焼却場は幕のような煙に包まれていた。門の内側からちらりと見えたことはあったが、ここまで近づいたのは初めてで、調理された肉のおぞましく甘い匂いとともに煙が鼻孔にまとわりついた[14]。

焼却場は稼働してからまだ一カ月だったが、収容所の管理者は「一年のうち落ち着く時期でも」処理が間に合うだろうかと心配していた。煙突の横にある低い建物には、二四時間で七〇体を焼却できるコークス焚きのダブルマフラーの炉が一台据えられていた。SSはすでにもう一台注文しており、傾斜した保護壁で建物の壁を断熱して、既存の炉の燃焼率を上げようと考えていた。ヴィトルトはその保護壁の建設を手伝っていたのだ[15]。

砂利を積み上げた手押し車を押して一、二時間、走り続けると、ヴィトルトは疲労困憊した。隙を見て休憩したが、カポは動きがのろい者を見つけると殴った。砂利をこぼしたり、手押し車をひっくり返したりした者にカポがとどめを刺しているあいだは、長めの休憩になった。隊列は足を止め、ヴィトルトは息を吸って心臓の鼓動を抑えようとした。しばらくすると、次は「腹の出た弁護士……眼鏡をかけた教師……年配の紳士」などと、そろそろ失敗しそうな人を見つけて休憩の長さを予想するようになった[16]。

その日の終わりには、ヴィトルトはほとんど歩けなくなっていた。夕方の点呼は雨の中で延々と続き、朝のためにパンを取っておくには決死の覚悟が必要だった。空腹と痛みで目が覚め、ずぶ濡れの服を着た。三日目には急速に衰弱して、カポに襲われるのも時間の問題だろうと思った[17]。

その日の昼食時に、シュタラーが収容棟に戻っていいと告げた。

「収容所で働くという意味がわかっただろう。これからはブロックの仕事もしっかりやれ。さもないと叩き出して、永遠に外の仕事をさせるぞ[18]」

しかし、ヴィトルトはカポに自分の働きぶりを誇示するようなことはしなかった。ある朝の点呼の後、ヴィトルトは病人が三人いて作業に出かけられないと報告した。シュタラーは怒りを爆発させた。彼は明らかに、ヴィトルトがその男たちを叩きのめすべきだと考えていた。

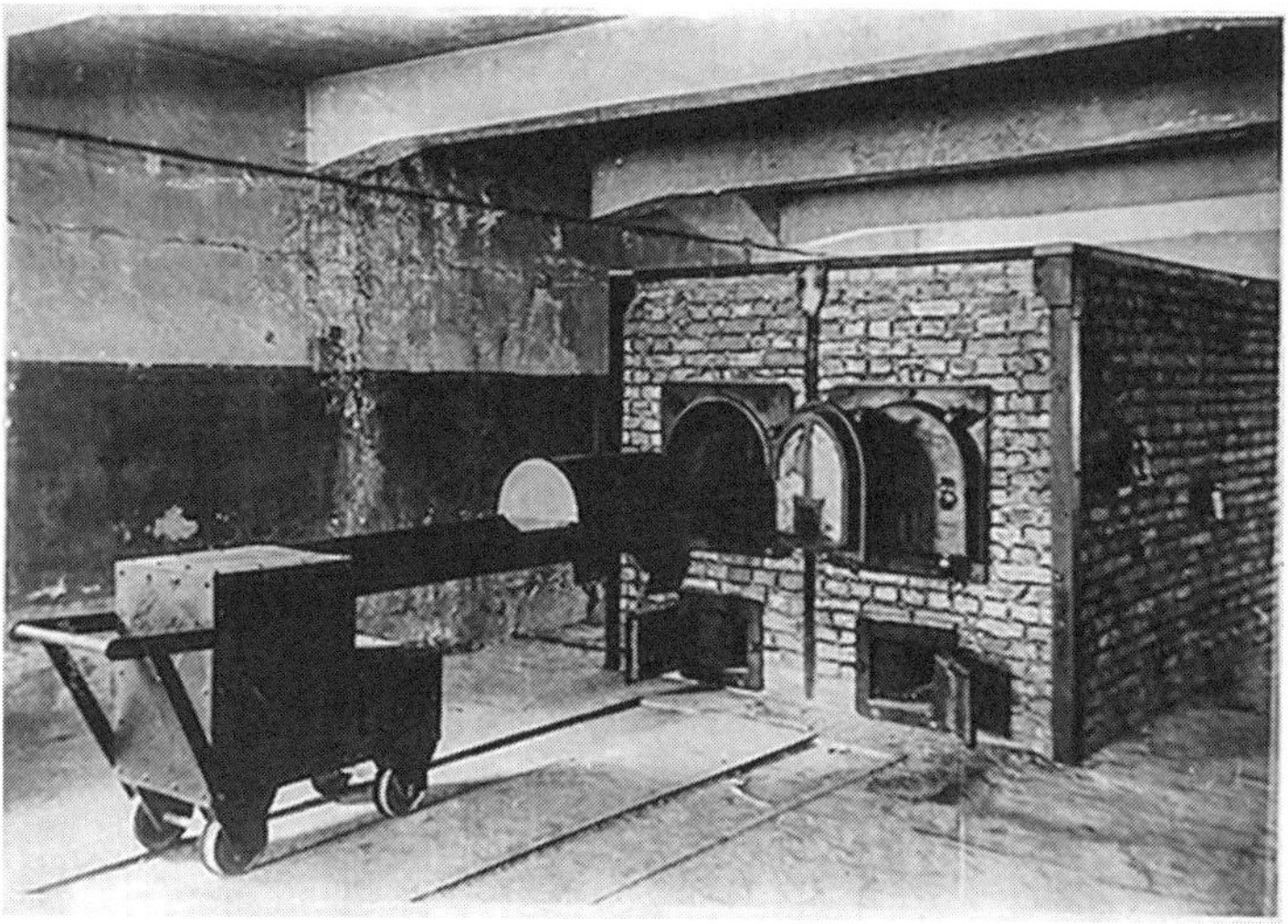

焼却炉［提供：PMA-B］

「俺のブロックに病人がいる？……俺のところに病人はいない！……全員働け！……おまえもだ！　いい加減にしろ！」[19]

シュタラーは部屋に突進した。二人の男は壁際に横たわり、苦しそうに喘いでいた。三人目は部屋の隅にひざまずいていた。

彼はその男を指差した。「あいつは何をしている？」

「祈っているんです」。ヴィトルトは答えた。

「祈っている？」。シュタラーは信じられないという顔で言った。「誰がそんなことを教えた？」[20]

シュタラーは祈っている男に向かって、バカだ、神などいない、おまえにパンを与えるのは神ではなく俺だと叫び始めた。しかし、手は出さなかった。代わりにほかの二人に怒りをぶつけ、彼らがどうにか立ち上がるまで殴り続けた。

「見ろ！」。彼は叫んだ。「こいつらは病気ではないと言っただろう！　歩けるじゃないか、働けるぞ！　さっさと行け！　働け！　おまえもだ！」[21]

この一件で、シュタラーはヴィトルトを自分の収容棟の仕事から完全にはずした。ヴィトルトは本来の使命も危うくなったが、自分が妥協するようでは、どうして収容所の人々を率いることができるだろうか。この日の作業班はすでに出発していたため、ヴィトルトは病院ではじかれた病人たちに混じって広場で懲罰の教練を行った。彼らは気をつけの姿勢を取り、カポが来るのを待った。雨が二日続いた後で寒かった。帽子や靴下、さらには靴もない収容者もいて、デニムの囚人服越しに川の湿気を感じていた。立ったまま震え、手や唇が青くなったが、誰も動かなかった。途中でシュタラーが通りかかった。祈っていた収容者を病院に連れて行ったらしい。このカポは不思議な男だった。彼はヴィトルトを見ると、立ち止まって高笑いを浴びせた。[22]

「命が染み出ているぞ」。彼はそう言って手を伸ばし、指先をこすって、雨が落ちてくる仕草をした。[23]

数時間後、霧の合間から太陽が顔を出し、班長の一団がやって来て教練が始まった。取り仕切るのはたいていレオ・ヴィエチョレクというカポだった。四〇歳の青白い顔の男で、眉は鉛筆のように細く、茶色の瞳は気だるそうだった。ヴィエチョレクは自分の棟の階段でハーモニカを演奏するのが好きで、殺人が行われた後は格別だった。彼は収容者を円形に並ばせて、最初の命令を出した。跳べ！　跳べ！　カエルのように跳べ！　ヴィトルトはすぐに、サイズの合わない木

レオ・ヴィエチョレク（1941 年頃）［提供：PMA-B］

靴では無理だと悟った。脱いだ木靴は両手で持っていなければならず、足の裏が広場の粗い砂利に打ちつけられたが、とにかく跳んだ。すぐに足の裏の皮膚が裂けて出血し、一回跳ぶたびに傷口が開いた。休憩できるのは、誰かが転んで、ヴィエチョレクやほかのカポがその人を殺すあいだだけだった。カポたちはいつも、誰かを殴り殺しながら冗談を言い合い、最期の喘ぎ声を聞いてあざ笑った[24]。

ヴィトルトは突然、子供の頃に見た光景がよみがえった。農場労働者の一団が、捕まえた動物をいたぶっていた。動物は瀕死の状態で恐怖の叫び声を上げていたが、彼らは笑っていた。ヴィトルトは残酷さに恐怖を感じたが、その出来事を記憶から追い出し、人間の本質的な善良さを信じて育った。今になってあの動物の死骸を思い出し、自分の甘さを思い知った。子供の頃の自分は人間の本当の姿を、肉欲と悪意を見抜いていたのに[25]。

午後からは懲罰隊が教練に加わった。収容所には道路工事に使う巨大なローラーがあった。四組の馬で引っ張るものだったが、引き手にユダヤ人収容者が五〇人つながれていた。もう一台の小さいローラーは二〇人の聖職者が引いていた。大きいローラーの上に、揺れる肉の塊が陣取っていた。クランケマンだ。彼は棍棒を杖のように高く掲げ、ときどきローラーを引く収容者の頭に振り下ろした。ローラーに乗って広場を行ったり来たりしながら、自分の棍棒や疲労で誰かが倒れても、その上を乗り越えて前進させた。残虐な「スポーツ」は夕方の点呼まで続いた。クランケマンはローラーから降りて押しつぶされた死体を確認し、その日の生存者は解放された。[26]

## 復讐への欲望

スポーツを始めて三日目の朝、ヴィトルトはもう生き延びられないだろうと思った。彼はほかの収容者と輪になり、収容所の門に背を向けて立っていた。その日の仕事に向かう労務班が行進していた。副収容所長のフリッチュが収容者番号を確認している。ヴィトルトたちの懲罰の教練が始まろうとしていた。何かを感じたヴィトルトが肩越しに振り返ると、作業割り当て責任者のカポが隊列のほうに走ってくるのが見えた。彼の名前はオットー・キューゼル。ベルリン出身の三一歳、流れ者の元こそ泥だった。ヴィトルトはほとんど自暴自棄になり、彼に近づいた。[27]

「ひょっとしてストーブの修理工か?」と、オットーが聞いた。[28]

「はい、私はストーブの修理工です」。ヴィトルトはとっさに嘘をついた。[29]

ヤン・コムスキ「道路整備の作業班」（戦後）［提供：PMA-B］

「腕はいいのか?」

「もちろんです、腕は確かです」

オットーはヴィトルトに、ほかに四人を選んで自分についてくるように言った。

オットーは門の近くにある作業小屋に飛び込んだ。ヴィトルトは近くにいた四人を呼んで彼の後を追いかけ、バケツとこて、レンガ用のハンマー、石灰を受け取った。オットーは作業班の確保を忘れていたのだろう。時間はなく、とりあえずヴィトルトを信じることにしたのだ。即席のチームは門の前に並び、フリッチュの検査に間に合って、二人のSS隊員の監視が割り当てられた。[30]

自分の運の良さを信じられないまま、ヴィトルトは広大な土地を抜け、駅に向かって行進した。道路脇に点在する農家や荒れた畑には、まだ霧がかかっていた。SSは収容所周辺の土地を自分たちのために確保し、地元住民を追い出していた。駅の近くや川沿いの良好な家はSS将校の家族にあてがわれ、それ以外の民家は取り壊されて、資材はほかの建築プロジェクトに使われた。[31]
収容所から一・五キロほど離れたソワ川対岸の低い崖の上に、オシフィエンチムの旧市街があった。一四世紀に建てられた城は、ウオツカやリキュールの製造大手のハーバーフェルド家が、人気商品のシュナップスやフレーバースピリッツの貯蔵庫として使っていた。周辺の住民はほとんどはポーランド人だが、旧市街は半分がユダヤ人だった。いわゆるユダヤ人街には、六つのシナゴーグ、ヘデル〔初等教育施設〕、イェシバ〔神学校〕があった。夏は夕方になると、黒いギャバジンの上着と白いストッキングを身に着けたユダヤ人男性が何百人と砂地の土手に集まり、川はミクバ

上・オットー・キューゼル（1941 年頃）［提供：PMA-B］
下・オシフィエンチムのポストカード（1930 年代）［提供：ミロスワフ・ガノビス］

〔儀式用の沐浴場〕となった。言うまでもなく、こうした住民や町の雰囲気に、ドイツ人は「極めて不潔で汚い印象」を抱いて嫌悪した。ＳＳはすでに、町で最も大きな建物の一つだった大シナゴーグを焼き払い、ユダヤ人住民を近くのゲットーに強制移送する計画を立てていた[32]。

ヴィトルトの班は町の民家に連れて行かれ、ＳＳの将校を紹介された。もうすぐ妻が来るから台所を改装したい、陶製のタイルを別の壁に移し、ストーブを別の部屋に移動してほしいと、将校は説明した。将校は礼儀正しい普通の人で、この作業に五人も必要なさそうだとばつが悪そうに言ったが、作業がうまくいくのなら何人かは屋根裏部屋の片付けをすればかまわない、とも言った。そして彼は出て行った[33]。

監視の二人は家の外にいて、収容者だけで作業をすることになった。ヴィトルトはストーブのことを知っている者がいるかどうか確認したが、もちろんいなかったので、ほかの四人にタイルをはがす作業を任せ、自分はストーブと煙突の解体に取りかかった。この作業に自分の命がかかっているかもしれないが、少なくとも今は問答無用に殴られる恐れはなかった。窓から裏庭と洗濯物が見えた。近くで子供たちの遊ぶ声が聞こえ、教会の鐘が鳴っていた[34]。

ヴィトルトは涙があふれそうになった。自分たちの苦しみに関係なく、人々の人生は続いていることを痛感したのだ。家族は比較的安全なオストルフ・マゾヴィエツカに残してきたとはいえ、この忌まわしい世界が現実に存在していて、マリアがいつ一斉検挙でアウシュヴィッツのような場所に連れて行かれるかもしれないと思うと、何の慰めにもならなかった。そして、自分たちが改装しているこの家に住むＳＳの男は、もうすぐ妻が来るとうれしそうに話していた。新しい台所を見た妻の喜ぶ顔を想像しているに違いない。あの将校は、収容所の外では立派な人間に見えるが、ひとたび収容所の門をくぐるとサディスティックな殺人者になる。彼が両方の世界に同時に住むことができるという事実が、何よりも醜く、恐ろしく思えた。[35]

ヴィトルトの中を駆け巡る怒りは、復讐への欲望だった。仲間を集める時が来た。

# 5章　レジスタンス

## アウシュヴィッツ、一九四〇年一〇月

ヴィトルトは数日間、ストーブの作業を続けた。バルブやダクトを一つずつ慎重に取りはずし、その位置を覚えた。ミスをすればすぐに嘘がばれることはわかっていたが、気力が弱り、正しくできているかどうか自信が持てなかった。ストーブの試運転をする前の晩に、ヴィトルトはすがるような思いで、収容者に目配せをしていた作業長に助けを求めた。彼の直感は正しかった。作業長はミハイ・ロマノヴィチというポーランド軍の大尉で、ヴィトルトをほかの班に回してくれることになった。ヴィトルトはその場で、自分の本当の使命のためにミハイは信頼できると判断した。ミハイも迷うことなく、ポーランドと地下組織のために尽くすと誓った。翌朝、ヴィトル

トはストーブの取り付け作業の報告には向かわず、別の班と一緒に門を出た。カポが自分の番号を呼び、収容者の群れから自分を探す声が聞こえたが、彼は振り返らなかった。[1]

新しい作業班は、焼却場の近くにある邸宅の庭の整備をしていた。ヴィトルトはすぐに、そこが収容所長のルドルフ・ヘスの邸宅だと知った。ナチスの指導部は東ヨーロッパの残りの地域を植民地化する最終計画を立てており、そのためにはスラブ系住民の奴隷化や排除が必要で、アウシュヴィッツは将来の植民地支配のためのテストケースだった。多くのナチス幹部と同様に、ヘスは不本意ながら軍務に召集された農民だという意識が強く、秋までにアウシュヴィッツを広大な農地にして収容者を働かせる計画を練っていた。「ここに存在する可能性は、ドイツ国内では決して実現できなかったものだ」と、彼は戦後にポーランドの監獄で記している。「言うまでもなく、労働者は十分にいた。必要な農業実験はすべて、ここで試すことになっていた[2]」

ヴィトルトの班は収容所長の設計に従って、土地を平らにし、苗床をかさ上げした。その日も次の日も雨がよく降った。通りかかったカポに、シャツを脱いで働けと命じられたこともあった。雨がやむと「走った後の馬のように湯気が立った」と、ヴィトルトは振り返っている。体を温めるために動き続け、苗床の土を移動させ、通路を作るために砕いたレンガを運んだ。服を乾かす暇もなく、夜の点呼のあいだも雨が降っていたので、労務班の全員が濡れた服を着てベッドに入った[3]。

庭園作業の二日目が終わり、ミハイが再びヴィトルトを助けに来た。点呼の後に広場で会ったとき、ミハイは仕事ぶりが認められて昇進したと説明した。列車から荷物を降ろして収容所の倉庫に運ぶ二〇人の分隊を担当することになり、メンバーを自分で選ぶことができるという。地下活動のメンバーの候補者を集めて吟味する絶好の機会だった。ミハイはすでに何人か心積もりがあった。ヴィトルトは、ワルシャワで一緒に検挙され、同じマットレスで寝ているスワヴェクの名前を挙げた。[4]

倉庫は収容者の息の根を止める場所と言われていたが、ミハイは実際にそこで作業をするつもりはなかった。翌朝、彼は自分の二〇人隊を倉庫まで行進させ、そこにいたカポに、反対側の野原にある農家を解体するよう命令を受けていると伝えた。収容所の周辺では建物の撤去作業が行われていたため、もっともらしく聞こえたのだろう。カポは手ぶりでそちらに行けと示した。[5]

ミハイが選んだ農家は、無残な姿になっていた荘園の敷地内にあった。庭は収容者が歩き回って泥まみれになり、彼らは家具やドア枠、窓枠などを建物から引きずり出して、前庭の焚き火に投げ込んだ。すでに取り壊されていた壁の瓦礫を手押し車に積み、ぬかるみの中を押して、近くで建設中の道路に運ぶ者もいた。かつて荘園の果樹園があった場所には、折れた枝や、まだらな灰色のリンゴの木、粉々になって鮮やかなオレンジ色の芯がところどころ見える梨の木が絡み合っていた。[6]

ミハイは見張りを立て、二台の手押し車に瓦礫を積んでおき、カポが近くに来たらすぐに運べるようにした。彼の班はできるかぎりゆっくり作業をした。体が温まる程度に動き、建物の内部を完全に壊すまで屋根はそのままにした。ヴィトルトとミハイは、組織の最初の小グループとなる細胞《セル》の形成について話し合った。誰を信用するか慎重に判断しなければならないと、ヴィトルトは考えていた。ワルシャワのそれなりに優秀な工作員や勲章を持つ将校が、ほかの人と同じくらい簡単にゲシュタポの情報提供者になるかもしれないことは、わかっていた。収容所では、見せかけをはいで、人間の本当の姿を明らかにする方法が一つあった。「ある者は――道徳の沼に足を滑らせた」と、ヴィトルトは後に書いている。「またある者は――最高級の水晶のような人格を自らの手で彫った」[7]

より寡黙で大人しい収容者についても、パンを分け合ったり、具合の悪い友人を看病したりするなど利他的な振る舞いの小さな兆しに注目して、その動機を穏やかに聞きだした。選ばれた者には、無私無欲だから選んだのだと説明した。ヴィトルトは新しいメンバーに、「[自分の]はらわたが叫び声を上げても」おかわりをするなと念を押し、部屋長は食べ物を均等に分けて、弱っている者から先に与えなければならないと説明した。こうした厳しい決まりは常に守られていたわけではないが、カポの力を分断するためには、善意の忍耐強さを証明する必要があった。[8]

一方で、肉体的にも精神的にもすべての人が救われるわけではないという厳しい現実も、ヴィトルトは理解していた。収容所のヒエラルキーを受け入れて、カポの称賛を得るために競い合う者もいれば、単にあきらめて結集することを拒む者もいた。懲罰棟に隔離された聖職者やユダヤ人のように、接触できない収容者もいた。[9]

ヴィトルトはワルシャワ時代の信頼できる仲間をさらに二人、イェジ・デ・ヴィリオンとロマン・ザグネルを探し出した。また、デリングの提案で、病院の遺体置き場で働いていたエウゲニウシュ・オボイスキ（ギエネクと呼ばれていた）という情熱的な二〇歳の青年を加えた。この三人とデリング、ヴワディスワフ・スルマツキを、ヴィトルトは「五人組」と呼んだ。ワルシャワの地下組織の原則と同じように、彼ら五人は互いに知っているが、ヴィトルトがその後に組織したほかの五人組の存在を彼らはまったく知らなかった。デリングは病院を、スルマツキは外部との関係をそれぞれ担当し、ヴィトルトはメンバー勧誘の責任者となった。[10]

組織の幅を広げるために、ヴィトルトは各労務班から適任者を選ぼうと考えた。夕方の点呼から消灯までの時間は、勧誘活動に最適だった。SSは見張りをカポに任せて監視塔に引っ込み、収容者は自由に歩き回っていた。近くの収容棟の友人を訪ねて噂話に興じる者もいたが、棟の中はカポに出くわしたり、誰かに話を聞かれたりする危険があった。[11]

ヴィトルトは、川にいちばん近いフェンスと収容棟のあいだを通る非公認の遊歩道を好んで歩いた。フェンスとコンクリートの壁に阻まれて川面は見えなかったが、川岸に並ぶ古い柳が見えた。すぐ脇は町につながる大きな道路で、通るのは大半が軍人だったが、壁の向こうの生活とつながっているような気がした。晴れて暖かい夜は、遊歩道は混雑していた。片方の端にはたいてい闇市が立ち、収容者が物々交換をした。調理場から盗んだマーガリン一本でタバコ一本。パン一塊ならほとんどのものが手に入ったが、中をくりぬいておがくずを詰め込まれていないか、慎重に確認しなければならなかった。[12]

ヴィトルトは新しいメンバーの候補者を、収容者の群れからは声が聞こえないところに連れて行って、レジスタンスの一員に選ばれたことを静かに伝えた。大半の者はすぐに受け入れたが、ヴィトルトが初日に知り合ったコンのように尻込みする者もいた。倉庫で二週間、貨物列車の荷降ろしをしていたコンは、豪快さも消えて、みみずばれとあざだらけになっていた。倉庫には、片腕の捕食者として恐れられていたジーグルトというカポの親玉がいた。自分はラトビアのドイツ領の男爵で、絹の密輸で有罪になったと自称していたが、話はころころ変わった。片腕の一撃で収容者を倒しては、踏みつけて蹴り上げた[13]。

ヴィトルトはコンを道端に呼んだ。「これから話すことは重大な秘密だ。君の士官としての名誉にかけて、私の同意なしで誰にも話さないと誓ってほしい[14]」

「そんなに重要な秘密なら約束するよ」。コンはおそるおそる言った[15]。

自分の本当の名前はヴィトルト・ピレツキだと、彼は言った。

コンは笑いながら答えた。「それがあなたの秘密なら、僕は本当は二四歳で、ドイツ人が思っているより一歳上だと告白しないとね。新しい誕生日は忘れない日にした。五月三日、ポーランドの憲法記念日だ。しかも僕は工学部の学生で、軍隊には一度も行ったことがないことになっている」

「茶化すな」。ヴィトルトは厳しい口調で言うと、自分は志願してアウシュヴィッツに来たと説明した。

「頭がおかしいのか?」。若者は声を上げたが、明らかに感心していた。「正気の人間にそんなことができるのか? どうやって? まさかゲシュタポに、よろしければアウシュヴィッツに二年ほど入れてくださいと頼んだとか?」

「冗談はやめるんだ」。ヴィトルトは、ワルシャワの地下組織はアウシュヴィッツをドイツによ

収容者の遊歩道だったエリア［提供：PMA-B］

るレジスタンス壊滅の中心と考えており、収容所は拡大するだろうと説明した。したがって、収容所内で活動する地下組織が不可欠なのだ[16]。

「その話が本当なら、あなたは最高の英雄か、最大の愚か者か、どちらかだ」

コンは後者の可能性が高いと考えたようだ。彼はヴィトルトに、ワルシャワの地下組織の幹部が愚かにも名簿を持ったまま逮捕され、そこに名前があった自分も捕まったのだと不満をぶつけた。彼はヴィトルトが地下組織をまとめられるのか疑っており、さまざまな危険を考えれば、収容所の地下組織にできることは知れていると思っていた。

ヴィトルトは小さなことから始めると言った。「最初の差し迫った目的は、弱った人々が生きて収容所を出られるように助けることだ」

生きて出られる者がいるかもしれないという考えに、コンは驚いたようだった。自分は死を免れないというドイツ人の宣言を、彼は受け入れていた。それが突然、わからなくなったのだ。ようやくコンが言った。「僕もあなたと同じくらい、どうかしているのかもしれない。やってみよう」

ヴィトルトは思わず彼を抱き締めた。

## 収容所の急拡大

一九四〇年の初雪は、重たくて湿った雪片が、農家の屋根をはがしている男たちの肌にまとわりついた。ヴィトルトは遠くのタトラ山脈から吹きつける一〇月の冷たい突風を背中に受けながら作業をした。頭の中は、国際的な非難を呼ぶことになる報告書を、どのようにしてワルシャワに送るかという段階に進んでいた。[17]
スルマツキが懇意にしていたストゥプカ家は、鉄道駅の近くに住んでいた。地下組織に所属している測量技師が近くに来ると、母親のヘレナ——少年のようなショートヘアで鮮やかな口紅をつけた四二歳の快活な女性だった——はウオツカと食べ物でSSの監視役をもてなした。彼らが階上の部屋で酒を飲んでいるあいだに、測量技師はヘレナが食料や薬を隠している一階のトイレに行った。彼女は戦争の最新状況も伝えた。イギリスが持ちこたえていることを知らされたヴィトルトは安心し、新しいメンバーの士気を高めようと、点呼の後にこの知らせを広めた。しかし、ワルシャワに報告書を送ることについては、ヘレナはどうすることもできなかった。彼女は首都とつながりがなく、移動を許可する偽の書類もなかった[18]。

ヴィトルトは収容所の郵便局から、義姉のエレオノラに暗号文を二通送った。収容者は月に二回、元気にやっているとドイツ語で自宅に手紙を書くことになっていた。郵便局の検閲官は職務の手を抜くことはなかった。エレオノラへの一通目には、「おばは元気です、健康で、みんなに

ヘレナ・ストゥプカと夫ヤン（1935 年頃）
［提供：ストゥプカ家］

挨拶しています」と書いた。それからしばらくして、「おばは木を植えて、とてもよく育っています」と送った。この程度でもエレオノラとの接触は危険が高く、ヴィトルトはこの二通だけにしようと決意した。ワルシャワと連絡を取る別の手段を考えなければならなかった[19]。

この頃、収容所は急速に拡大しており、毎週数百人が運ばれてきた。部屋は満員で、既存の収容棟の階数を増やし、点呼をする広場の一角に新しい棟の基礎を掘る作業が始まっていた。新たに来た収容者が飼い慣らされていくようすは痛々しかった。「いいか、慰めようとするな」と、古株たちは助言した。「慰めればやつらは死ぬ。俺たちの仕事は、やつらが順応するのを手助けすることだ」。そこまで寛大ではない者もいた。「新入りは……自分を守る皮膚がまだできていないことを忘れがちだった」と、ある収容者は後に語っている。「そうした人の戸惑いや感情の爆発、狼狽は、しばしば嘲笑と軽蔑を招いた[20]」

新入りはヴィトルトのような先輩に、自分たちがどうなりつつあるのかを思い出させた。デリングが予想したとおり、ヴィトルトと一緒に来た収容者は飢え始めており、すべての収容棟に恐怖が漂っていた。作業が終わった後に調理場の外にたたずむムーゼルマンの群れは、数百人に増えていた。ヴィトルトは自分の体の変化を感じていた。朝は空腹の苦痛と足の妙な冷えで目が覚めた。関節が痛み、皮膚は黄色くなってはがれ落ちた。震えが止まらず、レジスタンスの仕事に集中できなくなってきた。彼とスワヴェクは言葉に味があるかのように、無理やり食べ物の話をした。ヴィトルトのお気に入りは、スクルチェの庭で採れた若いキュウリを、クローバー畑で集めた琥珀色のハチミツにつけて食べること。スワヴェクはバターで端までキツネ色に揚げたジャ

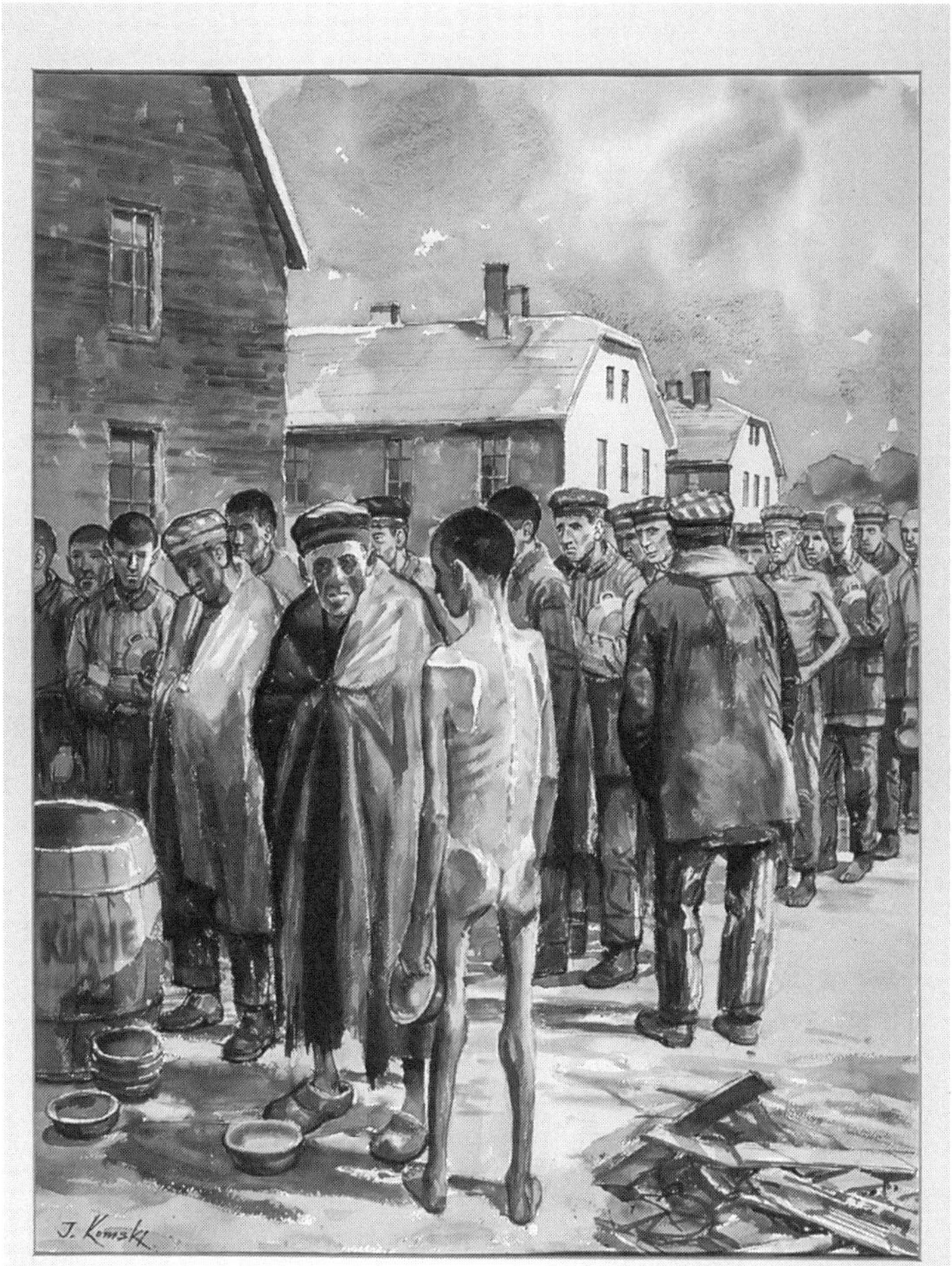


ヤン・コムスキ「食べ物の樽に並ぶ収容者」（戦後）［提供：PMA-B］

ガイモのブリニ〔ロシア風パンケーキ〕を皿に山盛りにして、ぴりっとしたサワークリームをのせて食べるという。ここを出たら作ってご馳走すると、彼はヴィトルトに約束した。彼らは農家が動物のために育てた岩のように固い飼料用ビートを細々と集めた。生でかじっても、根の部分は何の足しにもならなかった。[21]

一〇月中旬に農家の解体が終わった。凍てついた大地を切り裂いて家屋の基礎を取り除き、荒れた畑だけが残った。家屋の残骸から、誰かが金の額縁に入った聖母マリアの絵を拾い、近くの低木に吊るした。寒さでガラス板に付着した水分が凍り、霜の線が繊細な細工のように顔を覆って、目のあたりしか見えなかった。その目にヴィトルトは妻マリアを思い出したが、目の前の事実を無感情で心に刻んだ。感じるのは漠然と広がる空腹だけだった。[22]

## 同志とその死

一〇月のある日、次の家屋の解体を始めた頃、ミハイがワルシャワに報告書を送る方法を見つけたと言った。家族が高額の賄賂を払ったり、ワルシャワで誰かがうまく手を回したりすると、ときどき釈放される収容者がいたのだ。ドイツ当局は彼らに、アウシュヴィッツで見聞きしたことを口外したら収容所に戻すと誓約させた。ほとんどの場合、それだけで十分だった。[23]

しかし、ミハイは近く釈放される予定の若い将校、アレクサンデル・ヴィエロポルスキを知っており、彼にメッセージを託せるかもしれないと考えた。三〇歳のアレクサンデルは化学の知識がある技師で、地下組織で「銃士隊」と呼ばれる風変わりな貴族のグループとともに戦ったことがあった。ＳＳは収容者を虐待していると非難されることに敏感で、アレクサンデルは隔離棟に入れられて作業を免除され、それなりに十分な食事を与えられていた。ミハイは隔離棟のカポと知り合いで、中に入って報告書をことづけることができると確信した。ただし、アレクサンデルに文書を持たせるのは危険すぎるため、口頭で記憶させることになった[24]。

ワルシャワの地下組織の仲間と連絡が取れそうだとわかり、ヴィトルトは情熱を取り戻した。目撃した犯罪を頭の中で整理したが、ナチスの残虐性の甚大さを表現するには、詳細な情報が足りないと思えた。事実が必要だったが、肝心の数字――死亡者数――は最上級の機密事項だった。しかし、ある日、ヴィトルトは作業中にふと気がついた。自分たちの囚人服に縫い付けられた番号に、このデータが暗号化されていたのだ。すべての収容者は収容所で登録される際に、到着した順に番号を与えられていた。一九四〇年一〇月には六〇〇〇番台に達していたが、最近の点呼は五〇〇〇人程度だ。つまり、寒くなってから一日に十数人、すでに一〇〇〇人が死んだことになる[25]。

過酷な数字を突きつけられて、ヴィトルトは自分たちが置かれている絶望をあらためて認識した。ある日、凍てついた土を引っかいて木の根を掘り出していたヴィトルトは、イギリス軍が収容所を爆撃してこの苦しみを終わらせてくれたほうが自分たちは幸せなのだろうと、おぞましい考えが浮かんだ。絶望の瞬間が過ぎた後も数日間、彼はこのときの思いについて深く考えた。正気を失った妄想というわけでもなさそうだった。イギリス本土から収容所まで約一万三〇〇〇キロ。航空機が飛び立って安全に戻れる限界ぎりぎりの距離だった。彼はコンから、SSが武器や弾薬を貨車から倉庫に運んでいることを聞いていた。爆撃機が倉庫の建物を狙えば、爆発を起こせるだろう。その攻撃で多くの収容者が死ぬことは間違いないとヴィトルトもわかっていたが、少なくとも「怪物のような拷問」(アレクサンデルに託した報告書でヴィトルトはそう表現している)は終わるだろう。空襲の混乱で逃げ出す者もいるかもしれない。アウシュヴィッツが完全に破壊されるなら、無駄な死はない。彼はそう信じていた[26]。

ミハイはアレクサンデルに直接、報告書の説明をし、要点を確実に記憶させた。収容所を爆撃するという決断は、「同胞の苦しみを目撃した者が、彼らに代わって送る緊急かつ考え抜かれた要請」である。そう伝えるように指示した。イギリス軍の航空機にはレーダーが搭載されておらず、地上の目印を頼りに航行しなければならないため、ヴィスワ川をたどって収容所を見つける方法もヴィトルトは報告に含めた[27]。

アレクサンデルは最後の健康診断を受けて一〇月末に釈放される予定だった。しかし、彼が去る一〇月二八日の直前に、収容所は新たな苦しみに襲われた。月曜日の正午の点呼で人数が合わなかったのだ。それ自体は珍しいことではなく、SS隊員が計算を間違えることはよくあったが、このときは本当に一人いなかった。サイレンが鳴り響き、激怒したフリッチュは脱走者が見つかるまで誰も広場から出るなと言い渡した。調理場のスープの鍋も手つかずのままだった[28]。

朝の霧雨がみぞれに変わり、北西の風が強くなって、最前列に立っていた男たちに氷の塊が降

ヤン・コムスキ「夕方の点呼」（戦後）［提供：PMA-B］

り注いだ。収容者は動くことを禁じられていたので、ヴィトルトは体を温めようと筋肉を緊張させたり緩めたりしたが、無駄な抵抗だった。全身ずぶ濡れで、足首までぬかるみに浸かった男たちは、ゆらゆらと揺れていた。日が暮れて吹雪になり、一人また一人と倒れた[29]。

病院ではカポのボックが看護師を待機させていた。デリングは入り口に立っていた。倒れた収容者を、懲罰隊が次々に担架で運び込んだ。「見ているだけで恐ろしかった」と、デリングは戦後に語っている。「昏睡状態、半分意識がある者、這っている者、酔っ払いのように揺れている者、支離滅裂の言葉を発している者、唾液まみれで口から泡を吹いている者、死にかけている者、最後に喘いで力尽きる者[30]」

病人は洗面所で裸にされ、水をかけられた。入院する際は規則で体を洗うことになっていた。彼らは病室の床に薄い毛布を敷いて寝かされた。部屋がいっぱいになると廊下に並べられ、さらに多くの人が運び込まれた。看護師が与えることができるのはドングリのコーヒーだけだった[31]。

午後九時、「脱走した」収容者がようやく見つかった。作業場の丸太の山の後ろで死んでいた。フリッチュは広場の収容者を解散させた。体を震わせた人々が病院に押し寄せ、病院の雑役係はドアを閉めて押さえていなければならなかった。激怒したボックは棍棒を取りに走り、ドアを勢いよく開けて暴徒に襲いかかったが、彼らは一目散に収容棟へと散った。朝までに八六人が肺炎で死亡した。いわゆる脱走者の遺体は正門で見せ物になった[32]。

ヴィトルトは前日の寒さに耐えたが、ミハイは咳をしていた。彼はだいじょうぶだと言いながら、解体している建物の横でいつものように見張りに立った。嵐が去り、晩秋の太陽が断続的に顔を出した。あの点呼以来の憂鬱も、翌日アレクサンデルが釈放されたという知らせを聞いて晴れた。ワルシャワはまもなく真実を知るだろう。きっと何かが起きる[33]。

喜ぶべき瞬間だったが、ミハイの咳はさらにひどくなった。乾いた咳の発作に襲われ、血を吐き始めた。ほかのカポの前では怒鳴り声を上げて悪態をつく芝居を続け、その後も何日か見張りに立つと言い張った。しかし、夕方には疲れ果て、一週間後には足元がふらつき、ほぼ一日中、小屋で横になって咳き込み、体を震わせていた[34]。

ヴィトルトは点呼の後、ミハイをデリングのところに連れて行った。診断は肺炎で、すぐに入院できるよう手配をするとデリングは言った。彼自身はすっかり回復して、病棟で重宝されており、ボックから収容者の検査を任されていた。毎日、誰が生きて誰が死ぬのかを決めるというのは地獄のような仕事だったが、収容者を助ける本物の力を手にしたという意味でもあった。通常ならミハイは抗生物質を投与されて二、三週間で回復しただろうが、デリングには与えるものがなかった。数日後、ミハイは死んだ。ヴィトルトは後の著作で彼の死に軽く触れているだけだが、こんなふうにも書いている。「したがって、私たちは同志がゆっくり死んでいくのを見守った、自分も彼とともに死ぬかのように……人がそんなふうに死ぬとしても、たとえ九〇回そんなことがあったとしても、それでも信じることはできず、死んだのはほかの人なのだ[35]」

ミハイの亡骸は練兵場に並べられ、ほかの死者と一緒に数えられた。SS隊員は死体を荷馬車に乗せる前に、ひとりひとり胸に釘を打ち込んで死んでいることを確認した。一日が終わる頃には数が多すぎて、棺桶に入れて焼却場まで運ぶのも間に合わなかった[36]。

# 思考の混乱

ミハイの保護を失って、ヴィトルトの班は倉庫で作業することになり、カポたちの監視の下で列車の荷降ろしをした。最初に地下組織に勧誘したコンは、ジーグルトという片腕のカポについてヴィトルトに警告していたが、同じくらい殺人的な二人のカポはどちらもオーガストという名前で、収容者は「黒いオーガスト」「白いオーガスト」と呼んでいた。さらに、カポの手足となる一〇代の一団がいた。彼らの大半は国境地域で生まれたポーランド人で、民族ドイツ人としての誇りに目覚め、列車から重い荷物を降ろしながらふらつく収容者に嫌がらせをして楽しんでいた。そうした若者の一人は収容棟で首を吊った姿で発見されたが、ほかの仲間がひるんでいじめがやむようなことはなかった[37]。

シュタラーは近くの溝を掘る作業班を監督するようになった。収容者が急増したため、彼が仕切っていた収容棟は貯蔵庫に改造され、ヴィトルトたちはいくつかの棟に割り振られた。監督するブロックがなくなったシュタラーは屋外の作業に回された。自分を収容棟から追い出した男が、雨に打たれ、しょんぼりと立って寒そうにしているのを見て、ヴィトルトはどこか皮肉を感じた。収容者を殴る情熱を失ったカポは、自分で建てた薪ストーブのある小さな掘っ立て小屋で時間をやり過ごしていた[38]。

ヴィトルトはシュタラーを極力避けていたが、コンはシュタラーの班で働いていたため、顔を合わせないわけにはいかなかった。あるとき、シュタラーが工房のテーブルを作る大工を募り、室内の作業に回りたかったコンが志願したが、腕はさっぱりだった。数枚の板を打ちつけて天板を作り、テーブルの体裁を整えたが、あちこちから釘が突き出ていた。

「これは何だ？」。ようすを見に来たシュタラーが叫んだ。「インドの苦行僧のベッドか？　おまえをその釘の上で、体に穴が開いて悪臭がもれるまで転がしてやる！」[39]

コンはあわてて答えた。「釘が長すぎるんです。だから突き出てしまいます。もう少し短い釘を手に入れてもらえるまで、臨時に使いました」

シュタラーは、本物の大工がそのようなことを言うのか納得していないようだったが、短い釘を見つけてくることになった。コンは急いで天板に四本の脚を並べ、さらに釘を打ち、ぐらぐらと揺れる工作を壁に立てかけると、別の作業班に潜り込んだ。その後、シュタラーがテーブルの脚を一本、振り回しながら畑をうろうろして、自分を探しているのを見た。

コンがシュタラーを出し抜いた話に、ヴィトルトはつかのま気持ちが晴れた。列車は毎日のように側線に到着した。鉄の棒、レンガ、配管、タイル、約五〇キロのセメント袋。すべての荷物を二倍速のペースで降ろさなければならなかった。ヴィトルトは数週間、体力を温存していたが、もはや最後の蓄えも使い果たした[40]。

この頃のヴィトルトは、気持ち以外はムーゼルマンになっていた。休んでいても全身が痛かった。肌はてかりが出て透明感を帯び、触られると過敏に反応した。血の巡りが悪く、指も耳も鼻も青くなった。足のむくみは衰弱している明らかな兆候だった。体内の水分は、脂肪や筋肉に比べて減るのに時間がかかるのだ。朝起きると、ズボンと木靴がほとんど入らなかった。親指で脚を押すとパン生地でできているかのようだった[41]。

思考が混乱して支離滅裂になり、夕方、収容棟に歩いて戻る途中で意識を失いかけるときもあったが、どうにか行進を続けた。そのうちに脳の回線が再びつながり、ゆっくりと状況がわかった。自分がつまずきそうになっていたことに気づき、「何があってもあきらめないぞ！」と言い聞かせた。空に向かって煙を吐く焼却場の煙突を見ながら、収容所の門に掲げられた鉄の文字の本当の意味をようやく理解した。「労働は自由への道」。そう、労働は「魂を肉体から解放して……その肉体を……焼却場に送る[42]」。

そのあたりで再び思考が遠のいた。そして翌朝、目が覚めたときに、自分が寝床に戻っていたと気づくのだった。数時間が数週間のように感じ、しかし数週間はあっというまに過ぎていく。唯一変わらないのは、空腹と寒さだった。まだ一一月だったが、点呼の広場には雪の吹きだまりができて、ヴィトルトの眉は霜に縁取られた[43]。

その夜、ヴィトルトはマットレスを分け合う仲間にしがみついて体を温めた。ほかの強制収容所から帽子や上着が回ってくるときもあったが、新しい服は新しい拷問をもたらした。シラミがあっというまに収容所内に蔓延したのだ。下着や毛布についたシラミを取るという夜の新しい儀式が加わった。いくらつぶしても、マットレスに横たわると脂ぎった小さな足が這い回るのを感じ、ほとんど眠ることができなかった[44]。

作業に向かう隊列［提供：PMA-B］

飢えて、寒く、生きたまま食べられているかのようなときは、肉体の苦しみから心を切り離すことができるのだとヴィトルトは発見した。気持ちが高揚して、道端の物乞いを見下ろすように、自分の体を哀れみの目で見ることができた。「肉体は苦痛にさらされながら、精神的にはときどき輝きを感じていた」と、後に振り返っている[45]。

デリングはヴィトルトの状態に危機感を募らせていた。一一月下旬に病院で会えるように手はずを整えたが、骨が見えるほど痩せて悪臭を放つ病人が入り口に押し寄せて、ヴィトルトがどこにいるのか最初はわからなかった。収容者の四分の一近くが病気や怪我をしているという事実を認めて、SSはさらに三棟を病院に改築していたが、それでも十分なスペースはなかった[46]。

デリングは専門家の目で友人を観察し、

体調はどうかと尋ね、入院できるようにするか、病院の仕事を手配しようかと提案した。

ヴィトルトはだいじょうぶだと言い張った。患者として病院に入った者が、生きて出てくることはほとんどなかった。そして、地下組織に勧誘した仲間のほとんどは自分よりひどい状況だった。「私が一度でも不安な気持ちをもらしたら、どう思われるだろうか……自分は弱い人間だと……任務の重大さに圧倒されて、何よりも自分を救いたいのか、と……」。彼はそう書いている。「そうなれば、誰かを鼓舞することも、誰かに何かを求めることも、できなくなることは明らかだった」。ヴィトルトは病院の仕事を、疲労困憊したコンに斡旋した。[47]

## 収容所のクリスマス

ヴィトルトは切羽詰まっていた。組織に勧誘したフェルディナント・トロイニツキが、正門横の建物内にある木工作業所にいた。作業所のカポはヴィルヘルム・ヴェストリヒというポーランド出身の民族ドイツ人で、ほかのカポほど暴力的ではなかった。フェルディナントの計らいで、ヴィトルトはヴェストリヒと話ができることになったが、大工仕事以外のことで相手を感銘させなければならなかった。ヴィトルトは大胆な手段に出た。自分は収容所で偽名を使っているが、実はポーランドの裕福な貴族の一人で、ヴェストリヒの親切に必ず報いると話したのだ。ヴェストリヒはヴィトルトの話に乗ったようだった。彼は近いうちに釈放される予定で、ポーランド側にも気に入られる機会だと考えたのだろう。ともあれ、ヴィトルトは木工作業所で働けるようになり、すぐにスワヴェクも呼ぶことに成功した[48]。

倉庫で働いていたヴィトルトにとって、木工作業所で過ごした最初の数日間の衝撃は、後からじわじわとわいてきた。作業所は清潔だった。隅にタイル貼りのストーブがあった。殴られることはなかった。コートと帽子と靴下を支給された。もちろん、木工作業をしなければならなかったが、ヴェストリヒはほかのカポたちの監視から彼らを守った[49]。

慰めを得たヴィトルトは、数日後に収容所を揺るがした知らせに感謝する余裕もできた。新たに到着した収容者たちが、アウシュヴィッツの情報が一一月にワルシャワに届いていたことを伝えたのだ。地下組織は機関紙に詳細なレポートを掲載し、収容所の惨状が話題になっていた。ロンドンが情報を得て行動を起こすのもそう遠くないと、ヴィトルトは思ったに違いない[50]。

クリスマスが近づき、おそらく収容所の悪名が突然、広まったおかげで、ある変化が起きた。収容者の窮状を知ったポーランドのアダム・サピエハ大司教がヘス収容所長に書簡を出し、教会から救援物資を送って、クリスマスのミサを行いたいと願い出たのだ。ヘスは一人当たり約一キロの食料を一回だけ配ることには同意したが、ミサは認めなかった。彼の寛大さもそこが限界で、クリスマスの過ごし方については独自の考えがあった[51]。

厳しい寒さのなか、収容者は夜になると収容棟でドイツ語版の「きよしこの夜」を練習した。あるとき、ヴィトルトが働く木工作業所の隣の部屋から音楽が聞こえてきた（のぞいてみると、集まったカポたちが喘ぎながら楽器を演奏していた）。そしてクリスマスイヴの夜、早めに作業を終えた収容者が戻ってくると、厨房の横に巨大なクリスマスツリーが据えられていた。監視塔の一つと同じくらいの高さで、針のような葉に覆われ、風で枝が揺れるたびに色とりどりの電球が踊っているように見えた。ＳＳ隊員は冗談のつもりで、その日に懲罰隊で死んだ収容者（ほとんどがユダヤ人だった）の死体をプレゼントとしてツリーの下に積み上げた。[52]

ツリーの横に小さな演壇があった。点呼が終わるとパーリチュＳＳ上級曹長が壇に上がり、アコーディオンとギターを持ったカポが続いた。三人が「きよしこの夜」の冒頭の和音を奏でると、集まった収容者が一斉に歌い出した。その後、彼らは何も言わずに自分の収容棟に戻った。[53]

## 死を運ぶシラミ

数日後、収容者は作業に戻った。外はまだ寒く、収容棟と収容棟のあいだに積もった雪が氷のじゅうたんになり、点呼の広場は凍りついた海面のようにわだちや溝が走っていた。ヴィトルトは屋内で作業ができることに感謝したが、新たな問題が生じた。ウェストリヒがヴィトルトともう一人を、回復期用の療養棟の雑用係に命じたのだ。患者は五つの狭い病室に詰め込まれていた。大部屋に一〇〇人ずつ。彼らの大半は、脚がグロテスクに腫れ上がった骸骨にすぎなかった。大きめの皿ほどの腫瘍がむき出しになっている者や、骨折した手足が固定されずに不自然な角度に曲がっている者もいた。彼らは汚れたぼろきれの下でうめき声を上げ、すすり泣いていた。体に

上・木工作業所［提供：PMA-B］
下・ヴワディスワフ・シヴェク「クリスマスイヴ　1940年」（戦後）［提供：アンナ・コモロフスカ］

はシラミが這っていた。排泄物と汚物の悪臭があまりにきつく、凍えるような気温にもかかわらず窓は開け放たれていた[54]。

病院のカポはヴィトルトたちに、病室の中に木で通路を作らせた。まもなく、仲間の大工が具合が悪いと訴えた。その翌日には咳が出て、足元がおぼつかなくなり、病室の一角に寝かされた。肺炎だった。次の朝、彼は死んだ。ヴィトルトはまだ鼻水も出ていなかったが、病魔が自分に手を伸ばし、体内にゆっくり広まるのを感じた。最初はぬるい風呂に入って感覚が鈍くなるような、温かい気だるさだった。休みたい、目を閉じたい、何もかも忘れたいという衝動に駆られたが、病室の汚いマットレスの上に横になることだけは何としても我慢しなければならないとわかっていた。そのうちに寒気に襲われ、体が激しく震えだし、関節が痛んで、目がちかちかしてきた[55]。

その後の数回の点呼は、倒れずに持ちこたえた。治りそうだと思った矢先に、SSが収容所全体でシラミ退治を行うと告げた。収容者全員がシャワーを浴びて、服を殺菌されることになった。ヴィトルトの収容棟は、倉庫に行って服を脱ぐように命じられた。シャワーはすぐに終わったが、服が戻ってくるまで何時間もかかり、立ったまま待たなければならなかった。倉庫の一室はドアと窓が紙でふさがれ、換気扇が取り付けられて、簡単な消毒施設に改造されていた。ドイツ軍が使ったのは「チクロンB」と呼ばれるシアン化合物を使った殺虫剤で、青い粒が空気に触れるとガスになった。非常に毒性が強く、収容者はガスマスクを着用して、積み重ねられた衣類の周りに粒をまき、処理が終わると部屋の換気をしてから衣類を回収した[56]。

苦いアーモンドのような匂いのする青みがかった服がようやく戻ってきた頃には、夜が明けようとしていた。ヴィトルトは倉庫街から通りを渡って、一〇歩ほど歩いたところで倒れ込んだ。看護師に引きずられて病院に行くと、再び服を脱がされ、またしても冷たい水を浴びせられ、消えないインクで胸に番号を書かれた。そして、汚れた病院のガウンと下着を渡され、自分が木工作業をしていた部屋に連れて行かれ、腐ったようなマットレスの上に放り出された。疲れ果てて動けなかったが、眠ることもできず、手足を伸ばした途端にシラミが群がった。毛布の下を見ると、魚のうろこのようにきらきらと光るシラミがひだのように重なっているのが見えてぞっとした。縞模様のもの、うろこ状のもの、白に灰色、血を吸って真っ赤になったものなど、形も大きさもさまざまだった。[57]

つかんだ手が血だらけになるまで片っ端から殺したが、無駄だった。右隣にいた病人は動かなくなり、皮膚の下に潜り込んだシラミの甲羅で顔が覆われていた。左隣の病人はすでに死んでいた。ヴィトルトは自分には戦い抜く力がないかもしれない、戦いたくないのかもしれないと思い始めた。そして、看護師に紙と鉛筆をもらい、デリングに短いメモを書いた。[58]

「すぐに私をここから出してくれなければ、シラミとの戦いで残っている力を使い果たしてしまうだろう。この状況で、私は焼却場の煙突に急速に近づい

チクロンBの缶［提供：PMA-B］

ている」[59]

ヴィトルトは自分の居場所を付け加えて、看護師にすぐに持っていくよう頼んだ。数時間後、ボックに伴われてデリングと看護師が現れた。デリングは検査をしているふりをした。病院での影響力は大きくなっていたが、慎重にならざるを得なかった。

「この男はどこが悪い？」。彼はヴィトルトのそばで立ち止まり、看護師に「彼を見ていてくれないか」と言った。そして、左の肺が肺炎を起こしていると診断し、病院でさらに検査をすると言った。彼らはヴィトルトに手を貸して立ち上がらせ、抱きかかえるように別の病院棟へ連れて行き、二階の病室に入れた。部屋にはベッドと新しいマットレスが用意されており、シラミはまだいなかった。ヴィトルトはベッドを独り占めした。体を伸ばして底なしの眠りに落ちた。抵抗する気力も失せた。[60]

# 6章　爆撃機命令

ワルシャワ、一九四〇年一〇月

一〇月末に釈放されたアレクサンデル・ヴィエロポルスキは、ワルシャワ行きの始発列車に乗り込んだ。ポーランド人は暖房のない三等車の後方に押し込められたが、少なくともドイツ人はいなかった。アレクサンデルの剃り上げた頭に人々の視線が集まった。田舎の家族のもとでゆっくりしたかったが、ヴィトルトとの約束を守ると心に決めていた[1]。

雨の降るワルシャワの灰色の通りを人力車で急ぎ、「銃士隊」の仲間で従兄弟のステファン・デンビンスキのアパートに着いた。ステファンはアレクサンデルを迎え入れ、手元に残っていた食べ物を分けた。アレクサンデルが抑留されていた六週間で、ワルシャワは大きく変わっていた。

ゲットーを囲むレンガと鉄条網の壁はほぼ完成し、ユダヤ人家族は「アーリア人地区」から強制的に追い出された。ポーランド人は町の反対側で、ドイツ人に奪われていないユダヤ人の家を占有した。ゲットーはいつ封鎖されてもおかしくなく、壁の外に出たユダヤ人は銃殺されるという警告のポスターが街角に貼られていた。いたるところで食料が不足し、病気が蔓延して、特にチフスは深刻だった。[2]

銃士隊の代表のステファン・ヴィトコフスキと、地下組織のリーダーであるステファン・ロヴェツキの副官と会うことができたのは、二日ほど後だった。ヴィトルトが収容された後、ロヴェツキは銃士隊など一部のグループを除いて、市内のレジスタンス活動の大半を自分たちの地下組織に統合していた。ヴィトコフスキは大胆不敵な飛行機エンジニアで、独自にロケット製造に取り組むなど、自主性を重んじてロヴェツキの申し出には従わなかったが、情報収集で協力することには合意していた。情報収集は、ヨーロッパで唯一ポーランドを支援できる状況だったイギリスに対して影響力を維持するために重要な活動だった。[3]

アレクサンデルが説明した収容所のようすは、ドイツが捕虜に対して国際法に反する犯罪を行っている証拠として、ロヴェツキが待ち望んでいたものだった。一九〇七年のハーグ条約は戦争捕虜の権利を保護し、民間人を恣意的な逮捕や虐待からある程度、守るように定めていた。しかし、ヴィトルトからの報告が反響を呼ぶことは、ほぼ間違いなかった。それ以上に、ヴィトルトが収容所を爆撃してほしいと訴えたことは、連合国がドイツ軍に対して行動を起こすきっかけになるはずだった。[4]

ロヴェツキはヴィトルトの報告を文書にまとめ、ポーランドの概況を記した報告書に添えた。そこには収容者に対する凄惨な扱いや、収容所の位置、食料や衣類、そしておそらく武器と弾薬が保管されている倉庫の情報などが説明されていた。

「収容者はポーランド政府に、どうかこれらの倉庫を爆撃してほしい、この苦しみを終わらせてほしいと懇願している」。爆撃はパニックを引き起こし、収容者が逃走するチャンスになるだろう。「彼ら［収容者］が爆撃で死んだとしても、この状況では救いになる」。報告書は、これは収容者による「緊急かつ考え抜かれた要求」であるというヴィトルトの言葉で締めくくられていた。[5]

問題は、どのようにして報告書をロンドンまで届けるかだった。フランスが降伏した後、穏健派の将軍で元首相のヴワディスワフ・シコルスキを中心とするポーランド亡命政府はロンドンに拠点を移していた。ロヴェツキが持っていた無線機は慎重に使わなければ敵に見つかる恐れがあった。密使もリスクがあった。その年の秋にはドイツ軍がタトラ山脈のネットワークに侵入しており、新たなルートを探さなければならなかった。ヴィトコフスキは、自分の知り合いでもあるユリア・ルボミルスカという三五歳の貴婦人の名前を挙げた。ユリアは義理の姉妹とともに中立国のスイスに逃げようとしていた。両親をソ連の秘密警察に殺されており、祖国の役に立ちたいと切望していた。[6]

一一月初旬、指示を受けたユリアは報告書を持ってスイス行きの列車に乗った。ジュネーヴまで約一六〇〇キロ、二四時間以上かかったが、列車は順調に進み、国際連盟のポーランド臨時代理大使スタニスワフ・ラジヴィウに報告書を届けることができた。[7]

次の旅は準備に数週間を要した。公使館はステファン・デンビンスキの弟でジュネーヴにいたスタニスワフ・デンビンスキを呼び出し、南フランスの非占領地域を抜けてピレネー山脈を越え、マドリードまで文書を運ばせた。スタニスワフは一二月一〇日頃にスペインの首都に着き、報告書に短いメモを添えて現地のポーランド当局の責任者に渡した。そして、報告書はロンドンのシコルスキに送られる外交文書用の封印袋に収まった。[8]

## 収容所爆撃計画

シコルスキは、イギリス側のホストと関係を深めるのに苦労していた。彼らはポーランドについて、名前が発音しにくい変わり者で粗暴な外国人というステレオタイプ以上のことはほとんど知らなかった。ウィンストン・チャーチルは、ポーランドの上級司令官カジミエシュ・ソスンコフスキを、「ソズルなんとか」と呼んでいたとも言われている。イギリス政府のある報告書は、外務大臣のアウグスト・ザレスキは「悪名高い怠け者」で、財務大臣のアダム・コックは「友好的だが『野心家』ではない」と評した。シコルスキについては、イギリス側は最悪の人物かもしれないと考えていた。[9]

「[彼の]虚栄心はあまりにも巨大で、残念ながら、この特定の社会ではそれを誇示することが奨励されている」と、イギリスのポーランド亡命政府大使のハワード・ケナード卿は語っている。

収容所爆撃を要請する報告書 1940年
スウェーデン
デンマーク
バルト海
北海
イギリス
オランダ
ロンドン
ベルリン
アレクサンデル・
ヴィエロポルスキ
ワルシャワ
ベルギー
大ゲルマン帝国
カトヴィツェ
オシフィエンチム
クラクフ
パリ
フランス
（ナチス占領下）
ユリア・ルボミルスカ
ウィーン
ハンガリー
ベルン
アルプス山脈
ジュネーヴ
スイス
ヴィシー
スタスニワフ・デンビンスキ
イタリア
ユーゴスラヴィア
ピレネー山脈
アドリア海
マドリード
ローマ
スペイン
アルバニア
地中海
N
0
200
400 km

「大勢の一人にすぎないことを彼に理解させなければならない」[10]

実際には、シコルスキは政敵が常に好奇の目で自分を見ていることに気づいており、イギリス側がドイツの電撃戦に関する自分の警告を無視したと思い込んで不満を募らせていた。バトル・オブ・ブリテンではポーランドの第三〇三戦闘機中隊が連合軍で最も多くのドイツ機を撃墜して実力を示したにもかかわらず、ポーランド軍が軽視されるような場面もたびたびあった。[11]

さらに悩ましいことに、ドイツの戦争犯罪に関するシコルスキの以前の報告を、イギリスは真剣に受け止めていなかった。当時はまだ、アウシュヴィッツの名前はイギリスの高官にほとんど知られていなかったが、ドイツの強制収容所システムがナチスに抵抗する勢力を壊滅させる役割を果たしていることは、彼らも理解していた。イギリス政府は一九三九年に発表した白書で、ダッハウとブーヘンヴァルト収容所における収容者の残忍な扱いについて説明していた。ただし、ナチスの悪事を大々的に公表することには慎重だった。プロパガンダだと非難されることを恐れたのだ。イギリス政府は第一次世界大戦中に、ドイツ軍は死体を使って石鹼を作っているといった残虐な話を捏造して、国民に不信感が広がった経験があった。そのせいか、イギリス政府も他国の政府からの情報には懐疑的だった。外務省中央局一等書記官代理のフランク・ロバーツは、ポーランドの報道の正確さを完全に疑っていたほどだ。この時点でイギリスは、ドイツ軍による「ポーランドの民間人への残忍な攻撃」を非難する一般的な声明を出すにとどまっていた。[12]

シコルスキは、イギリスが壊滅的な攻撃を受けている最中に、ポーランドでの残虐行為に注目を集めなければならなかった。九月にヒトラーは、イギリスのインフラを破壊して民衆の士気を粉砕するべく、ロンドンをはじめとする都市部への電撃戦を命じていた。ロンドンはほぼ毎晩、攻撃された。二万七五〇〇発の爆弾が投下され、イーストエンドやテムズ川のドック周辺を中心に一万八〇〇〇人が死亡、数十万人が家を失った。ドイツ軍の爆弾には焼夷弾も含まれ、夜ごと街のどこかが猛烈な炎に包まれた[13]。

一二分後に爆撃機が飛来するという空襲警報が鳴ると、市民は地下室や庭のプレハブ小屋に逃

ヴワディスワフ・シコルスキ（1941 年頃）［提供：ポーランド国立公文書館］

げ込んだ。公共の避難所はすぐ満員になり、人々は教会の地下室や鉄道橋の下、地下鉄構内に身を寄せた。夜遅くまで働く通勤者は、市民で埋め尽くされたホーム——「チューブサイト」——の横を足早に通った。当局は駅を避難所として使うことを認めていなかったが、最終的には一部の駅でお茶とパンを配布し、シラミや疥癬の健康診断を行うことに同意した。満員のシェルターで居場所がなくなることを恐れ、何日も地下から出てこない人もいた。貧しい地域の避難所の状況に不満を抱き、ユダヤ人のような特権階級は自分たちよりも恵まれていると信じる人もいた。世の中に広まっていた反ユダヤ主義は、現実よりわかりやすかった。大半の人は悲惨な状況に慣れていき、苦しむ者同士の仲間意識が芽生えた。[14]

この年の五月に無能なチェンバレンの後任として首相に就任したチャーチルは、空襲を受けた現場に足を運び、生存者の話に耳を傾けた。夜はセント・ジェームズ・パークを見下ろす安全な宿泊施設の屋上に座り、破壊される街をながめた。イギリスの士気は落ちていなかったが、見通しは厳しかった。イギリス軍は唯一の戦線であるアフリカでイタリア軍を相手に劣勢が続き、ドイツ軍のUボートはアメリカから大西洋を渡ってくる食料や装備の供給を脅かしていたが、アメリカは傍観していた。このような猛攻を浴びているイギリスに、ヨーロッパ大陸で捕らわれた人々の運命を考える余裕はなかった。[15]

シコルスキはこの秋、イギリスとの関係を改善するために、新たに設立された秘密組織の英特殊作戦局（SOE）に協力すると同意していた。SOEの目的は、ナチスに占領されたヨーロッパで破壊工作や諜報活動、レジスタンスの支援を行うことだった。ただし、出だしからつまずいていた。SOEを率いるのはイートン校出身の社会主義者ヒュー・ダルトンで、戦時経済大臣も務めていたが、その威圧的な態度は政府内でも人望がなかった。さらに、大陸の左派勢力にアピールするために、SOEに兵士ではなく民間人を積極的に登用するという初期の方針も裏目に出た。ダルトンが雇った会計士や弁護士、銀行家は、さまざまな破壊行為の計画を考えたが、実行する方法はほとんど知らなかった。ダルトンがスローター・アンド・メイ（Slaughter and May）法律事務所のパートナーの大半をSOEに連れてきたことを、SOEのあるメンバーがウィットに富んだ批判をしている。「私たちは『かもしれない（may）』ばかりで『大虐殺（slaughter）』は

ヒュー・ダルトン（1945年）［提供：ナショナル・ポートレート・ギャラリー（ロンドン）］

ないようだ」。この冬にはSOEは完全に失敗していたのかもしれない。しかしダルトンは、ポーランド人と手を組んだことによって、ポーランドの地下組織の成功の一部を自分の手柄にすることができた[16]。

その年のクリスマス、シコルスキはダルトンとともに、スコットランドに駐留するポーランド軍を訪問して関係を深めていた。ちょうどそのとき、ヴィトルトの報告書が、ロンドンのルーベンス・ホテルにあるポーランド亡命政府の本部に届いた。イギリス政府と何回かもめた経験があったダルトンは、シコルスキが収容所の爆撃を実現させるために直面するであろう障害を理解していた。チャーチルに直接働きかけようにも、首相のスケジュールを考えれば、会うまでに何週間もかかるだろう。外務省もドイツの戦争犯罪の問題には以前から消極的で、期待はできなかった。したがって、最良の方法は、ヴィトルトの要求を英空軍に直接、伝えることだった[17]。

一九四一年一月四日、シコルスキの補佐官を務めるステファン・ザモイスキは、爆撃の任務に焦点を当てた一ページの報告書を作成し、爆撃軍司令部を率いるリチャード・ピアースに送った。爆撃軍は、ロンドンから離れたバッキンガムシャーのハイ・ウィッカム英空軍基地の近くにあるウォルターズ・アッシュという小さな村に司令部を構えていた。ロンドンの空爆は小康状態が続いていたが、一二月二九日の午後六時を回った直後に空襲警報のサイレンが鳴り響いた。冷えて澄んだ夜空に「爆撃機の月」が出ていた。わずか三時間で二万二〇〇〇発の爆弾が降り注いだ。その多くは焼夷弾で、第二次ロンドン大火として知られるようになった[18]。

ヴィトルトの要請がピアースのデスクに届いた頃、英空軍は内部の事情に追われていた。チャーチルがドイツへの戦略的爆撃を最優先事項に掲げたにもかかわらず、空軍はドイツ国内での爆撃はおろか、少数の爆撃機隊を編成するのにも苦労していた。一〇月の時点で飛行可能な航空機を二九〇機保有していたが、一一月末までに三分の一近くを失った。その大半は、訓練を受けたばかりの乗員を粗末な装備で急遽送り出した結果の事故だった。レーダーを搭載していなかったため、厚い雲に覆われたときは、飛行時間をカウントして爆撃機の扉を開くことが最善の方法とされていた。爆弾の大半は目標から遠く離れたところに落ちた。ある爆撃機は磁気嵐に遭遇し、乗員は針路が変わったことに気づかなかった。暗闇のなかで目印を探し、ライン川と思われる川と目標の飛行場を発見した。基地に戻る最中にようやく、自分たちはずっとイギリス上空を飛んでいて、ケンブリッジシャーのバシングボーンにある味方の空軍基地に爆弾を落としたことに気がついた。[19]

チャーチルは英空軍の実績を「嘆かわしい」と言い、奮起を求めた。少なくとも成功の可能性がありそうなドイツの都市への報復攻撃に賛成し、一二月にマンハイムへ最初の空爆を命じた。しかし、ピアースと上官のチャールズ・ポータル空軍参謀総長は、民間人を攻撃することの道徳性を懸念し、ドイツを戦争から追い出すためには彼らの軍需生産能力への攻撃、つまり工業施設を標的とした爆撃しかないという信念があった。ピアースは爆撃機の乗員が誇張した報告をもとに、自分たちの戦略が成功していると思っていたようで、ヴィトルトの要請を受け取ったときは、ドイツの合成燃料の生産拠点に対する大規模な爆撃を計画している最中だった。[20]

アウシュヴィッツを爆撃するという提案に、ピアースは興味をそそられた。ただし、戦略的な価値はなく、攻撃は政治的な決断であることも理解していた。サフォーク州のストラディシャル空軍基地からアウシュヴィッツまでの往復約二七〇〇キロは、それまで英空軍が行ったすべてのミッションより長かった。理論上は、補助燃料タンクを装備したウェリントン爆撃機一二機の飛行中隊が、一機あたり四五〇キロの爆薬を積んでアウシュヴィッツまで飛ぶことができる。収容所を破壊し、あるいは深刻な被害を与えるには十分すぎる量だ。ポーランド人は収容所の場所を見つけるための指示を伝えていたが、爆撃機がアウシュヴィッツを見つけたとしても、爆弾の数が限られているために命中する可能性は低くなることも、ピアースはわかっていた。[21]

一月八日、ピアースはロンドンの航空省にいるポータルに要請書を送り、ミッションとしては可能だが、爆撃軍司令部が近く予定している攻撃と今回の作戦の困難さを考慮すると、大臣の承認が必要だと申し添えた。このときアウシュヴィッツの収容者の窮状には一切言及しなかったが、それも無理はなかった。ヴィトルトの報告書がロンドンに届くまでに、空襲というアイデアが仲介者たちの目にとまり、収容所の惨状の記述は一行に減っていたのだ。ヴィトルトの要請は本来の文脈から切り離され、道徳的な緊急性を失っていた。[22]

数日後のポータルの返答は、簡潔にして的確だった。

「政治的な配慮は別にして、オシフィエンチムのポーランド人強制収容所への攻撃は好ましくない陽動作戦であり、目的を達成する可能性は低いという見解はそちらも同じだろう。限られた戦力でこの距離の目標まで運ぶことができる重量の爆弾は、収容者が逃走できるほどの打撃を与えることはとてもできないだろう[23]」

ポータルの評価は正しかった。それどころか、収容所の攻撃が極めて困難であることを軽視していたくらいだ。ただし、彼は理解していなかった——一九四〇年にアウシュヴィッツを攻撃していれば、世界に収容所の存在を知らしめることができたはずで、たとえ成功しなくても、ナチスの戦争犯罪を止めるという介入の前例をつくることができただろう。

ピアースはこの決定に異議を唱えることなく、シコルスキにそのまま知らせるしかなかった。彼は一月一五日付の書簡で、言葉を選びながら作戦の現実的な難しさを強調している。「このような性質の空爆は、収容者自身に深刻な犠牲者を出さないためにも、極めて正確でなければならない」。そして、「そのような正確さを保証することができない」[24]

チャールズ・ポータル　撮影：ユーサフ・カーシュ

シコルスキの反応は記録がないが、ダルトンは彼に、あきらめるなと励ましの言葉をかけたようだ。一方、SOEはスコットランドのハイランド地方の西部で、ポーランド人亡命者を工作員として養成するプログラムを始めた。ダルトンは彼らに無線機を持たせてパラシュートでポーランドに送り込み、ワルシャワと連絡を取って、情報をひそかにイギリスに伝えるように命じた。シコルスキにとっては、自分のネットワークがこれまでイギリスに提供してきた資料が承認され、引き続き情報提供を要請されたということだった[25]。

二月一五日の夜、最初に降下する三人がサフォーク州のストラディシャル空軍基地に到着した。穏やかな夜で、頭上に薄い雲がかかっていた。予報では、ポーランドの空に雲はなかった。隊員たちは長いオーバーオールと肘までの手袋を身に着けて、ワルシャワ近郊の降下地点まで五時間の旅に出た。リュックサックにはポーランド風にていねいに仕立てた普段着と、ドイツ製のタバコとカミソリ数箱を詰め、捕虜になったときのために、ボタンに青酸カリが一錠、仕込まれていた。さらに、無線機四台やダイナマイトなど三六〇キロ相当の機材が、衝撃を受けても爆発しないように設計された特殊なコンテナに収められていた。出発前、シコルスキは彼らに告げた。

「きみたちはポーランドの前衛だ。今こそ世界に、このような状況下でも、ポーランドへの上陸が可能であることを示さなければならない[26]」

ホイットレーＭＫ１機は滑走路を走り抜け、北海上空を順調に上昇した。大陸に差しかかると、機体のベンチレーターから冷たい風が吹き込み、隊員は体を寄せ合って暖を取った。寒くて眠れず、エンジンの轟音で会話もできなかった。オランダの海岸を通過する際は対空射撃に狙われ、デュッセルドルフ上空では敵のサーチライトに照らされたが、ドイツ軍の防空は最小限の態勢で、ほとんどの都市で灯火管制は行われていなかった。真夜中頃にベルリンの灯りを確認した後、ポーランド国境付近で雲が分厚くなってきた。操縦士のフランシス・キースト空軍大尉は、航行に慣れていないことを隠していたのだろう。コースを逸脱し、タトラ山脈が見えたときに初めて、目標地点を通過していたことに気づいた。[27]

コースを修正する時間も燃料もなく、その地点で降下するしかなかった――彼らはアウシュヴィッツのほぼ真上に到達していた。乗員の一人が急いで、機体に特別に取り付けられたサイドドアを開けた。隊員たちは雪山に浮かぶ満月を見ながら、順番に暗闇に飛び込んだ。キーストは最後に機材を投下した後、機体を傾けて旋回しながら山間を出て巡航高度に戻った。[28]

静かな夜だった。地上にいる収容者たちは、ホイットレー・ミディアムタイガーⅨの低いエンジン音を、その意味を考えることもなく聞いていただろう。三人は着地に成功し、爆撃機は無事に帰還した。今回は彼らを助けることはできなかったが、シコルスキにとって、イギリスがアウシュヴィッツに到達できることを証明するミッションとなった。

# 第2部

# 7章　ラジオ

アウシュヴィッツ、一九四一年一月

ヴィトルトは一〇日間、熱にうかされた。夢と目が覚めているときの思考が輪になってつながった。光が通り過ぎて暗くなり、また光が戻ってくる。ときどき窓が開き、ごわごわとしたスポンジが体に触れて、熱いスープを唇に押しつけられるのを感じた。病室にはほかの患者も運ばれてきて、うめき声や泣き声が聞こえたかと思うと、銃声や殴られる音がして、突然、静かになった。クリスマスに演奏した音楽家たちはフリッチュ副収容所長のためにバイエルンのワルツを練習していて、夜になると部屋から調べが聞こえてきた[1]。

一〇日目には熱も下がり、徐々に体力を取り戻した。看護師の手を借りて食事をとり、病室内を歩き回れるようになると、デリングはヴィトルトを療養棟に移してもだいじょうぶだと判断した。これだけ長くヴィトルトをかくまうことができたことから、病院は地下組織にとって重要な役割を果たすと考えられた。デリングは病院を管理する医師でSS大尉のマックス・ポピエルシュの信頼を得ていた。ポピエルシュは国家社会主義が医師の倫理観と両立することを証明したいと考えていた。デリングは、ナチスの人種秩序に賛同を示し、収容者に厳しい態度を見せているかぎり、人命を救うための医療行為を許された[2]。

ヴィトルトは余裕があるときは看護師の手伝いをしながら、病院のリズムにもすぐに慣れた。患者は全員、夜明けに体を洗わなければならなかった。最近設置された三段ベッドからまとめて洗面所に運ばれて、汚れた下着や紙の包帯をはぎ取られた。回復期の患者は冷たいシャワーでずぶ濡れになった。ある看護師は、震えている肉体の集まりが、「瀕死の重傷を負った一匹の獣が断末魔の苦しみのなかに一〇〇〇の幻想を見ている」かのようだったと語っている。患者はベッドに戻され、床は塩素で洗われ、汚物がたまったバケツは空にされ、窓を開けて換気が行われた[3]。

手術は九時に階下の部屋で始まり、その日の大半を費やした。ポピエルシュが立ち会うのは最初の一時間ほどで、病院の運営は、オーストリア出身の元家具職人で自分は医者だと思いたがっていたSS伍長のヨーゼフ・クレーアに任されていた。クレーアは、バイクで病院に到着すると看護師がその車体を磨き、自分の机に行けば別の看護師が彼のブーツを脱がせて足を洗うのが当然だと思っていた。そして、三人目の看護師に爪の手入れをさせながら「パシャ〔オスマン帝国の上級軍人の尊称〕のように」パイプをふかしていたと、ある収容者は後に語っている[4]。

上・病院棟［提供：PMA-B］
下・ヨーゼフ・クレーア（1962 年）［提供：PMA-B］

幸い、クレーアは病院にあるわずかなモルヒネをＳＳ隊員やカポに密売することに夢中で、看護師は患者の世話をすることができた。その年の二月、気温はマイナス三〇度に達した。収容者にはコートという名の膝丈の綿シャツが支給された。ヴィトルトのように家族から下着の小包が届く者もいたが、大半の収容者は厳しい処罰を覚悟して、セメント袋などありあわせのもので重ね着をした。最も寒い時期はＳＳ隊員も収容者を屋内にとどめたが、点呼は必ず広場で行われた。数十人が手足を真っ白に凍らせて病院に来たが、すぐに腐って黒くなった。〔5〕

ある寒さの厳しい夜、風が窓に吹きつけるなか、ＳＳの監視役が懲罰隊から一二人のユダヤ人を病院に連れて来た。彼らの足は重度の凍傷だった。数人の看護師が、医師が置いていったドイツ語の新聞を囲んで熱心に読んでいると、デリングが大声で手助けを求めた。懲罰隊のユダヤ人が治療を受けることはめったになく、デリングは急いで済ませたかった。苦しんでいる男たちが木靴を脱ぐと、足の肉がはがれて骨が見えていた。骨が茶色くなっていたのは、おそらく凍りついていたのだろう〔6〕。

「骨に消毒用の粉をかけて、包帯を巻いておけばいい」。デリングは指示を出すと、その場を離れた。呼び出された看護師の中にいたコンは、摩擦を和らげるために布の包帯を巻こうとしたが、遠くから監視していたデリングが「紙の包帯だ！」と吠えた〔7〕。

コンはデリングのところに行って静かに言った。「雪の中を歩けば、あの包帯では五分と持ちません〔8〕」

「そうだな。ここを出た後、どのくらい生き延びそうだ？　五分以上か？　一時間？　二時間くらいか？　布の包帯は少ししかないから、いざというときのためにとっておく」

この一件をコンはヴィトルトに話さなかった。デリングは重要な存在であり、距離をつくるわけにはいかなかったのだ。[9]

## 貴重なニュース

数週間後、デリングは自分の存在価値を証明した。ある夜、彼はヴィトルトを病院棟のポピエルシュのオフィスに連れて行った。机の上にラジオがあった。おそらくSS隊員の間で人気のあったテレフンケン社製だろう。ニスを塗った木製のケースはアールデコ調の曲線を描き、周波数を調整するつまみが二つ、スピーカーグリルの両側に付いていた。電気関連の作業場から盗み出すように手を回し、流し台の床板をめくって隠せるようにしたと、デリングは説明した。そして、ポピエルシュに彼のオフィスと新しい病院棟の間に電話線を引くことを提案し、電話線の工事をした収容者の技師にラジオの回線を一本、紛れ込ませるように頼んだのだ。工事が終わってポピエルシュもデリングと同じように満足したが、理由はまったく違っていた。[10]
デリングがスイッチを入れた。ラジオの真空管が温まってスピーカーがうなり出すのを待ち、ダイヤルを回すと、甲高い信号音が鳴ってパチパチと音が立った。二人は忘れられた世界からの音に圧倒された。歌、コマーシャル、ドイツ語、イタリア語、スロヴァキア語、ギリシャ語の話し声。主な民放と国営放送局のほか、軍の部隊や航空機の操縦士、海の漁師も短波の周波数を使用していた。[11]

デリングはBBCを探した。BBCは厳しく管理されているドイツの放送と違って、ほぼ正確な情報を伝えていた(英政府は、たとえ連合国にとって都合の悪いニュースでも、それを報道することによって信憑性が高まり、より多くの人が耳を傾けると計算した)。ナチスの妨害工作にもかかわらず、BBCのドイツ語放送は第三帝国内で人気が高まり、「ゲッベルスの鼻」と呼ばれたフォルクスエンプフェンガー(国民ラジオ)の量産型の機種でも受信できた。宣伝相は取り締まりを強化して、外国の放送局を聞くことはドイツ国民に対する犯罪であるという警告のラベルがダイヤルに貼られたが、効果は限定的だった。[12]

デリングとヴィトルトは、BBCニュースのコールサインである四つのドラムビート——勝利を意味するモールス信号のリズム——を求めてダイヤルを回した。ついに感動の瞬間が訪れた。「イングランドより……イングランドより……」。長く聞き続ける危険は冒さなかった。しかし、次の夜も、その次の夜も、彼らはラジオの前に戻った。悪いニュースだった。イギリスは差し迫っていた侵攻の脅威は免れたが、ドイツ軍による都市部の爆撃が続いていた。三月には、ドイツ軍の司令官エルヴィン・ロンメルが北アフリカで苦戦していたイタリア軍を支援するためにリビアで進軍を始め、イギリス軍との戦線で主導権を握った。ドイツ軍はエジプトとスエズ運河を奪取する勢いだったが、アメリカは傍観を続けていた。[13]

一連の状況から、イギリス軍は身動きが取れず、アウシュヴィッツを攻撃できそうにないと推

ヴワディスワフ・デリング（1941 年頃）［提供：PMA-B］

察できたが、収容所内で蓄積されていた恐怖がいずれ連合国に行動を起こさせるだろうと、ヴィトルトは信じていた。それまでは収容所に着いた当初からの仲間であるカロル・シュヴィエントジェツキを通じて、わずかだが貴重な朗報を広めるように努めた（収容所内のもろい士気を考えると、ありのままの真実を受け止められるかどうか、ヴィトルトにも自信がなかった）。大西洋の真ん中でUボートが沈んだ、エチオピアの高地でイタリア軍が大敗したと、広場に集まった収容者が毎晩、興奮しているようすにヴィトルトは満足した。「これが生きるよすがだった」と、ある収容者は語る。「このときのニュースから私たちは新鮮なエネルギーを得た[14]」

二月末には、ヴィトルトはほぼ回復した。縞模様の囚人服を手に入れて患者のガウンから着替え、カモフラージュに工具箱を持ち、表向きは入院患者でありながら、収容所内を動き回って地下活動ができるようになった。少し前まではとうてい考えられなかった策略だが、収容所に来て約半年のあいだに、カポの日々の動きや、収容所内のどの場所を避けるべきかを学んだ。地下組織は一〇〇人を超え、ほぼすべての作業班にメンバーがいた。ほかの収容者を熱心に勧誘し、ドイツ軍に寝返りそうな者に圧力をかけるなど、収容棟内でも彼らの影響力が感じられるようになった。ヴィトルトは新入りのメンバーに、厨房から盗んだマーガリンや、収容所の外の建築現場で働く者がこっそり持ち込んだパンなど、ささやかな賄賂でカポの振る舞いを和らげて自分の班の中で権限を持つように教えた。[15]

## 収容所の拡大

収容所の規模が大きくなるにつれて、カポや作業長のポストが埋まらなくなり、ドイツ系の収容者だけでは足りなくなった。作業の割り当てを仕切っていたオットー・キューゼルは、仲間の収容者を純粋に助けたいと思っていたようだ。ポーランド語も少し覚え、ヴィトルトの依頼で配置換えを手配するときも報酬を要求しなかった。新しいメンバーの一人は新しい収容棟でカポの仕事に就き、もう一人は廏舎の運営に加わった。彼らはほかの同志をかくまいながら、少しでも余分な食料を確保し、収容所を動かす側に立つことができた。[16]

ヴィトルトは収容棟で一緒だったカロルが働いている廏舎を毎日のように訪ねてラジオからの最新情報を伝え、特別なお返しでもてなされた。缶の中で小麦のふすまと水を混ぜたものに、とびきりのご馳走である砂糖も入っていた。収容所には馬の飼料が貨物列車で届き、塩と炭が混入

カロル・シュヴィエントジェツキ（1941 年頃）［提供：PMA-B］

していたが、これに水を加えると塩が砂糖より早く溶けて、水を捨てれば塩味も抜けることをカロルは発見した（炭は下痢に効いた）。こうして「最高のケーキができた」と、ヴィトルトは振り返っている。カロルはさらに、SS隊員の自慢の種馬には毎日バケツ一杯のミルクが必要だと説き伏せて、ヴィトルトたちはコップ一杯のミルクでケーキを流し込んだ（馬は一滴も飲まなかったが、カロルは抜かりなく、馬の口の周りにミルクの泡をつけた）[17]。

三月の初め、この日はカロルからヴィトルトにあるニュースが伝えられた。ドイツ軍の高官の訪問に合わせて、収容所が封鎖されたときのことだ。一行は廐舎にも来て、カロルは高官が親衛隊全国指導者のハインリヒ・ヒムラーだと知った。収容人数を一万人から三万人に拡大し、帝国最大級の強制収容所にするよう命令しに来たのだ。ヒムラーは収容所の経済的可能性を開拓するために巨大企業IGファルベン〔IG・ファルベンインドゥストリー〕の幹部を同行させていた。彼らに出資させて収容所の近くに合成燃料とゴム

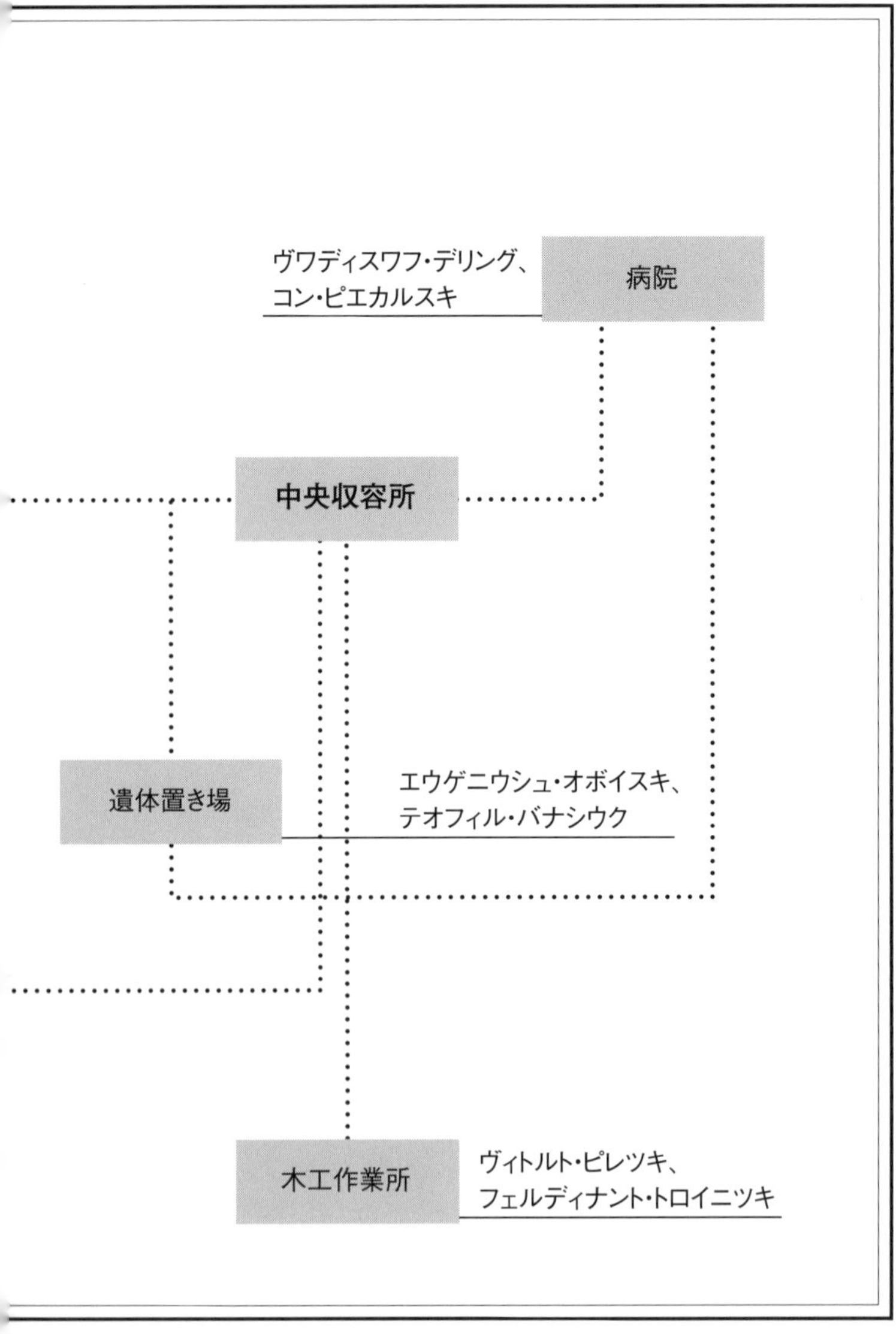
ヴワディスワフ・デリング、
コン・ピエカルスキ
病院
中央収容所
遺体置き場
エウゲニウシュ・オボイスキ、
テオフィル・バナシウク
木工作業所
ヴィトルト・ピレツキ、
フェルディナント・トロイニツキ

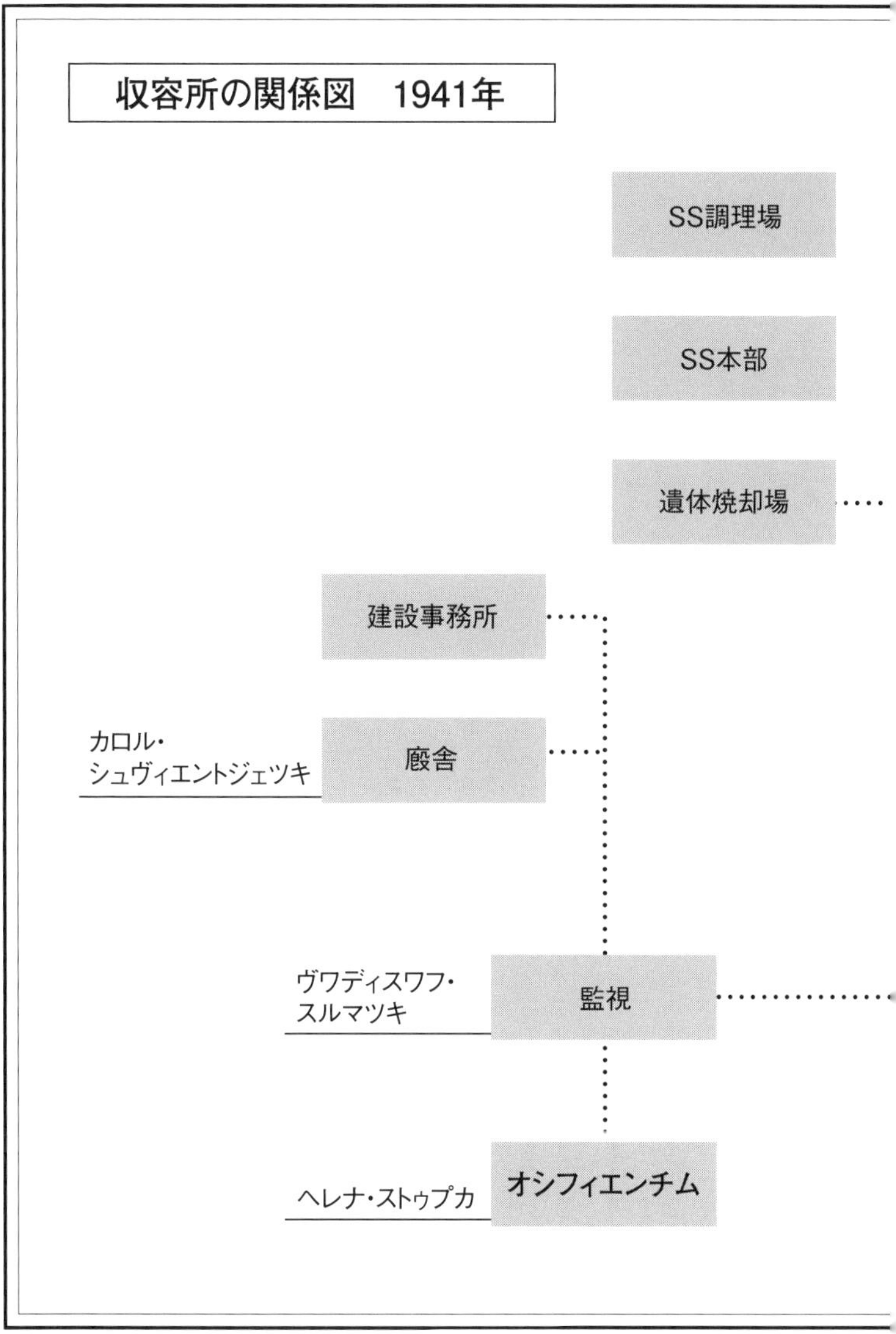
収容所の関係図　1941年
SS調理場
SS本部
遺体焼却場
建設事務所
カロル・
シュヴィエントジェツキ
厩舎
ヴワディスワフ・
スルマツキ
監視
ヘレナ・ストゥプカ
オシフィエンチム

の工場を建設し、収容者を使えばわずかな人件費で済むという計算だった。[18]

ヴィトルトは数日をかけて、測量技師として働くヴワディスワフ・スルマツキからヒムラーの意図を聞き出した。ヴワディスワフはすでに、SSが拡張工事の図面を作成させていた収容者に接触していた。彼らによると、点呼を行う広場に八つの収容棟を新しく建設し、既存の棟は階数を増築して収容人数を大幅に増やす計画だった。春になり、ポーランド人の収容者が毎日のように到着した。路上で逮捕された者もいれば、レジスタンスに従事して、あるいは関与していると いう疑いだけで身柄を拘束された者など、狼狽する新入りたちで収容棟はあふれ返った。[19]

この機会を利用して、ヴィトルトは勧誘に力を入れた。三月には数百人に増えて、メンバーの安全をある程度、確保できるようになったが、秘密を維持するのが次第に難しくなる規模でもあった。実際、収容所当局は地下組織の存在を疑っていた。しかし、ヴィトルトの組織の規模や、ワルシャワのレジスタンス活動と連携しているという事実までは把握していなかった。むしろ、ほかの収容所でよく見られたように、収容者が小さなグループに分かれていると考えていた。[20]

ヴィトルトは組織のメンバー全員を知っているのは自分だけだという原則を守り、カロルのような腹心の部下を介して命令や情報を伝えることによって、自分は目立たないようにした。それでもヴィトルトが収容所内で知られた存在であることは間違いなかった。[21]

ゲシュタポはときどき収容者の名簿を調べ、地下活動の前歴がある者に目をつけた。朝の点呼で五、六人を呼び出し、砂利採取場で処刑した。これによりヴィトルトは新しいメンバーを何人か失った。

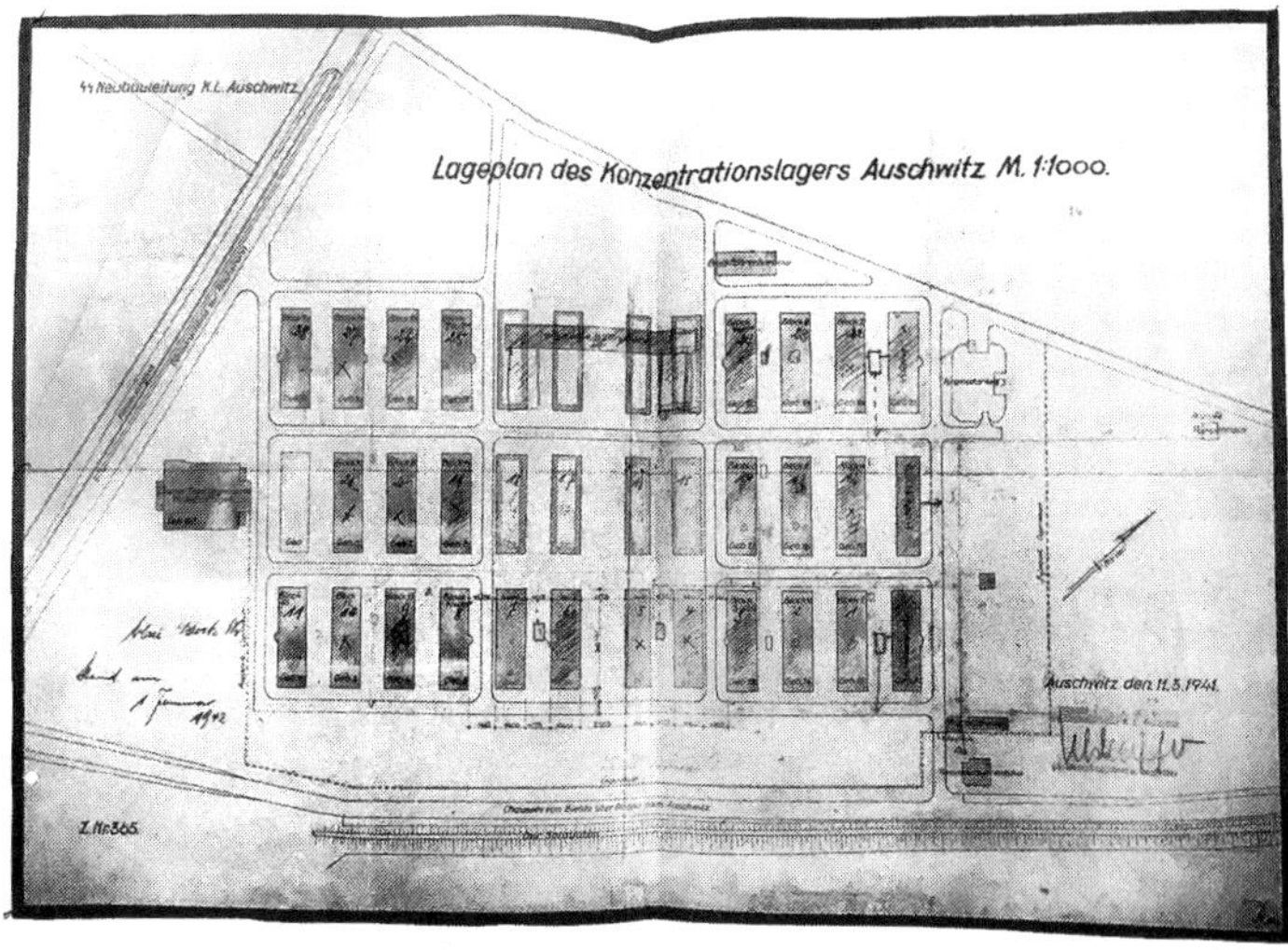


収容所の拡張計画　1941 年 3 月（12 の収容棟が工事中）［提供：PMA-B］

ある日の夕方、作業を終えたヴィトルトとカロルは人ごみをかき分け、新しく到着した収容者をチェックしていた。そのとき突然、誰かがヴィトルトの名前――本当の名前――を叫んだ。振り返ると、ワルシャワ時代の友人が駆け寄ってきた[22]。

「ああ、ここにいたのか！　ワルシャワのゲシュタポから、ヴィトルトはどうしたのかと問い詰められて、ケツの穴まで調べられたんだぞ[23]」

　ヴィトルトは平静を装い、彼を連れてその場を離れ、黙っているように念を押した。しかし、数人の収容者がこの再会に気づいていた[24]。

　この頃、一九四一年三月の初めに、SSは衣類棟に暗室をつくり、カメラを扱える者を見つけて収容者の顔写真を撮った。ヴィトルトは同じ列車で到着した人々と一列に並ばされたが、ざっと計算したところ、四分の一以上はすでに死んでいた。自分の番が来て、回転スツールに腰かけ、背後の金属の棒に頭の位置を合わせ、顔がレンズと一直線になるようにした。「笑うな、泣くな……」と撮影係が言ったが、一つ目の指示は思わず顔がにやけるほど不条理だった。ゲシュタポが写真を見たときに備えて、ヴィトルトは目を伏せ、あごを首に押しつけて顔をゆがめた[25]。

ただし、うまくやりすぎたようだ。数日後、彼は保管棟に呼び出された。建物の中に記録室の小さな事務所があり、収容者の登録時の資料や収容所の写真が保管されていた。SS隊員が一人、机の前に座って書類に目を通していた。いらいらしているようすだった。ヴィトルトが敬礼して収容者番号を告げると、彼は収容者の写真を二枚、取り出して、誰だかわかるかと聞いた。どちらも見覚えはなかったが、収容者番号から自分と同じときに登録されたことはわかった。一緒に運ばれてきた仲間がわからないのは非常に疑わしいと、隊員は言った。そしてヴィトルトの写真を見てから、もう一度、彼を見た。

「おまえとは似ても似つかない[26]」

顔が腫れているのは腎臓が悪いからだと、ヴィトルトは説明した。隊員はしばらく彼を見ていたが、出て行けと手を振った。だいじょうぶだと、ヴィトルトは自分に言い聞かせた。しかし、数時間後、病院でデリングから、翌日また呼び出されると伝えられた。とっさに身元がばれたのではないかと思った。地下組織のメンバー以外で、ヴィトルトが偽名を使っていることを知っている収容者は作業所のカポのヴィルヘルム・ヴェストリヒだけだが、彼は二週間前に釈放されて

ヴィトルト（1941 年３月頃）［提供：PMA-B］

いた。誰かほかの人が裏切ったのだろうか。[27]

残された唯一のチャンスは、この混乱をもっともらしく説明することだった。否認すれば拷問が待っていた。デリングはヴィトルトに、髄膜炎のふりをする方法を教えた。うまくいけば病院に戻されて、体力を取り戻すことができるかもしれない。あるいは、デリングは何も言わなかったが、シアン化合物の錠剤を飲み込むこともできるだろう。

翌朝の点呼で、ヴィトルトの番号が読み上げられた。銅鑼が鳴り、二〇人ほどの収容者とともに記録棟まで行進し、廊下に並んで番号を確認された。そして、ヴィトルトだけが郵便室に連れて行かれた。

収容者が書いた手紙に不審な点がないか調べていたSS隊員たちが顔を上げた。そのうちの一人がヴィトルトを手招きした。

「ああ！　おまえだ。おまえはどうして手紙を書かないんだ？」[28]

ヴィトルトは呼び出された理由がわかり、声を立てて笑いそうになった。確かに手紙は書いていなかった。エレオノラに当局の注意が向くことを恐れたのだ。しかし、SSに怪しまれたときのために〔収容者は家族に定期的に手紙を書くことを義務づけられていた〕、郵便室の検閲官から差し戻された印を自分でつけた手紙の束を収容棟に隠していた。[29]

「書いています。証明できます」

「いや、あり得ない！　証拠があるだと？」[30]

ヴィトルトは監視役のSS隊員と収容棟に戻り、手紙を提出した。疑いは晴れた。しかし、つかのまの満足も、朝の点呼で呼び出されたほかの収容者が砂利採取場で処刑される銃声で色あせた。[31]

## ボクシング

春のほころびに、収容所もそわそわし始めた。日曜日には、監視塔から死角になる厨房の裏でカポがボクシングの試合をした。カポ同士で対戦するときもあれば、絶望した収容者を叩きのめすときもあった。三月の日曜日の午後、ヴィトルトたちが中庭で週末の恒例になった服のシラミ取りをしていたとき、戦いの雄叫びが聞こえた。一人の収容者が興奮しながら駆けてきた。食肉処理所のカポ、ヴァルター・ダニングが、誰でも相手をしてやると言っているのだ。

「きみたちのなかに経験者がいるんだろう？」。賞品はパンだった。[32]

全員がタデウシュ・ピエトジコフスキを見た。「テディ」はレンガの山の上でシャツを脱いだ。最近組織に加わった彼は、ワルシャワでバンタム級のトレーニングを受けていたが、とても戦える状態ではなかった[33]。

無謀すぎると、テディの部屋長が警告した。ダニングは対戦相手のあごを砕くことで知られていた。テディは肩をすくめ、ジョギングをしながら広場の水たまりを横切った。厨房の裏にはカ

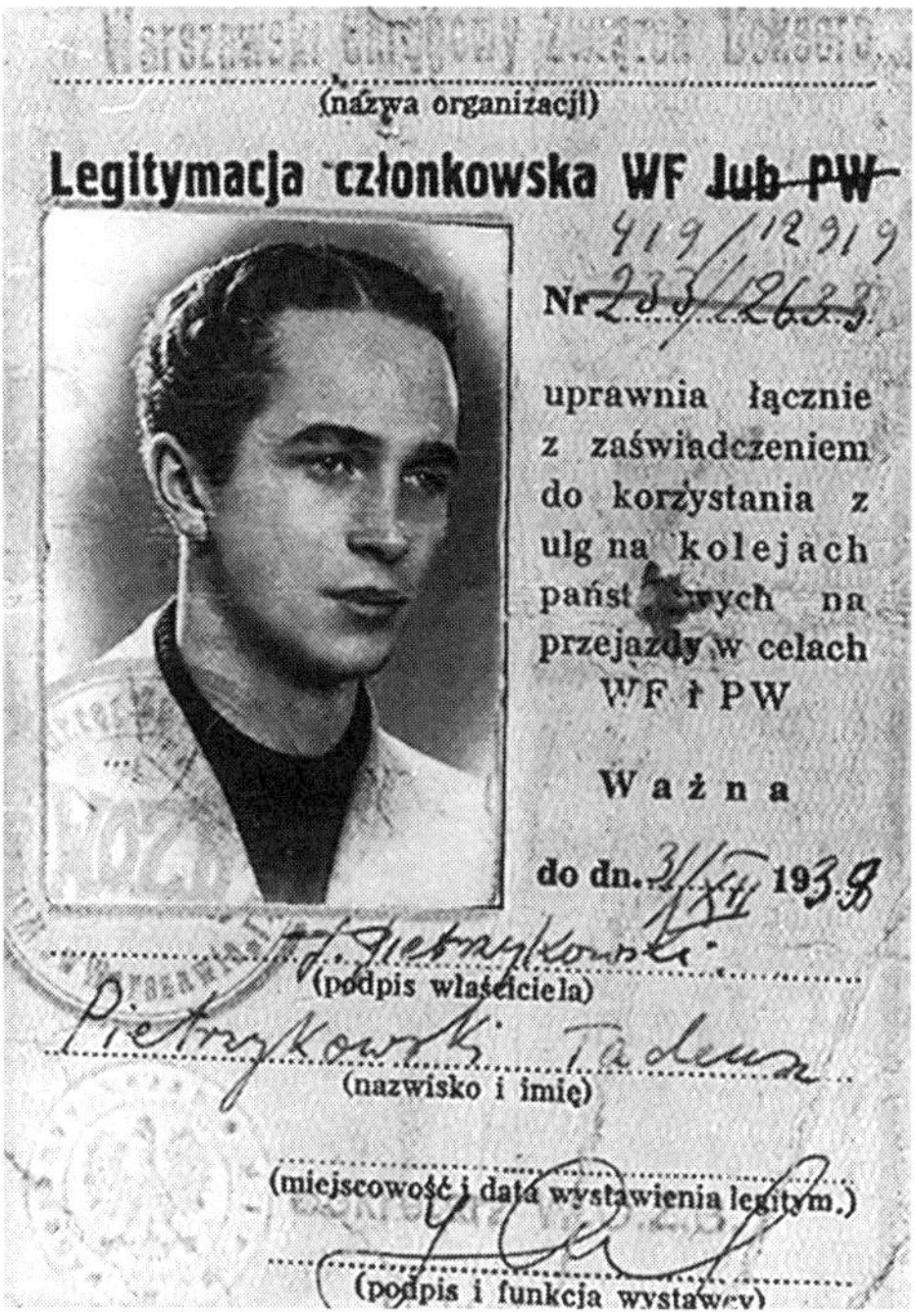

テディ・ピエトジコフスキ（1939年）［提供：PMA-B］

ポとその手下が集まり、観戦の場所を取り合っていた。急ごしらえのリングの中央に、筋骨隆々のダニングが上半身裸で立っていた。ミュンヘン出身の元ミドル級チャンピオンで、体重九〇キロ。カポの特権で好きなだけ食べ物を手に入れていた。小柄なテディが現れると、群衆が唱和した。「殺されるぞ、食われるぞ」[34]

テディの飢えは恐怖心を圧倒した。彼がリングに上がると、誰かが作業用の手袋を渡し、ダニングはそのようすをじっと見ていた。テディが手袋をはめた両手を差し出して、ダニングは無表情で片方の拳を挙げて応えた。カポの長でレフェリーを務めるブルーノ・ブロドニエヴィチが叫んだ。「ファイト」[35]

ダニングはすぐさまテディにとどめを刺そうとしたが、拳を構える隙さえなかった。テディは左ジャブを見舞うと、相手をするりとかわした。ダニングは再び殴りかかったが、腕を大きく振り回しすぎた。テディが潜り込んでもう一発、打った。これを何回か繰り返し、点呼用の銅鑼が鳴って第一ラウンドが終わった。興奮した数人のポーランド人が叫びだした。「ドイツ人を倒せ！」[36]

テディはとっさに片手を挙げて制したが、次のラウンドが始まり、テディの左フックがドイツ人の鼻を血まみれにすると、再びかけ声が響いた。ブロドニエヴィチが棍棒を握り、群衆の最も騒がしい一角に殴りかかった。すぐにダニングも加勢し、その胸に血が飛び散った。収容者は散り散りに逃げたが、テディは最悪の事態に怯えながらリングに立っていた。ダニングは彼に歩み寄り、グローブを投げ捨てた。そして、若いポーランド人と握手をすると、自分の収容棟に連れて行った。

「いつ食事をした？」。ダニングは途中でテディに聞いた。[37]

「昨日です」[38]

ダニングは彼にパンを半斤と肉を一切れ渡し、「いいぞ、とてもよかったぞ」とだけ言った。テディは自分の棟まで走って戻り、褒美を仲間と分け合って、その後は廏舎で特上の仕事を得た。

## 仲間の釈放

その日は試合の話でもちきりだった。再現されるたびに話が大きくなった。この頃ヴィトルトは広場で、次々に到着する新しい収容者の中で数人の大佐のグループが反乱や脱走について話しているのを耳にした。彼らは夕方になると、軍事パレードのように川沿いの遊歩道を行進した。遊歩道には最近、白樺の並木が植えられ、「ビルケンアレー」と名前がつけられた。木の標識にはベンチに座る二人の男と、反対側に腰かけて特大の耳を彼らに向けている男の絵が彫られていた。ヴィトルトが集めた情報によれば、大佐たちは一人が正門を襲撃して脱走し、近くの町で戦力を集めるという計画を立てていた。援軍が到着するまで、別の大佐が収容所の指揮を執るつもりらしかった。

大佐たちはそれぞれが数人の同志しか集めておらず、ヴィトルトは計画が甘くて時期尚早だと考えた。さらに、軽率な彼らが地位をかさに自分を利用するかもしれないと懸念して、接触も控えた。とはいえ、彼らの襲撃を機にドイツ軍が取り締まりを強化するかもしれず、目を離すわけにはいかなかった。脱走に関するヴィトルトの考えは変わっていなかった。収容者の大部分は弱っていて遠くまで逃げることができず、数千人とはいかなくても数百人が取り残され、SS隊員はきっと残忍な復讐をするだろう[39]。

ヴィトルトは大佐たちへの対応についてワルシャワから指示を得たいと思い、四月頃から報告書の作成を始めた。カロルが、家族がワルシャワで手を尽くしたおかげで釈放されることになったのだ。大切な副官を失うことになるが、ヴィトルトは喜んだ。彼らは砂糖菓子を食べながら、地下組織のこれまでの成果を確認した。組織の継続的な拡大、生命を維持する力、物資調達のネットワーク、デリングのラジオ局。これらの成果を、増え続ける犠牲者の数に対して評価した。アウシュヴィッツの開設以来、一万五〇〇〇人以上の収容者が送り込まれたが、一年足らずで生き残っているのは八五〇〇人ほどだった。さらに、警備も厳重になっていた。外壁に張り巡らされた一重の有刺鉄線は、二重の電気フェンスに置き換えられた。ヘス収容所長は新たに残酷な連帯責任を導入した。脱走者一人につき、同じ棟から無作為に一〇人の収容者を選び、懲罰として餓死させるのだ（この懲罰が初めて行われたとき、クラクフ出身のマリアン・バトコという四〇歳の物理教師が、選ばれた一〇代の収容者の身代わりになると志願して、自己犠牲を目の当たりにした人々を驚愕させた[40]）。

カロルに暗記させた口述の報告書には、このような詳細も盛り込んだ。一方で、ヴィトルトは個人的なジレンマも抱えていた。収容所が開設されてからすでに三〇〇人以上が釈放されており、マリアが自分を自由にしようと動きだすのではないかと思ったのだ。正直なところ、今は収容所を離れたくなかった。任務を始めたばかりだからというだけではなかった。ワルシャワの活動から切り離されるのではないかという不安とは裏腹に、アウシュヴィッツはナチスの野望の中心地であり、自分は敵の本陣にいると考えるようになっていたのだ。奇妙な話だが、幸せさえ感じ始めていた。「自分の始めた仕事が、自分の計画どおりに加速していくので、すっかり夢中になっていた」と、彼は後に書いている。「何人かの仲間のように、私の家族がカネで私を外に出そうとするのではないか、私が進めているゲームの邪魔をするのではないかと本気で心配になった」。どんなことがあっても自分を解放しようと動いてはならない――ヴィトルトは家族に宛てて、そんなメッセージをカロルに託したのかもしれない[41]。

ヴィトルトは正門の近くで友人を見送ることができた。穏やかな季節になっていた。カロルは逮捕されたときと同じ礼服を着て、カフスボタンもはめていた。この日はワルシャワの俳優ステファン・ヤラチも釈放された。ヤラチは結核を患い、凍傷で指の骨が露出していた。二人とも医師の検査を逃れるために、傷が見えないように粉をまぶし、頬にはビートの根の汁を塗って、まるで最終幕の舞台に上がるかのようだった[42]。

カロルが門を出るときに振り返ると、ヴィトルトは考え込んでいるようだった。そして、彼は顔を上げてウインクをした[43]。

数日後、ヘス収容所長が厩舎に現れた。いつものように馬で野原を回り、自分の土地を調べるためだった。ボクサーのテディはこの情報をつかんでおり、鞍の下にボタンを一つ忍ばせていた。ヘスが足を振り上げて鞍をまたぐや否や、馬は全速力で走り出し、収容所長は必死にしがみついた。馬は横に滑りながら止まり、すぐに別の方向へ飛び出した。テディはうれしそうに見送った。やがて、馬は空っぽの鞍を載せ、速歩《はやあし》で戻ってきた。ヘスは足をひどくひねり、担架で病院に運ばれた。テディたちは後で大いに笑った。蜂起ではなかったが、少なくとも一人のナチスを転覆させた。[44]

# 8章　実験

アウシュヴィッツ、一九四一年七月

ワルシャワからの回答を待ちながら、ヴィトルトは収容所の話が出ないかとＢＢＣに耳を傾けた。しかし、何も聞こえてこなかった。ドイツ軍はバルカン半島を制圧し、クレタ島でイギリス軍に圧勝した。リビアではロンメルの部隊がカイロに迫っていた。収容所内で結成されたオーケストラは毎日のように門のそばに立ち、作業班の行き帰りに合わせて軍隊行進曲を演奏した。夕方になると、非番のＳＳ隊員が専用の庭で日光浴をしたり、ソワ川のほとりで子供たちと遊んでいる姿がときどき見えた。[1]

穏やかな気候に収容者は安らぎを見出したが、収容所内では初めてチフスの大流行が発生した。

不潔で過密な収容棟はシラミの温床になった。シラミに刺された皮膚をかくときに、チフスを引き起こす菌を含んだシラミの糞がすり込まれて感染する。初期症状はインフルエンザに似ていて、薄い皮膚の下に小さい宝石が埋め込まれたかのように、体や腕に赤い斑点が広がる。進行は速く、高熱が出て幻覚に襲われ、昏睡状態に陥り、細菌が血管や主要な臓器の内側で増殖して免疫系が壊滅的な状態になった。[2]

「発症から二週間になる患者であふれた部屋は、病室というより精神科の急性発症患者の病棟に似ている」と、ある医師が書いている。多くの患者は、スタッフを襲ったり、窓や階段から身を投げたりしないように、体を拘束しなければならなかった。収容所内の四つの病院棟に錯乱状態の患者が詰め込まれ、彼らが泣き叫ぶ声に収容所全体が緊張に包まれた。治療法はなく、生存率は低かったが、助かった患者は再感染しないように予防接種を受けた。[3]

チフスの流行を食い止める最も簡単な方法は不衛生な環境を改善することだったが、ＳＳは塩素溶液が入った桶に収容者を沈めるなど、収容所全体でシラミを退治するという無駄な対策に終始した。看護師たちは、ＳＳの医師が病院棟を一掃しなければならないと厳しい話をしているのを耳にした。新任の医師でＳＳ少佐のジークフリート・シュヴェラは、これほど多くの病気の収容者を病院に置いておく意味はあるのかと、公然と異議を唱えた。ＳＳの医療スタッフの一部は安楽死の実験を始め、過酸化水素やガソリン、エヴィパン〔ヘキソバルビタール〕、ガソリンとオキシドールを混ぜたもの、エーテルなど、さまざまな物質を病人に注射した。[4]

デリングたち看護師に対し、殺人に加担するよう圧力が高まった。ＳＳはフェノールを注射器

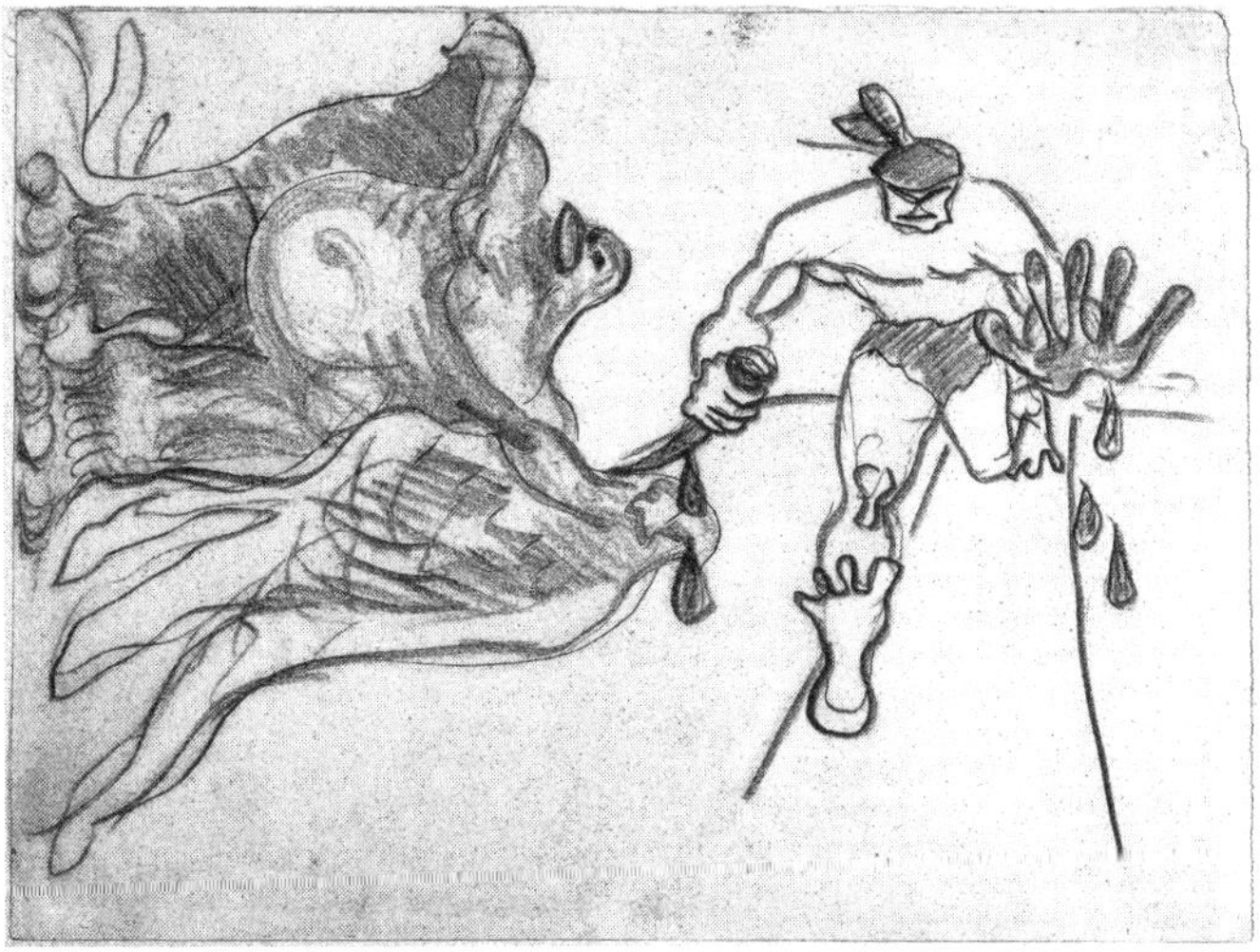

上・収容所のオーケストラ（1941 年）［提供：PMA-B］
下・スタニスワフ・ヤステル「夢にうなされて」（1942 年頃）［提供：スワヴィンスキ家］

で心臓に直接投与するのが最も効果的であることを知り、一日に一二人の患者を機械的に処分した。ＳＳの医師は、これらの殺人を慈悲の行為として正当化した。「医者の義務は患者を治すことだが、それは治せる人だけだ。それ以外の患者が苦しまないようにしなければならない」と、シュヴェラは断言した[5]。

ある日、鎮静状態でテーブルの上に寝かされた収容者の処置をしていたデリングに、ドイツ人医師が脇のテーブルに置いてあった注射器を示した。黄色がかったピンク色の液体が入っており、ブドウ糖だと医師が言った。彼の目に興奮の色が浮かんでいた。デリングはそれがフェノールだと知りながら、注射器を手に取った[6]。

「申し訳ありませんが、私にはできません」。彼は穏やかにそう言って、注射器をテーブルに戻した。医師は怒るというより失望したようすだった。彼はデリングに二週間、病院棟から出ることを禁じ、ほかの人に注射をするよう指示した。おそらくクレーアだったのだろう。患者は体を震わせながら息絶え、胸にピンクの斑点が広がっていた。ただし、後に実験的な手術に関わったとして戦争犯罪に問われることになるデリングは、それがより多くの命を救えると信じて、ドイツの命令に従ったのだった[7]。

六月二二日、朝の点呼の際に、ヴィトルトはいつもと違う奇妙な雰囲気を感じた。ＳＳの監視たちは大人しく、沈んでいて、ほとんど怯えていた。カポはいつもほど収容者を殴らなかった。噂はあっというまに広まった――ドイツがソヴィエト連邦に侵攻したのだ。ヴィトルトはラジオでニュースを確認するためにデリングを探した。ヒトラーが共産主義を憎んでいることはよく知られていたが、ドイツ軍が二つ目の戦線を張るというのは信じられなかった。しかしBBCによると、ドイツは早朝にソ連を攻撃。枢軸国から集めた三〇〇万人以上の兵士と六〇万両の戦車および車両という史上最大の勢力を約二九〇〇キロの戦線に投入した。SSのアインザッツグルッペン（移動虐殺部隊）とオルポ（秩序警察）は、共産主義陣営の工作員や、共産主義を支持していると非難された従軍年齢のユダヤ人男性の「浄化」作戦を始めた。ヒトラーのなかで、「最終的解決」という概念はまだ完成していなかった。しかし、共産主義はアーリア人を服従させるためのユダヤ人の発明であり、したがってソ連で見つけたユダヤ人は敵の戦闘員であると考えていた。「ユダヤ系アングロサクソンの主戦主義者と、モスクワのボリシェヴィキセンターのユダヤ人権力者の陰謀」に対抗して行動を起こす時が来たと、ヒトラーは宣言した。数週間後には、SSはユダヤ人の女性や子供も射殺するようになった[8]。

ヴィトルトは東で起きていることをほとんど知らず、ヒトラーが侵攻に際してユダヤ人の問題に固執するのは、いつものようにがなり立てているだけだと思っていた。しかし、軍事的な観点から侵攻作戦を見ると、希望がこみ上げてきた。ヒトラーはスターリンに恐ろしい一撃を与えるかもしれないが、ドイツ軍は二つの戦線で苦戦し、必ず敗北するだろう。そうすればポーランドは独立を取り戻せるだろう。ヴィトルトの自信は周囲も同じだった。その夜、収容所に来たばかりのポーランド人大佐アレクサンデル・スタヴァジが広場の砂利にドイツの破滅を暗示する絵を描いていると、歓喜にわいた人々が集まってきた[9]。

しかし、数日後には、ドイツ軍がソ連占領下のポーランド東部で一気に前進しているという知らせが届いた。ブレスト・リトフスクが陥落し、ビャウィストク、ルヴフ〔リヴィウ〕、テルノポリ、ピンスクと続いた。赤軍はあっというまに崩壊し、BBCの報道はまるでナチスのプロパガンダになった。毎週、何十万人というソ連兵が捕虜になり、食料も水もほとんどない広大な檻に収容された。スターリン政権は崩壊寸前に見えた。ナチスの指導部はソ連領土の長期的な占領計画を練り始めた。侵攻開始から数週間後の七月、アウシュヴィッツに到着した数百人のソ連軍捕虜は、砂利採取場の穴の中でシャベルやつるはしで武装したカポに殴り殺された[10]。

一九四一年の夏、ドイツ軍が勝利を重ねるにつれて、収容所に絶望が広がった。一日の始まりを告げるのは、電気フェンスに突進した収容者が二二〇ボルトの電圧や銃弾の雨にさらされる光景だった。「最期の賭け」と収容者は呼んでいた。SSは夕方の点呼まで、死体を壊れたかかしのように並べておいた[11]。

ヴィトルトの部下の中でも若者は特に動揺した。ヴィトルトは彼らが働いている木工作業所で、あごにえくぼがあって赤ん坊のような頰をした一九歳の「エデク」ことエドヴァルト・チェシェルスキに、「不機嫌になるとすぐ顔に出るんだな」と優しく声をかけた[12]。

「いいか、どんな状況でも精神的に壊れてはいけない。ドイツの勝利は、彼らの最終的な敗北を先延ばしにするだけだ。彼らは敗北する。いずれ必ず」

「あなただけを信じます」。エデクは包帯を巻いた手で涙をぬぐいながら言った[13]。

夜になると、ヴィトルトは最近マットレスを分け合うようになった収容者に、ボリシェヴィキの戦いの逃避行の話を聞かせて慰めた。クラクフの南、タトラ高原出身の三三歳の芸術家ヴィン

エドヴァルト・チェシェルスキ（1941年頃）［提供：PMA-B］

ツェンティ・ガヴロンは、ロシア軍の陣地に馬で突撃するくだりに差しかかるあたりで、たいてい眠りに落ちた。しかし、ヴィトルトはひそかに疑問を抱いていた。ドイツが勝ったらどうなるだろうか。蜂起して、戦って死んだほうがましかもしれない[14]。

## T4作戦

数週間後、朝の点呼でヘス収容所長が奇妙な発表をした。華奢な体で、瞳は黒く、いつも唇をすぼめていた。集まった収容者はその声に耳を澄ました。

「具合が悪い者や手足に問題がある者は全員、申し出て療養所に行くこと。行けば誰でも治るだろう。衣類棟で申告するように[15]」

さまざまな収容者がよろめきながら衣類棟に向かい、自分の名前を登録するようすを、ヴィトルトは心配そうに見守った。デリングを探して話を聞くと、病院の担当者は「治療不能者」の名簿を作るように命じられていた。デリングが詳細を調べると請け負った。彼はドイツ軍を説得して外科医長への昇格を果たし、手術台、エーテル、メス、ハサミ、ノコギリ、クランプを完備した手術室を設置して、新たな影響力を手にしていた。SSはデリングとこの施設を利用して、収容者を実験台に手術の練習をするつもりだった。しかし、デリングはこの展開を別の角度から見ていた。彼は新しいポストのおかげで、患者の受け入れと療養棟の滞在期間を決める権限を与えられたのだ。デリングがボックに、SSはいわゆる治療不能の患者に対処するつもりなのかと尋ねると、ドイツ軍の申し出に偽りはないと断言された[16]。

七月の初めにデリングは病気の収容者の名簿をSSに提出した。数週間後の七月二八日に、患者をさらに選別するために医療委員会が病院に到着した。暖かい日だったので、医師でSS大尉のポピエルシュは建物の外に場所を用意した。一人目の収容者が足早に進み出て、SS少佐のホルスト・シューマンがテーブルの前に腰を下ろした。髪をきれいにセットしたシューマンは、療養所という名の部署の責任者だった。クレーアが病人の診察カードを集め、選ばれた者たちを衣類棟に送り、服を脱がせて新しいシャツと毛布を与えた[17]。

彼らはほかの収容者から「強運なやつら」と呼ばれた。数時間のうちに患者の列は果てしなく延びた。わざと咳をしたり、足を引きずるふりをしたり、看護師にパンの賄賂を差し出したりなど、名簿に載せてもらおうと必死にすがった。「俺を連れて行ってくれ！　俺を！」。アレクサンデル・コウォジエチャクは古傷で親指が欠けている手を挙げて叫んだ。シューマンは優しくうなずき、彼の名前を書き加えた。名簿は五七五人まで膨れ上がり、病院に集まった患者の約五分の

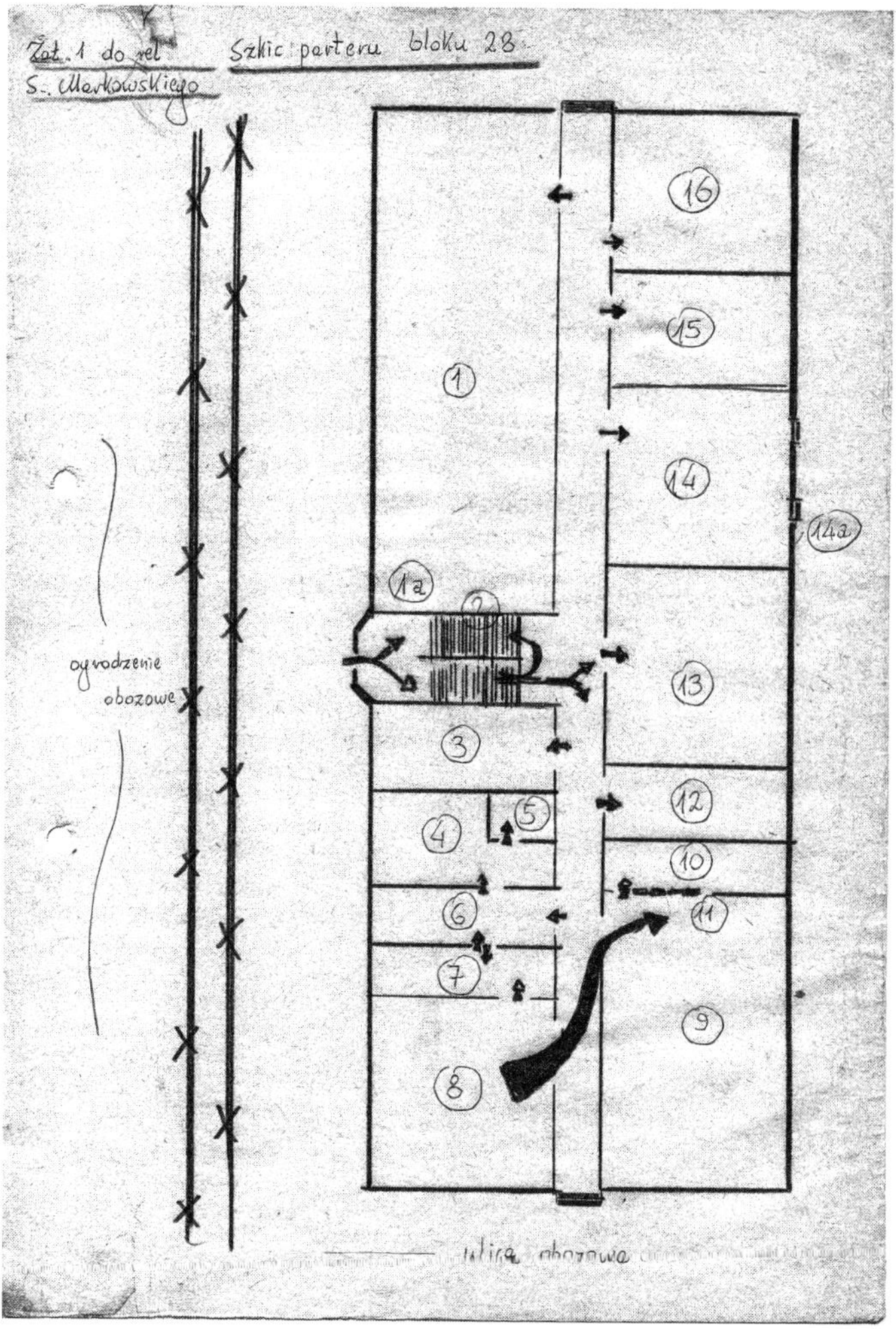


ステファン・マルコフスキ「病院棟の新しい手術室の計画」（戦後）
①中隊事務室、②階段、③－⑦医師の部屋、⑧入院手続き、⑨検査室、⑩－⑪病院棟事務員、⑫トイレ、⑬洗面所、⑭病院食厨房、⑮－⑯病室［提供：PMA-B］

一が登録された[18]。

病人たちが待機する列車に向かっていたとき、SSの医師の一人がデリングに真実をもらした。選ばれた人々は温泉に行くのではない。ドレスデン郊外のゾンネンシュタインにある秘密の医療センターに連れて行かれるのだ。その施設は、ナチスが精神疾患や障害者と見なしたドイツ市民を抹殺する計画の一部だった。このいわゆるT4作戦は一九三九年に始まり、大量の人間を殺害する方法を開発する実験室のような役割を果たしていた。T4作戦の医師は、密閉された部屋に人を詰め込んで一酸化炭素を浴びせるというガスによる大量殺戮をいち早く実践した。この計画は極秘とされていたが、二年間で何万という人々が――その多くは子供だった――殺されて、世間の注目を集めるようになった。社会に不信感が広がり、ナチスの指導部は作戦を中止せざるを得なかった[19]。

しかし、ヒムラーはこの手法が、一九四〇年の冬に病人が大量に増えた強制収容所から「非生産的な要素」を排除するための手本になり得ると考えた。彼はT4作戦の殺戮の専門家と取り決めを交わし、翌春に病気の収容者を選んでガスで殺害することになった[20]。

ふらふらと歩きながら列車に向かう収容者たちを、デリングはなすすべもなく見送った。SSは車両の中にマットレスと枕、コーヒーの入ったポットを用意して、休暇を過ごすかのように見せかけた。患者たちが我先にと乗り込んでくつろぐ姿に、カポのクランケマンは我慢がならなかった[21]。

ある記録によると、クランケマンは、おまえたちはガスを浴びに行くんだぞと言い放った。その言葉にパニックが起こった。副収容所長のフリッチュがピストルを抜いて、クランケマンを本人のベルトで貨車の垂木から首を吊るすように命じた。そばにいた片腕のジーグルトは収容者の列車に乗せられた。[22]

数日後、死んだ収容者の持ち物や服が収容所に戻された。デリングがSSの医師の一人に確かめたところ、列車の中で収容者たちに殺されたジーグルトを除いて、みな一酸化炭素ガスで殺害された。デリングが不安を一人で抱えていたのは、事実ではないようにと願っていたからだろう。しかし、もう黙っている意味はなかった。この知らせに看護師たちは唖然とした。大量殺戮があり得るということは、新しい恐怖だった。「このときから、SSはどんなことでもやるだろうと思うようになった」と、病院の雑役係は振り返っている。

## 処刑計画の拡大

ゾンネンシュタインへの移送から数週間後、シュヴェラは再び治療不能者の名簿を要求し、新たな列車が編成されるという噂が広まった。ヴィトルトは、収容者たちに志願しないように警告を始めた。デリングは歩ける患者の解放に協力した。しかし、わずかな人数にすぎず、病棟には数百人が残されていた。[23]デリングは最も重症な収容者十数人の名簿をシュヴェラに渡し、それで納得してもらおうとした。

八月の終わり頃、SSは病院棟を普段より徹底的に掃除するように命じ、いつ次の選別が始まってもおかしくないと収容者に警告した。デリングは病室の患者をできるだけ減らし、残された者たちについても、ドイツ軍が淘汰の作業を始めたときに彼らの病状を最小限に軽く説明できるように準備をした。彼の言うことを信じようとせず、温泉に入れるというシュヴェラの約束にすがりたがる収容者もおり、デリングは苛立ちを募らせた[24]。

デリングとヴィトルトは、SSは捕虜を再びドレスデンに送るつもりだろうと思っていた。しかし、ドイツ軍が新たな計画を描いている兆候もあった。収容所の一角にあった懲罰棟が空になり、半地下の窓がコンクリートでふさがれたのだ。迫り来る連合軍の攻撃に備えて、ドイツ軍が空襲用のシェルターをつくっているのだろうと考える収容者もいた。そうは思えない者もいた。収容者に自室から出ることを禁止する収容所の全面封鎖が二回、行われたが、何事もなく命令は解除された[25]。

実際は、収容所で次の選別と処刑を行う計画が進んでいた。収容者を大量にガスで殺害する論理と有効性が確立したのだ。しかも、ソ連軍の捕虜が急増する予想に備えて、処刑を拡大することになっていた。ヒムラーは一〇万人のソ連人をアウシュヴィッツに移送することでドイツ軍と合意していた。その大半を強制労働に従事させるとともに、共産主義者やユダヤ人を摘発して排除しようと考えていたのだ[26]。

九月初めのある朝、シュヴェラと二人の医師が病院にさっそうと現れ、選別の開始を告げた。空に灰色の雲が垂れ込め、湿気で空気が重たかった。病院棟は塩素が鼻につんと来たが、悪臭はほとんど隠せなかった。デリングによれば「小さな球根のような体つきで、赤みがかった金髪で人当たりの良い顔をしている」シュヴェラは、席に着くと、収容者たちに前に出るよう指示した。そして、タバコを吸いながら温和な笑みを浮かべ、候補者を指差して救済を約束し、クレーアが数字を刻むたびにタバコの灰が足元の床にたまった。デリングは数人の状況を説明することを許されたが、シュヴェラはノルマを達成しようとしていた。結核患者の病棟はほぼ全員が選ばれ、感染症も猶予の理由として認められなかった[27]。

シュヴェラは二五〇人近い収容者を名簿に加え、正午には満足したと伝えた。そして、彼らの診察記録を病院棟の本部に回し、看護師は、列車を待つとされた病人を懲罰棟の地下室に運び始めた。多くの人は約一〇〇メートルの距離を歩くことができず、看護師は彼らを担架で地下の階段まで運び、そこからは背負って、さらに下の独房に連れて行った[28]。

看護師のヤン・ヴォルニーは、背負った男に首を強くつかまれて息ができなくなり、風通しの悪い薄暗い部屋に入っても男は手を離さなかった、と振り返る。SS隊員が二人を床に叩きつけてようやく、ヤンは体が自由になった。振り返ると、階段からの光が、打ちひしがれた男の顔を一瞬捉えた。ヤンは急いで部屋を出た[29]。

「彼らの怯えた顔を見れば、自分が死ぬのだろうと思っていることはわかった」と、やはり収容者を背負ったコンラッド・シュヴェダは語っている。聖職者だった彼は、背中の男たちに罪を赦すとささやいた。昏睡状態の患者は、すでに死んでいるかのように次々と重ねられた[30]。

ほかの収容者は自分の棟から出ないように命じられた。緊張が張り詰めていた。誰も眠ることができず、しかし話をする気にもなれなかった。

## ソ連兵捕虜の虐殺

日が暮れて暗くなるなか、ヴィトルトは座って待っていた。やがて、ディーゼルエンジンの重たい音が聞こえた。窓から外をのぞいていた収容者たちは、新入りを運んできたトラックが見えたと声を上げた。汚れた軍服に、ウシャンカと呼ばれる毛皮の帽子をかぶった男たち。ソ連兵だった。全部で六〇〇人ほどだろうか。SSは彼らを懲罰棟の閉ざされた中庭に連れて行った。[31]

トラックが去り、収容所は眠れぬ静寂に包まれた。真夜中過ぎに、ヴィトルトは懲罰棟から悲鳴を聞いた。一人の声ではなく、数多くの声が何オクターブも上下に転がった。悲鳴に交って単語も聞こえたが、重なり合って消えていった。悲痛な声は延々と繰り返され、やがて静寂が訪れた。[32]

翌日の土曜日、収容所内は噂でもちきりだった。ガスマスクを着けたSS隊員を見た者もいれば、ソ連の自業自得だとドイツ人が愚痴をこぼしているのを聞いたという者もいた。月曜日、夕方の点呼が終わると、再び収容棟からの外出が禁止され、懲罰棟でさらに動きがあった。翌朝、タデウシュ・スウォヴィアチェクという看護師が、デリングの伝言を携えてヴィトルトを探しに来た。タデウシュは震えながら、狂気じみた目で話し始めた。先日の叫び声は、八五〇人がガスを浴びている音だったのだ。彼らが運んだ患者も、その後に来たソ連兵も、全員死んだ。タデウシュら看護師は、ほぼ徹夜で遺体を運び出した。おぞましい話だった。ヘス収容所長は病院棟で働く人々を通りに呼び出し、秘密保持を誓わせた。そして、彼らを懲罰棟の地下に連れて行き、ガスマスクを着けて階段を降りた。しばらくして出てきたヘスは、看護師たちに、自分に続いて中に入れと合図した。[33]

独房の扉は大きく開かれていて、電球一つの薄明かりでそれぞれの部屋の中まで見えた。死者は隙間なく押し込まれていた。手足はきつく絡み合い、目は膨らんで、口は開いたまま歯をむき出して無言の叫びを上げていた。衣服は互いに引き裂いたらしくぼろぼろで、何人かには噛み痕もあった。肉が見えている周囲の皮膚は黒ずんでいた。どのドアからも同じ光景が見えた。廊下の奥に、少し空間にゆとりのある独房に入れられた入院患者たちがいた。彼らはこれから起こることを察知しているようで、口や鼻の穴に布を詰めている人もいた。床に青い破片が散らばっていた。看護師がシラミ退治の薬品だと思っていたチクロンBだ。地下はすでに腐敗した肉の臭いが広がっていた。[34]

何人かの看護師は床に嘔吐したが、病院の遺体置き場で働いていたギエネクは冷静で、ソ連兵ほど絡み合っていないと思われる患者の遺体から始めるように指示した。洗面所に運んで裸にすると、一人の体を二人で抱きかかえていたが、滑りやすい床の上を引きずるほうが早いことに気づいた。患者は裸だったが、ソ連兵は服を着ていたので脱がせなければならなかった。服やタバコ、形見の品々が積み上げられた。ＳＳの男が一人、誰も見ていないだろうと、ときどき自分のポケットに安物をねじ込んでいた。[35]

やはり遺体置き場で働いていたテオフィルは建物の外で、亡骸が荷馬車に積み込まれるのを見守っていた。遺体は口をこじ開けられ、金の詰め物や義歯をペンチで引き抜かれるという最後の辱めを受けた。その後、焼却場に運ばれた。看護師たちは徹夜で作業したが、部屋の半分を片付けるのがやっとだった。

タデウシュはヴィトルトに詳しく報告しながら、最後はほとんど支離滅裂になっていた。わかるだろう、これはほんの始まりだと、タデウシュは言った。こんなに簡単に殺せるとわかったドイツ人が、俺たちにガスをまかないはずがない。[36]

その夜、看護師たちは遺体を荷馬車に積み込む作業に戻った。遺体は膨張が始まり、小雨が降っていたので滑りやすかった。彼らは自分たちのベルトを遺体の腕や足に巻きつけ、弾みをつけて荷馬車に放り上げた。八〇体が積み重ねられた荷馬車がゆらゆらと進みながら横転し、濡れた魚のように地面を這う遺体の山に看護師の一人が埋もれるようすを、ジーネクはじっと見張っていた。下半身が動かなくなった看護師を、ほかの収容者があわてて引きずり出した。SSの監視たちは笑いながら、デリングを含むほかの看護師を呼び、遺体を背負って焼却場に運ばせた。遺体置き場はすでにいっぱいだったので、彼らはドアのそばに並べた。[37]

ヴィトルトはナチスの意図がつかめなかった。ドレスデン郊外で行われた「治療不能」な病人のガス殺は、少なくとも働けない者を排除するという論理があった。一方で、SSがソ連兵の労働力を搾取せずに彼らを殺すのは、道理に合わなかった。ただ、この実験が前代未聞の新しい悪であり、連合国に収容所の重要性を理解させる衝撃になるかもしれないことはわかった。九月一四日、収容所から釈放された看護師のマリアン・ディポンが、ガス殺の最初の目撃証言を口頭でワルシャワに報告したようだ。ヴィトルトはさらに数日をかけて情報を探ろうとしたが、懲罰棟ではそれ以上の実験は行われなかった[38]。

一週間後、ヴィトルトの収容棟は焼却場に面した外壁沿いのバラックに移された。寒さが深まり、身を切るような風が通りを吹き抜けていった。点呼の時間が迫り、急いでバラックを出たヴィトルトは、SSの監視がライフルの台尻で裸の男たちの長い列を小突きながら、五人一組で焼却場に向かわせているのを見た。前の夜に収容所に到着したソ連兵だろう。彼らには下着や服が支給されており、それなのに焼却場に行くことにヴィトルトは疑問を覚えた。

その夜、ヴィトルトは、平屋建ての屋根に開けた専用の穴から、悲鳴を上げる男たちにチクロンBが何缶もまかれたことを知った。ソ連兵を焼却場で殺害するという邪悪な必然性を、彼は理解した。焼却場のそばでガス処刑を行えば、収容所の敷地内で遺体を運ぶ手間が省ける。遺体置き場には換気装置があって、チクロンBの残留物を迅速に取り除くことができた。しかしヴィトルトは、工業規模の殺人能力がある収容所初のガス室の建造を自分が目撃していることを理解しておらず、大量殺戮のイデオロギーに想像がおよぶはずもなかった[39]。

ソ連兵が殺されたのは彼らを収容する施設が足りないからだと、ヴィトルトは考えた。数日後、収容所内の数棟が有刺鉄線のフェンスで囲まれ、「ソ連兵捕虜収容所」という看板が掲げられて、彼は自分の結論に納得した[40]。

一〇月、数千人のソ連兵捕虜を乗せた貨物列車の第一便が到着した。彼らは服を脱がされ、悪臭を放つ消毒液の入った桶に飛び込んだ後、収容所に押し込まれた。「やつらが来たぞ！」と叫び声が上がった。カポはほかの収容者を、自分の収容棟に行けと追い払った。明るいが寒い日だった。初霜が降り、窓は氷で縁取られていた。建物の外に裸でしゃがみ込んで震えているソ連兵の姿をヴィトルトは垣間見た。カメラを持っているSS隊員が写真を撮っていた。彼らは一晩中、庭に放置され、寒さのなかで吠えていた。[41]

翌朝、目を覚ました収容者たちは、まだしゃがみ込んでいたが灰色になってもう動かない人々を見た。凍てつく北風に乗って暗雲が立ち込めていた。ヴィトルトの友人で大工のミハウが偵察から戻って来た。「やつらはこの人たちを死なせるつもりだ。カポたちは、夜まで外に出しておくと言っていた」。[42]ミハウはタバコを取り出し、マッチで火をつけた。ソ連兵には食事も与えられなかった。

「捕虜を殺した者が戦争に勝つことはできない」と、ある収容者が言った。「相手がそれを知ったら、死ぬまで戦うことになる」[43]

ヴィトルトは収容所で自分が始めた仕事をゲームにたとえたこともあったが、もはやそのようには思えなかった。ここに勝者はいなかった。

その後も数日おきにソ連軍の捕虜が運ばれてきた。兵士に対するドイツ軍の残虐行為を報告する必要があると、ヴィトルトは気がついた。ただし、祖国の破壊と占領にソ連が関与していることを考えると、個人的な感情の壁を乗り越えなければならなかった。実際、ソ連兵の苦境を描写

中央収容所の焼却場の遺体置き場［提供：ヤロスワフ・フィエドル］

するヴィトルトの言葉は特に抑制的だった。彼らと協力することも頭をよぎったが、原始的な設備の病院棟で捕虜の世話を命じられたポーランド人看護師から彼らがあまりに衰弱して士気も失っていると聞いて、秘密を打ち明けるリスクを冒すのはやめた。ヴィトルトは彼らの窮状だけを報告することにして、ガス室の実験とソ連兵捕虜が突然急増したことについて二つ目の口述報告書を作成した。これは一〇月二二日に収容所から釈放されたチェスワフ・ヴォンソフスキが持ち出したと思われる[44]。

一一月の初めには、ソ連兵は一万人に達した。収容所内のポーランド人とほぼ同じ人数だった。ソ連兵は、自分たちを含む一〇万人の捕虜を収容するために、約三キロ離れた湿地帯とカバの木の茂みの中に新しい収容所を建設する作業に従事した。近くにあるポーランド人の小さな村の建物を取り壊し、必要な物資を集めた。八一ヘクタールの水浸しの土地に一七四棟のレンガ造りのバラックを建設する計画だった[45]。

その大きさからして、ナチスはここにソ連兵捕虜を集めるつもりに違いないと、ヴィトルトは推測した。彼らは死ぬまで働かされることになるだろうとも、考えていたようだ。ソ連兵は毎日、死んだ同胞や動けなくなった人々を積んだ収穫用の荷車を引き、足を引きずりながら収容所に戻ってきた。既存の焼却場では処理しきれなくなり、SSはビルケナウの森に遺体を埋葬することにした。地面が凍った後は、中央収容所のソ連兵用の棟の一つに遺体を保管した。地下室がいっぱいになると、さらに二フロアも死者が生者に取って代わった[46]。

ヴィトルトは死亡者の数を把握しようと決めて、収容者が事務の仕事をしている記録室に仲間を送り込んだ。彼の情報によると、約一カ月のあいだに三一五〇人のソ連軍捕虜が死亡しており、収容所の設立一年目に死亡したすべてのポーランド人より多かった。ナチスの指導部でも収容所の方向性はまだ固まっていなかったため、ヴィトルトも見定めることはできなかったが、恐怖が増幅していることと、連合国陣営から反応を引き出す必要があることは感じていた。次の使者となった大工のフェルディナント・トロイニツキは、一一月中旬に釈放されて、ビルケナウの情報と最新の数字を伝えた。その数週間後には測量の仕事をしていたヴワディスワフ・スルマツキが釈放され、同様の報告をした。ヴィトルトは二人の釈放前にそれぞれ呼び出し、彼らが詳細を記憶して、事実をもとに行動を訴える方法を理解できたと確信するまで、何回もメッセージを復唱させた[47]。

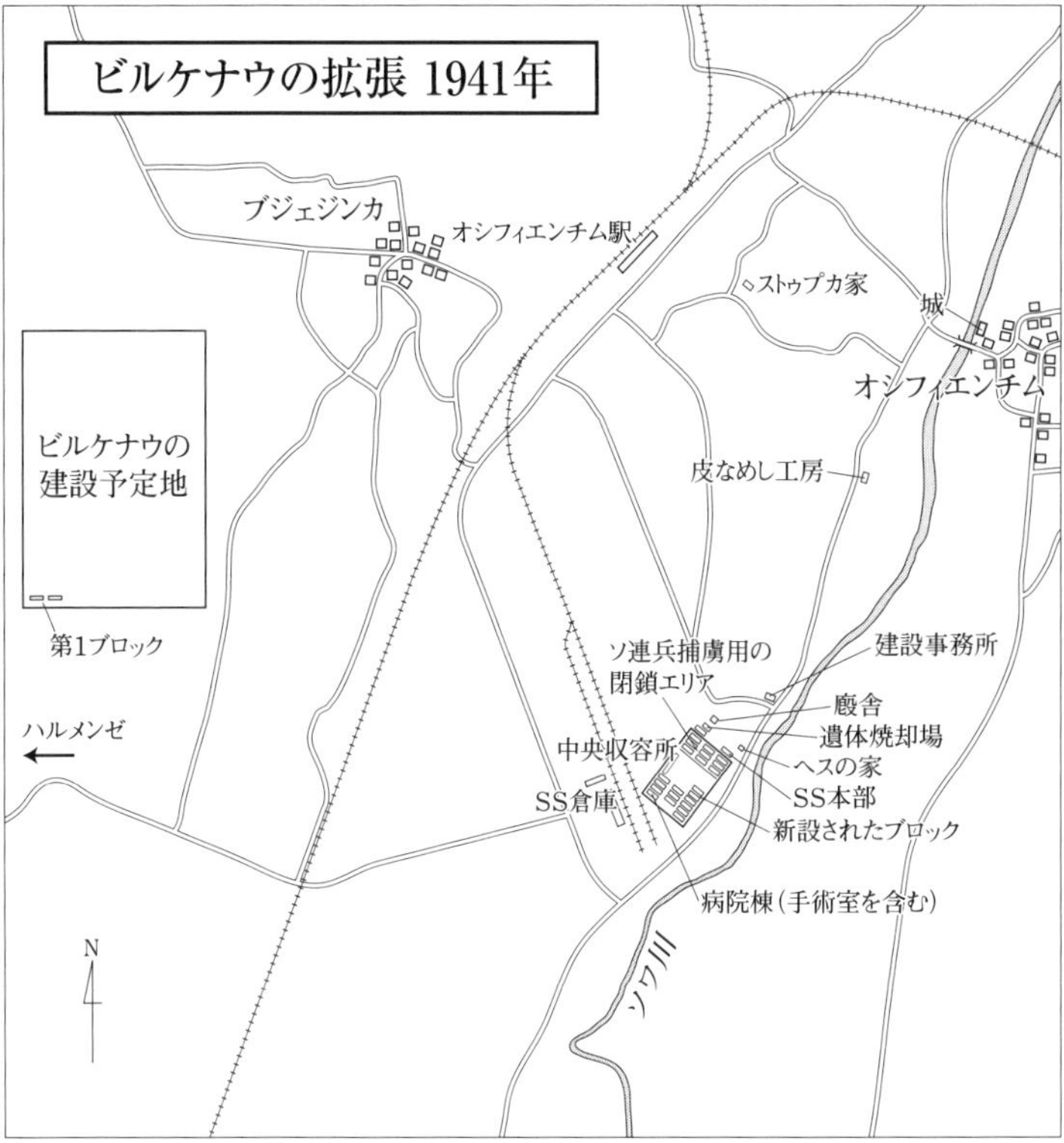

ビルケナウの拡張 1941年
ブジェジンカ
オシフィエンチム駅
ストゥプカ家
城
オシフィエンチム
ビルケナウの
建設予定地
皮なめし工房
第1ブロック
ソ連兵捕虜用の
閉鎖エリア
建設事務所
厩舎
遺体焼却場
ハルメンゼ
中央収容所
ヘスの家
SS倉庫
SS本部
新設されたブロック
病院棟(手術室を含む)
ソワ川
N

## 蜂起の計画

一方で、ヴィトルトは不本意ながら、収容所で反乱を起こすしかないと考え始めていた。成功の確率が高くなったわけではない。実際、SSの守備隊はここ数カ月で二倍に増え、約二〇〇〇人になっていた。ヴィトルトの同志の多くは、戦いで殺されるだろう。しかし、彼らの命は、収容所を破壊するために必要な代償なのかもしれない。勝ち目があるとすれば、大佐グループの協力が必要だった。ヴィトルトは数カ月にわたり、彼らが独自の細胞《セル》を発展させ、見つからないようにしていることを観察して敬意を抱いていた。彼らを合わせれば一〇〇〇人近くになり、それなりのダメージを与えることができるだろう。[48]

ただし、軍の流儀として、地下組織の統率権を譲らなければならないこともヴィトルトは理解していた。彼は大佐グループの中でポーランド西部のビドゴシュチ出身のカジミエシュ・ラヴィチという将校を、誰よりも尊敬するようになっていた。ドイツ軍の侵攻の際、ラヴィチの部隊は最後まで戦った数少ない部隊の一つだった。一一月のひどく寒い夜、二人は病院棟のそばで落ち合った。ラヴィチはヴィトルトに賛同して、一〇〇〇人の兵力があれば、少なくとも収容所の一部と周辺の線路を破壊でき、収容者が逃亡するきっかけをつくれるだろうと言った。さらに、自分にはワルシャワへの通信手段があると主張し、この計画を地下組織の指導者たちに示して承認

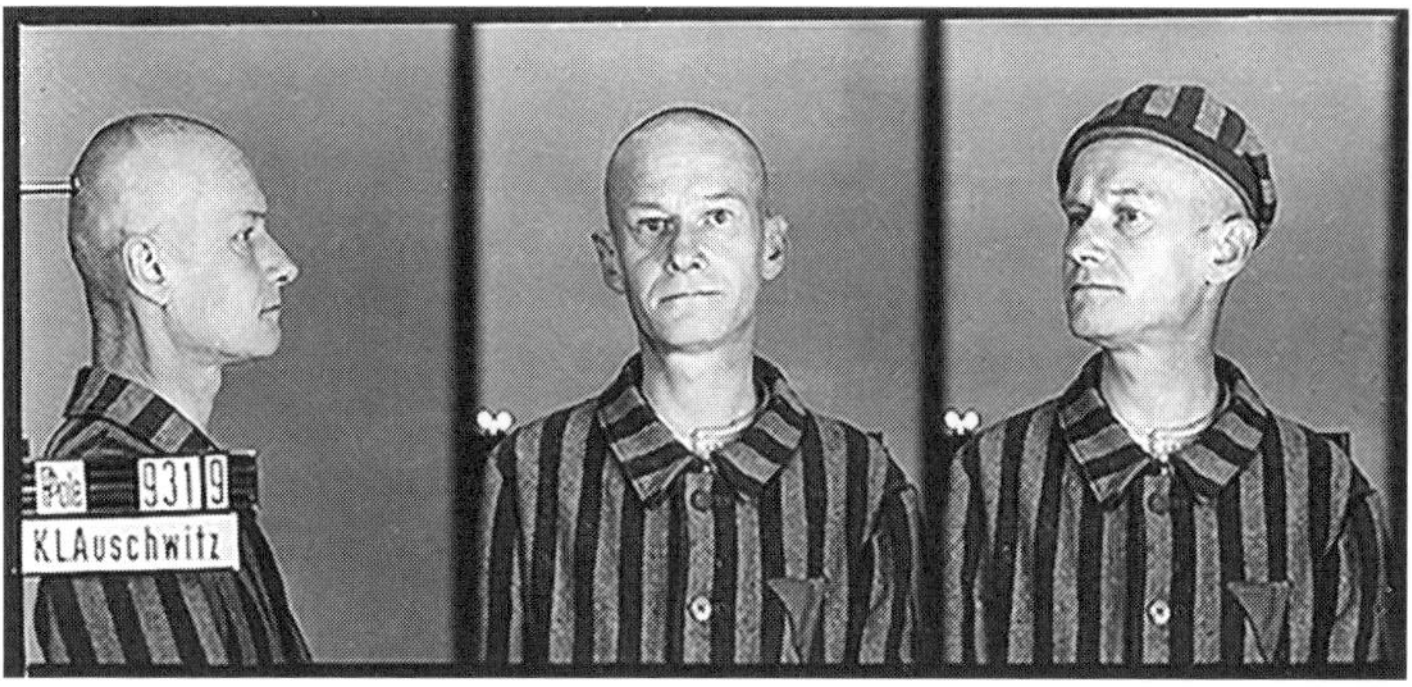

カジミエシュ・ラヴィチ（1941 年頃）［提供：PMA-B］

を得ることを提案した。[49]

蜂起の計画には何カ月もかかることも、それだけの規模の部隊を組織するのは危険が伴うこともヴィトルトは承知していたが、新たな目的意識を得て準備を進めた。そして、SSが数百人の熟練職人を集めた工場で皮なめしの仕事を手に入れた。収容所の外にある区画に製革職人、錠前職人、鍛冶屋、仕立屋などがそれぞれ工房を構え、収容所の必需品を生産していたが、カポは彼らの技術をSSに提供して小遣い稼ぎをしていた。ドイツ人が絶えず出入りするおかげで、ヴィトルトは自分を苦しめている男たちに身震いがするほど接近した。ヘスは長男のために模型飛行機を注文し、フリッチュは白雪姫と七人の小人を彫った燭台を作らせた。ヴィトルトが収容所に到着した最初の夜に演説で死の脅威をみせつけたフリッツ・ザイドラーは、木彫り工房のヴィトルトの作業机のすぐそばまで来た。工房ではヴィトルトの友人でもあるヴィンツェンティが、監視役のカポのためにヒトラーの肖像画を描いていた。ザイドラーは彼らを見て、絵を見た。全員が緊張しながら裁定を待った[50]。

「いい感じだ」。ザイドラーがようやく言った。「完成したら私の家に飾ろう[51]」

「光栄です」と、カポが言った。「本当に光栄です[52]」

ヴィトルトは職人たちと収容所まで行進しながら、決行の日を待ちわびた。暇さえあれば、仲間と作戦を練った。皮なめし工房で新しく組織に引き入れた人々が、作業場の大きな部屋に秘密の空間をこしらえた。その部屋には薬液を入れる深い穴が十数個あった。そのうちの一つを空にして、開口部に丸太を渡し、乾燥中の長い皮を垂らして覆ったのだ。地下活動の話し合いにうってつけの場所だった。職人たちは乾燥室のストーブで牛や豚の耳を焼いて食べた。皮を浸すために熱湯を注ぐ大きなタンクで入浴するのも、楽しみの一つだった。「風呂に入り、かつて自由の身だった頃のような気持ちになった」と、ヴィトルトは振り返っている。「信じられなかった[53]」

そんな時間が続くはずはなく、ヴィトルトも続いてほしいと思っていなかった。蜂起の時が近づき、いたるところに死があふれていたのだから。停戦記念日でありポーランド独立記念日でもある一一月一一日、SS隊員は点呼で一五一人の名前を読み上げ、懲罰棟の横に最近つくられた囲いのある中庭まで行進させた。そして、一人ずつ、銃で撃った。あまりに多くの血が流れ、中庭に通じる門の下の側溝や道路までにじみ出た[54]。

この知らせを聞いたとき、ヴィトルトは工房にいた。彼は無表情で座り込んだ。木彫り職人の一人が泣き出した。友好的なドイツ人カポのオットーは動揺していた。

「神はいない!」。オットーはそう言い捨てると、手を震わせながらタバコをくわえた。「このままでは済まない。こんな邪悪な行為をする者は、戦争で負けるに違いない[55]」

「そう思うか?」。別の木彫り職人の声はやや強張っていた[56]。

オットーはひと呼吸おいて答えた。「私はできるかぎりのことをしている[57]」

彼がリスクを冒していることは収容者たちもわかっていた。「でも、やつらを止めることができるまで、ほかのことは考えられない」と、別の収容者が言った。

数日後、ヴィトルトはヴィンツェンティに、皮なめし工房を監視するＳＳ隊員が二〇人に減ったことを伝えた。一二月に入ると一〇人ほどになった[58]。

「どうだ?」。工房に着いたヴィトルトはヴィンツェンティにささやいた。「今なら簡単に制圧できる。やつらの制服を着て、収容所を驚かせてやろう[59]」

ヴィンツェンティは笑いだしそうだったが、ヴィトルトは目つきも声の調子も違っていた。

「理論的には可能だ」と、ヴィンツェンティは意を決するように言った[60]。

次の段階が始まっていた。

# 9章　シフト

## ワルシャワ、一九四一年一一月

この年の秋、地下組織を率いるステファン・ロヴェツキは、ソ連兵捕虜のガス殺に関するヴィトルトの報告書を受け取った。彼もヴィトルトと同じように、この展開をどのように考えればいいのか迷っていた。間違いなく国際法に違反しているが、一度きりにも見えた。ロヴェツキの同僚たちは、前線で使用するために実験された新兵器ではないかと推測した。彼らの頭の中で、ナチスの殺人能力と大量虐殺政策はまだ結びつけられていなかった。ワルシャワでは、ドイツ軍が四〇万人のユダヤ人社会をゲットーの狭い通りに押し込め、食料や医療の不足で毎月数千人が死んでいた。さらに、ロヴェツキの部下たちは、ドイツ占領下のポーランド東部でドイツ人がユダヤ人を大量に射殺していることを報告していた[1]。

しかし、ロヴェツキはアウシュヴィッツがソ連兵捕虜の主要な収容施設になるという事実を重視して、ナチスがソ連人をポーランド人のように奴隷労働者にしようとしていると考えた[2]。

ロヴェツキはヴィトルトの報告書を整理して、辣腕の密使、スヴェン・ノルマンに渡した。ノルマンは、ワルシャワでスウェーデンのエンジニアリング会社の代表を務めるスウェーデン人で、自分が生まれ育った町がナチスに支配されていることを嫌悪し、外部の人間として自分が見たものを伝える義務があると考えていた。スウェーデンは中立政策をとっていたため、ノルマンはポーランドとストックホルムを行き来することができ、理想的な運び屋だった。ロヴェツキはワルシャワの中心部にあるユー・エルニー・ジステッツという店でノルマンと定期的に会っていた。女主人の思慮深さと、闇市で売られているような質素な食事と、紙コップでこっそり出されるビールを楽しむことができる店だった[3]。

ガス処刑のニュースを一六ミリか三五ミリのマイクロフィルムに記録した報告書をスーツケースの二重底に隠して、ノルマンは一一月中旬にベルリンへ向かった。マイクロフィルムは第二次世界大戦前に新聞の保存用に開発された。顕微鏡レンズを装着したカメラで撮影し、一巻に二四〇〇ページの報告書を収めることができた。肉眼では読むことができないため、密使が捕まっても時間稼ぎができるという利点もあった[4]。

ノルマンは列車の中で乗客たちに国家社会主義への憧れを大声で訴え、ベルリンのテンペルホーフ空港の検査を無事に通過すると、ストックホルム行きのダグラス機に乗り込んだ。ドイツの

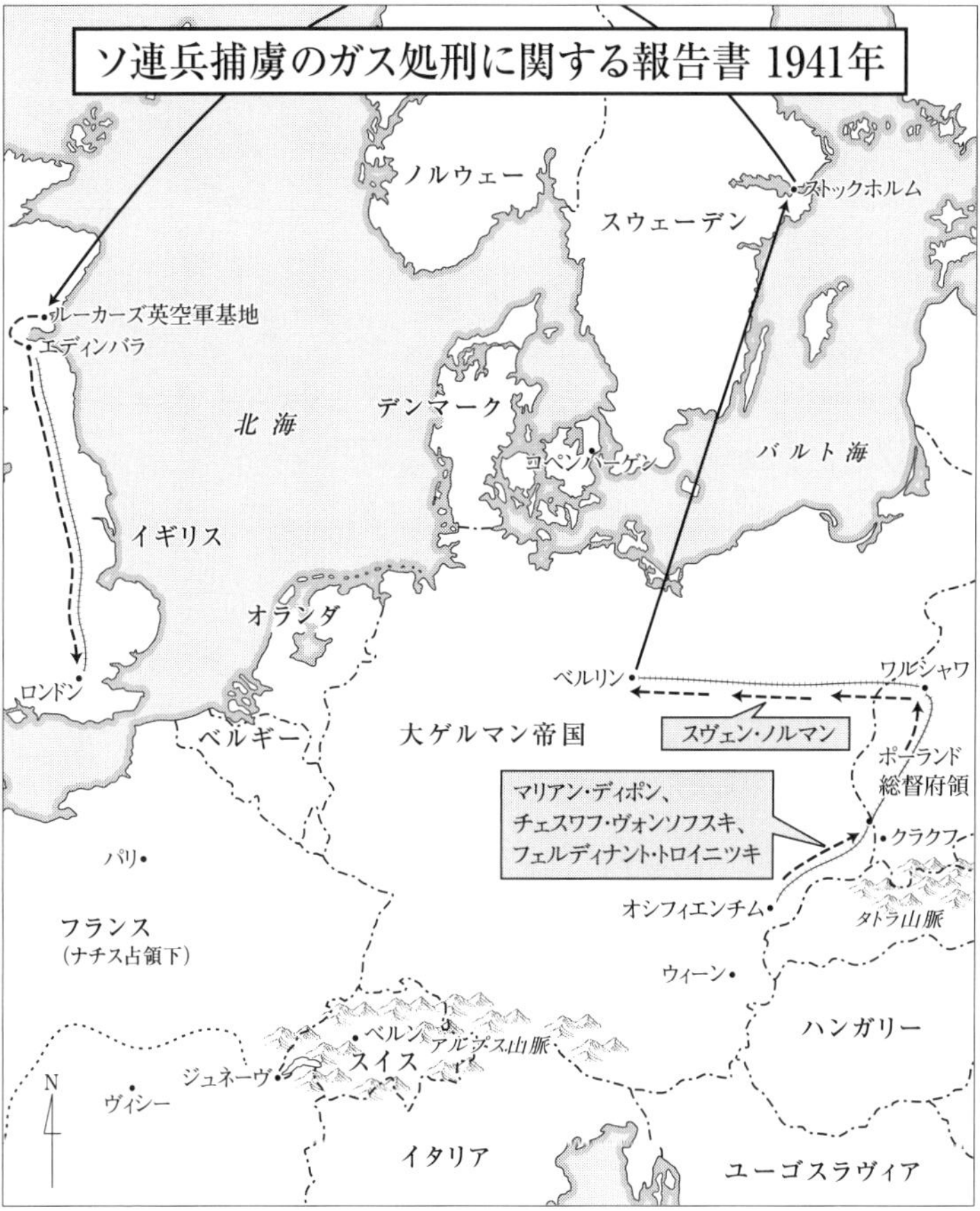
ソ連兵捕虜のガス処刑に関する報告書 1941年
ノルウェー
スウェーデン
ストックホルム
ルーカーズ英空軍基地
エディンバラ
北海
デンマーク
コペンハーゲン
バルト海
イギリス
オランダ
ロンドン
ベルリン
ワルシャワ
スヴェン・ノルマン
ベルギー
大ゲルマン帝国
ポーランド
総督府領
マリアン・ディポン、
チェスワフ・ヴォンソフスキ、
フェルディナント・トロイニツキ
クラクフ
パリ
オシフィエンチム
タトラ山脈
フランス
（ナチス占領下）
ウィーン
ハンガリー
ベルン
アルプス山脈
スイス
ジュネーヴ
N
ヴィシー
イタリア
ユーゴスラヴィア

圧力にもかかわらず、ポーランドはスウェーデンの首都で公使館を維持していた。おそらく、そこでマイクロフィルムを渡したのだろう。イギリスの機密情報用の軍事郵便を使えば、ノルウェーの北端を回ってスコットランド沿岸のセント・アンドリュース近くにあるルーカーズ空軍基地まで送ることができた。ルーカーズ空軍基地からロンドンに届けられた報告書は、イギリス当局の審査を経て、一一月末にようやく、ルーベンス・ホテルの本部にいるポーランドの指導者、ヴワディスワフ・シコルスキのもとに届いた[5]。

## 受け入れられない現実

報告書がロンドンに届いた頃、イギリス政府はソ連におけるドイツの残虐行為について独自の理解を深めていた。イギリス本土侵攻の差し迫った脅威はなくなり、ドイツ空軍はイギリスの都市への攻撃を続けていたが、電撃戦の激しさは弱まっていた。ロンドン市民は嵐が過ぎ去ったと穏やかに話していたが、チャーチルは戦争の行方が危ぶまれていることを知っていた。

一九四一年五月三日、チャーチルはラジオで国民に語りかけた。「(ヒトラーの)銃撃隊が十数カ国でせわしなく動いている。月曜日はオランダ人を撃つ。火曜日はノルウェー人。水曜日はフランス人やベルギー人が追い詰められる。木曜はチェコ人が苦しみ、きょうはセルビア人とギリシャ人がヒトラーの忌まわしい処刑簿を埋めている。しかし、ポーランド人は常に、毎日、そこにいる」[6]

チャーチルが公にこのような発言をしたことは、ドイツの残虐性に関する定説に沿ったものであり、主にイギリスの聴衆にヒトラーと戦い続ける必要性を思い出させるためだった。しかし一方で、一九四一年六月にドイツ軍がソ連侵攻を開始したことがナチスの残虐行為の性質に不穏な変化をもたらしたことも、チャーチルは承知していた。イギリスの暗号解読拠点「ブレッチリー・パーク」の暗号技術者たちは、ドイツ軍がエニグマと呼ばれる回転式の機器で文字を暗号化して送っている信号の一部を盗聴していた。ドイツ軍はエニグマは解読されないという自信があり、暗号を変更することはほとんどなかったが、ポーランドの諜報機関は一九三九年にエニグマの初期のパターンの複製をひそかに作成し、イギリスに渡していた。一九四一年六月下旬に暗号技術者は、オルポ（秩序警察）の武装警官部隊がベルリンに宛てて、いわゆるパルチザンや共産主義の支持者とともに射殺した膨大な数のユダヤ人のリストを伝える無線メッセージを傍受した。[7]

あまりに衝撃的な数字で、イギリスの分析官は当初、解読されたリストを前に戸惑った。「『ユダヤ人』として処刑された全員が、本当にそうであるかどうかは、もちろん疑わしい」と、ある分析官は書いている。「多くは間違いなくユダヤ人ではない。しかし、この項目が常に最大の数字であるという事実は、上級機関にとって最も受け入れやすい殺人の根拠であるということだ」[8]

一九四一年の八月末頃には、ユダヤ人に対するナチスの作戦が前例のない規模の殺人であることを、チャーチルも理解していた。ただし、ワルシャワのロヴェツキと同じように、それが大量虐殺であることを認識できなかった。戦前のナチスがドイツ国内のユダヤ人を標的にしていたことや、ヒトラーがすべてのユダヤ人に戦争の代償を払わせると脅していたことは知っていたが、ナチスの教義とソ連から伝わってくる情報を結びつけては考えなかったようだ。八月二五日、チャーチルはBBCの視聴者に語りかけた。「ドイツの警察部隊によって、母国を守ろうとするソ連の愛国者たちに、何千件もの、まさに何万件という冷酷な処刑が行われている……私たちは名前のない犯罪を目の前にしている」[9]

この演説はメディアの見出しを飾ったが、一方で、殺害に注意を喚起することの難しさを浮き彫りにした。犠牲者の多くがユダヤ人であることにチャーチルが言及しなかったのは、数字の出所を偽る意図があったのかもしれない。しかし、ユダヤ人の苦境を強調することは国内の反ユダヤ主義を煽ることになるという一部の政府関係者の考えを反映したものでもあり、その主張は彼ら自身の気取った人種差別を反映していた[10]。

英内閣府の合同情報委員会の委員長だったヴィクター・カヴェンディッシュ・ベンティンクは、ドイツの秩序警察から傍受した情報を入手できる数少ない官僚の一人であったにもかかわらず、この事実に懐疑的だった。九月末にキエフ郊外のバビ・ヤール渓谷で三万三〇〇〇人のユダヤ人が虐殺されたことをソ連の情報源から知ったベンティンクは、その報告を「スラブ人の想像の産物」と呼び、先の大戦中にイギリス自身が「残虐行為や恐怖の噂をさまざまな目的で流した」ことを引き合いに出した。そして、「このゲームが広く行われていることは間違いない」と結論づけた。もしナチスの残虐行為があったとしても、戦後に対処するのが最善だと考えたのだ[11]。

反ユダヤ主義も、イギリス政府が証拠の収集に失敗した要因の一つだろう。しかし、それだけでなく、この犯罪の規模の大きさと歴史的な新しさも影響していた。オランダの神学者ウィレム・ヴィッセル・フートは戦後にこう書いている。「人々の意識に、このような想像を絶する恐怖を受け入れる場所はなく……それに立ち向かう勇気も想像力もなかった」「知ることと知らないことのあいだの薄明かり」のなかで生きることもできると、フートは続けている。言い換えれば、イギリスの当局者が証拠の重みや突然の共感によって大量殺人の現実を受け入れないかぎり、黄昏が晴れる可能性はなかった。[12]

## シコルスキの作戦

アウシュヴィッツをはじめとする残虐行為の増加にイギリスの関心を向けようという試みにとって、ポーランドの指導者シコルスキは最大の希望だった。一九四一年夏、ポーランドの亡命政府は二週間ごとに発行している新聞で、収容所について初めて英語による説明を発表した。ヴィトルトの最初の報告書にほぼもとづいた内容だった。イギリス政府は、ポーランド人がこうした資料を発信することには満足していたが、彼らの調査結果を支持することはせず、国内の新聞にこの話題を取り上げないよう忠告した。「強制収容所の拷問の記事のような純然たる『恐怖』は……普通の人には受け入れられない」と、一九四一年七月の英内務省のメモに記されている。

「ある程度の恐怖は必要だが、極めて慎重に使わなければならず、議論の余地なく無実の人々に関する扱いを常に取り上げなければならない。暴力的な政敵に関するものではない。そして、ユダヤ人に関するものでもない」。イギリスの新聞には収容所の詳細が掲載されず、世間では、ドイツの残虐さに関する話には懐疑的な見方が続いていた。[13]

シコルスキはイギリス側を説得して、ナチスの残虐行為を非難する大々的な宣言を繰り広げれば、ポーランド領内でドイツ軍を標的とする空襲の機運が高まるだろうと考えた。英外務省はイギリスの戦争努力を妨げる提案だと考えて、なかなか認めようとしなかった。しかし、シコルスキの訴えが絶たれると思われたそのとき、アメリカのフランクリン・ルーズヴェルト大統領が、フランスにおけるドイツの戦争犯罪に対して「恐ろしい報復」を予告する演説を行った。[14]

ルーズヴェルトの発言は、アメリカが戦争に向けて準備を進めていることを示すものとして、広く受け止められた。チャーチルはアメリカを口説き落とすために、戦争犯罪の告発が今や戦争の主な目的であるという声明を発表した。一月にアンソニー・イーデン英外務大臣は戦争犯罪に関する会議を緊急開催することに同意し、ポーランドとチェコによる共同声明が発表されることになった。[15]

シコルスキはこの機会を最大限に利用した。会議に備えてドイツの犯罪の概要をまとめた『ポーランドの黒書』を作成させ、強制収容所に関する議論のなかで、ヴィトルトの最初の報告書の内容を再び大きく取り上げた。ただし、ポーランド人に対するナチスの犯罪に主眼を置き、ゲットーのポーランド系ユダヤ人の扱いは簡単に記しているが、ソ連支配地域でのユダヤ人の大量殺人には言及がなかった。後者については、一部の殺人におけるポーランド人の役割をめぐる議論が必要だったかもしれない。さらに、アウシュヴィッツにおけるソ連兵捕虜へのガス実験にも触れなかった。それでもシコルスキは、自分の提案する爆撃作戦への支持を集めることができると確信していた[16]。

一九四一年一二月七日に日本軍が真珠湾で米太平洋艦隊を攻撃したことを受けてアメリカが参戦し、シコルスキの願いはより現実的になった。イギリスは孤立状態を脱し、チャーチルは早ければ翌年にも大陸に共同で侵攻する作戦を具体的に考え始めた。ウェストミンスターで開催された会議——セントジェームズ会議——は、連合国が初めて一堂に会することになった。一月一三日にシコルスキが開幕演説に立ち、イーデンやアンソニー・ドレクセル・ビドル米大使、ソ連大使、亡命政府関係者たちが耳を傾けた。シコルスキはドイツの犯罪問題に連合国を巻き込み、報復の原則を確立しようとした[17]。

「これを、私たちの国々の市民に危害を加えている者は必ず罰せられるという警告としよう」と、シコルスキは聴衆に語った。「占領された国々で自分の務めを果たしている大勢の人にとっても、希望の光になるはずだ。侵略者には罰が与えられることを、彼らは知るだろう[18]」

どのようなかたちで報復を行うかについて、意見は一致しなかった。しかし、シコルスキは、ナチスの残虐行為の証拠をさらに多く集めることが重要だと考えた。彼はヒュー・ダルトンに、SOE（英特殊作戦局）のポーランド人隊員のパラシュート降下を増やすよう働きかけていた。曇り空が多く、イギリスがソ連の戦争支援に傾注していたため、それまで作戦は三回しか実行していなかった。行動を起こすためにはもっと多くの人員を降下させる必要があると、シコルスキは考えていた。[19]

# 10章　楽園

## アウシュヴィッツ、一九四一年一二月

蜂起の計画に、ヴィトルトの組織のメンバーは活気づいていた。しかしヴィトルトは、自分が収容所に到着した後、ワルシャワから何も連絡がないことが気になっていた。自分のメッセージは届いているのだろうか。この目で見た犯罪のすさまじさを伝えることができなかったのだろうか。BBCは、チャーチルとルーズヴェルトがドイツ軍への大攻勢を準備していると報じていた。アウシュヴィッツがナチスの悪の根源であることを、何とかして彼らに理解してもらわなければならなかった。そこで、ラヴィチが蜂起の準備を進めているあいだに、ヴィトルトはドイツが収容所を急速に拡大している計画に注目した[1]。

数人の同志から、独自の情報収集活動を行っている別のレジスタンス組織に出くわしたことを聞き、ヴィトルトは興味を持った。リーダーはスタニスワフ・ドゥボイスという名の知れた左派活動家で、議員でもあり、戦前には政府の親右派政策に反対して投獄されたことがあった。ドゥボイスは偽名を使い、ヴィトルトと同じ列車でアウシュヴィッツに到着したが、ゲシュタポに呼び出されてワルシャワに戻り、さらに尋問を受けた。その後、一九四一年夏に収容所に戻り、社会主義者の細胞《セル》を形成していた[2]。

スタニスワフが今もゲシュタポの監視下にあるのではないかと恐れて、ヴィトルトは距離を置いていたが、ドイツ人は手を引いたようだった。夜になると、スタシェク——仲間からそう呼ばれていた——は収容棟の外でふてくされたようにタバコをくゆらせていた。たくましい体つきではなかったと、ある友人は振り返る。「少し青白い顔をしていたが、目は輝いていた。決意を秘めていて、どこか尊大なところもあった」。ヴィトルトがスタシェクに接触したのは、自分と同じように収容所のSSの本部に組織のメンバーを送り込んでいることを知ったからで、二人は協力することで合意した[3]。

ほかのレジスタンスグループのリーダーたちを交えて、二人はクリスマスイヴに再び会った。この日は収容所も休日だった。夜はマイナス二五度まで下がり、水晶のかけらのような雪が降り積もって、SS隊員は点呼の最中から早々に引き揚げたがっていた。収容者はバラックに戻ってスープとパンを食べ、カポは彼らにひとときの安心を与えた。ヴィンツェンティは小さなモミの木を部屋に持ち込み、天使や星、根菜を彫って作った鷲などを飾りつけていた。右翼政治家のロ

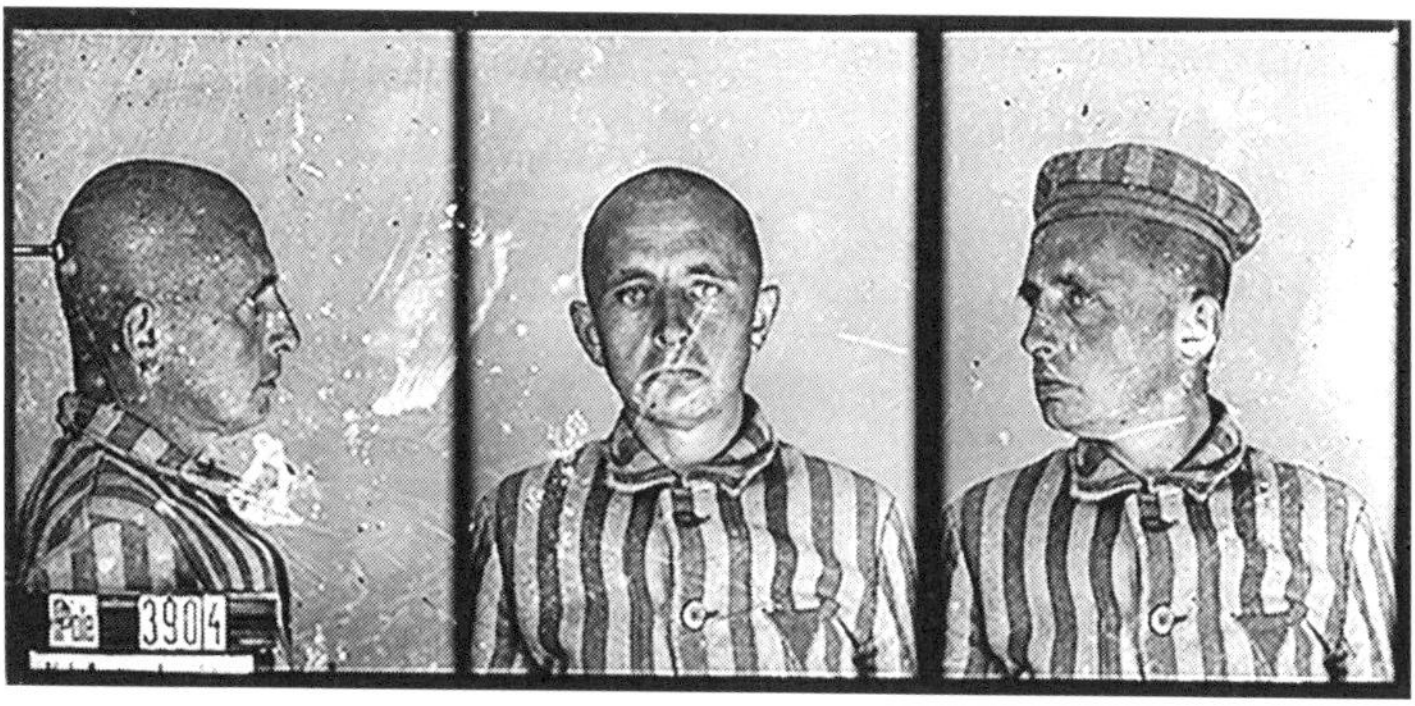

上・スタニスワフ・ドゥボイス（1941 年頃）［提供：PMA-B］
下・ヴィンツェンティ・ガヴロン「ポーランドの国章である冠を頂いた鷲」1941 年のクリスマスツリーに飾られた。（戦後）［提供：エヴァ・ビャウイ、ゾフィア・ヴィシニェフスカ］

マン・リバルスキ教授が演説をして、ひそかに手に入れたクリスマス用のウエハースを配った。リバルスキはかつては政敵だったスタシェクを抱き締め、ヴィトルトは静かに満足した。「ポーランド人を和解させるためには、毎日のようにポーランド人の死体の山を見せなければならなかった」と、彼は後に語っている。[4]

この夜の最高のスピーチは、最も簡潔なスピーチでもあった。収容棟の事務員が宣言した。「親愛なる友よ！　互いに支え合い、親切にして、煙突からできるだけ煙が上がらないようにしよう」[5]

その夜、収容者たちが自分の棟に戻ると、監視塔の一つからドイツ人警備員の口笛で「きよしこの夜」が聞こえてきた。

ヴィトルトとスタシェクはＳＳの記録室から大量の資料を手に入れた。そこにはシュテルケブーフ（日計表）と呼ばれる台帳があり、収容所に新しく到着した者、転出した者、釈放された者、そしてすべての死亡者が記録されていた。これこそ、地下組織がナチスの犯罪を完全に記録するために必要な証拠だった。ヴィトルトは安全のため記録を書きとめることを禁じていたが、残虐行為の全容は紙で正確に残さなければならないと考え、方針の変更に同意した。[6]

一九四二年一月、ヴィトルトとスタシェクが記録室に送り込んだメンバーはシュテルケブーフのコピーを作り始めた。日中は難しかったが、複数の輸送列車が同時に到着すると、収容者の事務員はほぼ監視なしで夜通し働くこともあった。コピーされた書類は倉庫棟に運ばれ、そこで別のメンバーが情報を照合してから書類を隠した。さらにスタシェクは、測量技師が収容所から持ち出すための報告書を作成した。彼の計算によると、一九四二年三月までに収容所に登録されたポーランド人は三万人で、そのうち一万一一三二人が生存していた。この数字には収容所に輸送された約二〇〇〇人のポーランド系ユダヤ人が含まれていたが、そのほとんどがすでに死亡していた。収容所に到着した一万二〇〇〇人のソ連兵捕虜のうち、生存していたのはわずか一〇〇人ほどだった。[7]

## 無線通信計画

外部との伝達を仕切っていたのは、穏やかな顔立ちのカジミエシュ・ヤルツェボフスキという収容者で、技師でもあり、測量の作業に就いていた。彼は地図を入れる円筒や測量器具の中に書類を隠し、収容所周辺の野原の決められた場所に置いて、ヘレナ・ストゥプカからがそれらを回収した。[8]

ヘレナは六歳の息子ヤツェクを使って、メッセージの回収や配達をするようになった。きっかけは収容所の近くにあった自宅から、川の反対側に強制的に移住させられたことだ。ヤツェクは橋のそばで待ち、行進してくる測量技師のグループがSS隊員に賄賂を渡したことを意味する歌を歌っていたら、彼らに近づくことになっていた。あるとき歌を間違えてしまい、監視に両耳をつかまれて橋の反対側に連れ戻され、耳たぶが割けたが、幸運にも逃げることができた。[9]

地下組織が伝達用の報告書を作成する一方で、ヴィトルトは外部との直接的な連絡方法を見つけた。この頃、一九四二年二月には、収容所内でレジスタンスがまだ侵入できない場所があった。管理者がベルリンと話をするSS本部の無線室だ。アウシュヴィッツにはほかの強制収容所と同じように、メッセージを暗号化するためのエニグマと内部連絡用の電話交換機があった。イギリスはこの年の一月から、ドイツ軍には気づかれずにアウシュヴィッツの無線通信の傍受を始めており、そこにはヴィトルトとスタシェクが収容所から持ち出させていたデータの一部も含まれていた。[10]

収容者が無線室に近づくことは禁止されていたが、ヴィトルトが勧誘した工学部の学生のズビグニエフ・ルシュチンスキは、予備の無線部品を保管する倉庫がある工事事務所で働いていた。[11]ズビグニエフは、地下組織が送信機を作るために必要なものはすべて手に入れられると確信した。モールス信号を送信できる簡単な機器があれば十分だった。必要なものは、電流を流すスイッチがついた電池、周波数を上げるためのバルブが数個、銅線が数メートル。銅線をコイル状に巻いて信号をアンテナに伝えようと考えた。バルブにはラジオの最も繊細なパーツである真空シリンダーが使われており、収容所に持ち込むことが最も難しかった。ズビグニエフが正しければ、ワルシャワやさらに遠くでも彼らの放送を聞くことができるだろう。[12]

そのためには、まず機材を盗み、それらを収容所に運び入れて、組み立てなければならなかった。ヴィトルトはその任務に志願して、さらにコンを誘った。コンは大学で覚えた手品の才能を生かし、収容者のあいだで「オーガナイザー」と呼ばれる大胆な泥棒の一人として知られていた。

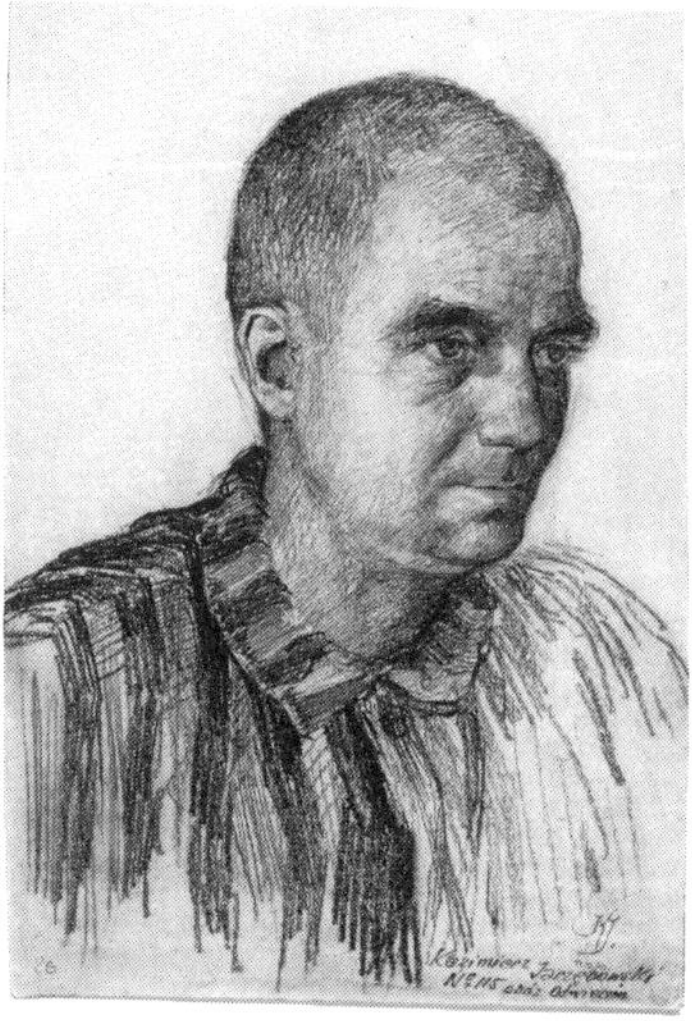

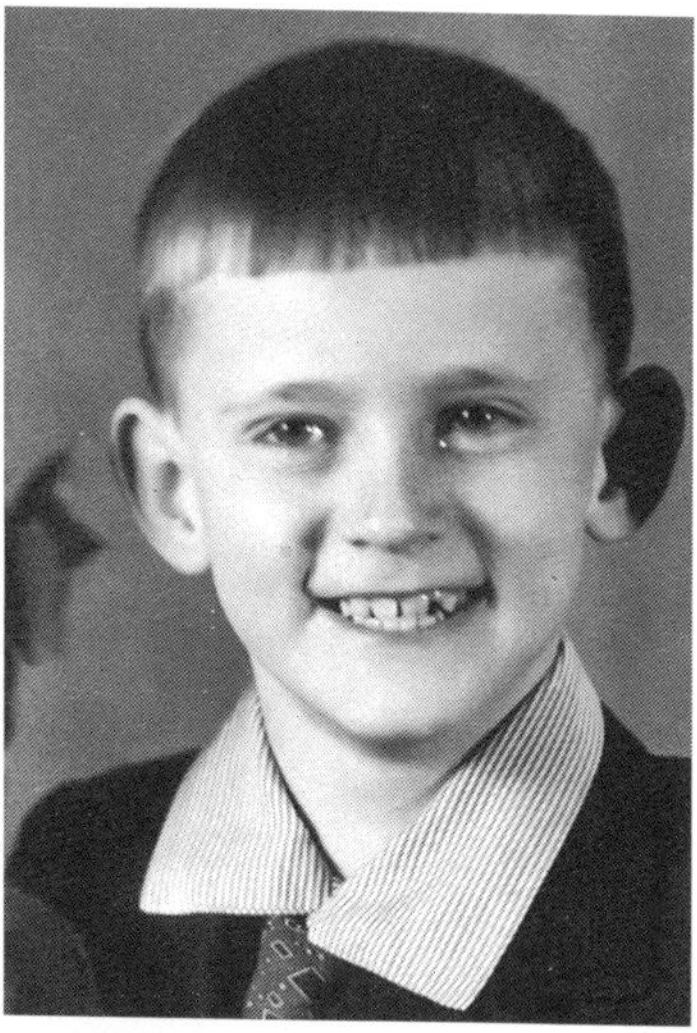

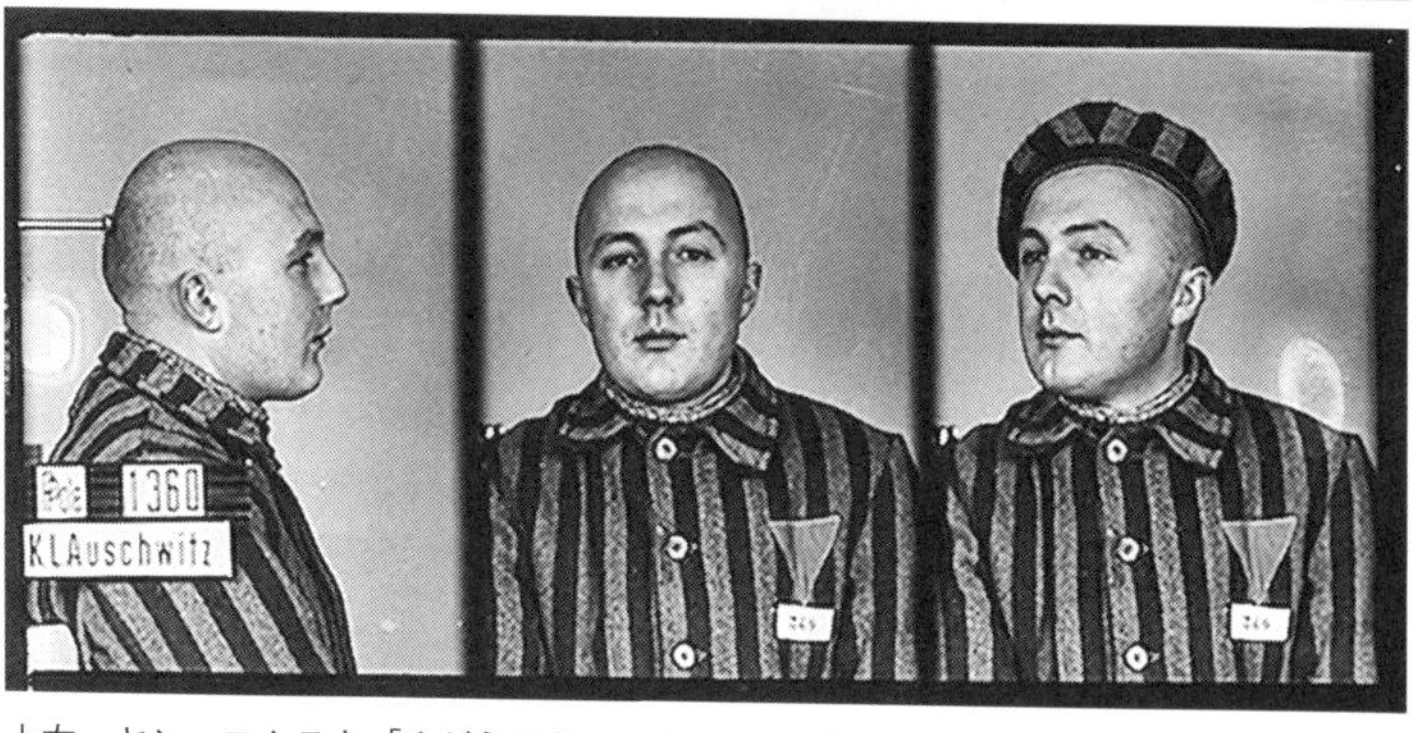


上左・ヤン・コムスキ「カジミエシュ・ヤルツェボフスキ」（戦後）［提供：PMA-B］
上右・ヤツェク・ストゥプカ（戦時中）［提供：ストゥプカ家］
下・ズビグニエフ・ルシュチンスキ（1941 年頃）［提供：PMA-B］

彼はパンをいくつもまとめて消す技を披露して、作業班を取り仕切るドイツ人のカポを感心させ、SSの調理場で看守の食事を作る仕事に就いた。マンマと呼ばれていたカポは、盗みの技術を持つ者が自分のチームにいることに価値を見出し、コンにソーセージを盗ませ、シャツの下に隠して収容所に持ち込ませた。マンマは一部をSSの監視に渡し、自分の分け前を取って、コンにもほんの少し与えた[13]。

二、三週間前の夜、広場にいたヴィトルトはコンの技を目の当たりにした。門のそばで騒ぎが起こり、監視たちがサラミを盗んだ男を殴っていた。彼らは男に電気柵のあいだを走れと命令し、逃げようとするところを撃った。男の後ろに並んでいたコンは、何事もなく身体検査に合格した。「今夜もきみが食べ物を持っているんじゃないかと心配していた」。ヴィトルトはコンに会ったとき、思わず声を上げた。「持っていなくてよかったな[14]」

「自分でも不思議だよ」と、コンは答えた。そして腰布の前に隠していたソーセージを二本、取り出した。

ヴィトルトはにやりと笑い、将校より泥棒になるほうが出世しそうだと言った。

送信機の部品調達作戦が始まる前日、ヴィトルトはコンを収容棟の外に連れ出した。

「二人で秘密のステーキを食べ尽くしても、友のことを忘れるなよ！」と、仲間の一人が叫んだ[15]。外は寒く、建物の周りに雪が積もっていた。コンはそわそわして、広場にいるのは自分たちだけだと言った。

「確かに、ここを歩くわけにはいかない。私は具合が悪くて、きみが私を病院に連れて行くふりをしよう」[16]

ヴィトルトはコンに寄りかかり、足を引きずった。

「組織のために大きな犠牲を払ってもらわなければならない」。ヴィトルトは作戦について説明した。コンは平然としていたが、調理場の仕事を辞めることには不満げだった。今回の任務が終わったら戻れると、ヴィトルトは約束した。マンマに一週間の休暇を頼んであり、労務局のオットーも交代を認めていた。

「やるしかなさそうだな」と、コンは言った。[17]

## 「最終的解決」

翌日、ヴィトルトとコンは建設事務所で十数人の労務班に加わった。収容所の建築主任でSS大尉のカール・ビショフは、焼却場を擁するビルケナウの設計図を修正しようと格闘していた。作業は遅れており、ビショフはレンガ造りのバラックの建設計画を変更して、プレハブ構造の廏舎を応用して迅速に組み立てるよう指示していた。ナチスはアウシュヴィッツに、東部で勝利を収めた後に急増するソ連軍捕虜を収容しようと考えていた。しかし、ドイツが英米ソの連合軍を相手に消耗戦を強いられるなかで、新たな目的が見えてきた。ユダヤ人だ。[18]

ヒトラーはかねてから、いわゆるユダヤ人問題が世界規模の紛争に発展した場合は解決に乗り出すと脅しており、歴史家はヒトラーがヨーロッパのユダヤ人を殺害しろという明確な命令を出したと考えてきた。しかし実際は、ホロコーストと呼ばれるようになった絶滅計画は、一九四一年の冬にナチス国家のあらゆるレベルですでに行われていた殺人プロセスが加速した結果だったのだ。一九三九年に始まったT4作戦による安楽死計画は、その初期のものだった。SSが強制収容所で行った病気の収容者や戦争捕虜を排除する実験は、技術と道徳的な正当化をさらに強化した。ソ連領内でユダヤ人の男女と子供に向けて銃を乱射した大量殺人はジェノサイドの始まりであり、より産業的な殺戮方法の発見に関心が高まっていた。T4作戦はすでに、ガス室から遠く離れた場所で寝起きする病人を殺すために、荷台に一酸化炭素を送り込む特殊な「ガス室トラック」を開発していた。一九四一年一一月にヒムラーはこのトラックを占領下のソ連に配備することを承認し、彼の部下は市民を射殺するトラウマから解放された。ポーランド西部から併合された地域にあるヘウムノ村郊外の収容所にも同様の車両が配備され、東欧のユダヤ人を殺害するために設置された四つのガス室の最初となった。その後、一九四二年一月、ナチスの幹部と地方の当局者がベルリン郊外のヴァンゼーに集まり、ヨーロッパのほかの地域のユダヤ人を東部の占領下に移送して、ただちに殺害したり、強制労働で死ぬまで働かせたりする計画について話し合った。彼らはこの極秘計画を「最終的解決」と呼んだ[19]。

ヒムラーは、後にアウシュヴィッツをホロコーストの震源地にする政策を実行に移した責任者だった。しかし、収容所に関する彼の当初の考えは、ナチスの政策決定に少なくない場当たり的な性質を反映していた。ビルケナウにソ連兵の捕虜がいないということは、収容所が一つ空いて

建設事務所の職員［提供：PMA-B］

いるということだ。ヴァンゼー会議のすぐ後にヒトラーと昼食をともにしたとき、ヒムラーはその収容所をユダヤ人でいっぱいにすることを提案した。その日の彼の仕事用の日記にはこう書かれていた――「ユダヤ人をKL（強制収容所）へ」。数週間後の一九四二年二月初旬、ヒムラーはアウシュヴィッツの指揮系統に、スロヴァキアとフランスからユダヤ人が輸送されるのを待つよう伝えている。[20]

ナチスがユダヤ人を搾取して大量に殺害する計画を立てていることを、ヴィルトは知らなかった。SSの建築技師がユダヤ人労働者の受け入れについて話しているのを、耳にした可能性はある。しかし、彼の頭の中では、ポーランドやソ連の労働力を搾取するというナチスの既存のやり方と重なっていたのだろう。

ヴィトルトはできるかぎり情報を集め、持ち場を離れる時間があれば建物の中を偵察した。建設事務所は平屋で、中央の廊下を挟んでいくつか部屋があった。突き当たりの無線室は立ち入り禁止だったが、扉越しにずらりと並んだ無線機器が見えた。ヴィトルトは一週間ほどかけて、送信機に必要な部品を慎重に集めた。ある日の午後、彼は顔を紅潮させてコンの机に近寄った。部品はすべて、トイレの個室にある箱に入っていた。すぐに移動させなければならなかった。[21]

「見てくるよ」と、コンは答えた。[22]

数分後、廊下で何かがぶつかる音が聞こえ、コンが叫んだ。「どこへ行くつもりだ？　出て行け、豚野郎」

コンは何食わぬ顔で部屋に戻ってきた。何を叫んでいたのかと、カポが聞いた。

「何でもありません。ムーゼルマンの汚いカップルがそこの洗面所に隠れようとしたので、仕事に戻れと追い立てただけです」

コンはヴィトルトをちらりと見た。

ようやく二人だけになり、ヴィトルトは聞いた。「本当は何をしていたんだ？」[23]

コンは、箱を廊下の備品棚に隠していたときに、二人の収容者に見つかりそうになったと説明した。幸い、怒鳴りつけると彼らは逃げて行った。

新しい隠し場所はトイレよりはましだったが、あくまでも一時的だった。その夜、彼らは収容棟の外で対策を協議した。箱を見つからないように収容所に持ち帰るには、手押し車を使っている労務班に頼むしかなさそうだった。ギエネクが遺体を運ぶ手押し車が、門の検査をすり抜けられる可能性が最も高かった。ギエネクは、建物の裏手にあるゴミ捨て場に箱を置けるなら引き受けてもいいと快諾した。しかし、建物から約二〇〇メートル離れた幹線道路沿いの荒れ地にあるゴミ捨て場まで、どのように運ぶかという問題が残った。翌日になっても答えは出なかった。

ヴィトルトは朝からずっと、誰かが箱を見つけるのではないかと案じていた。夕方になってようやく、ある計画を思いついた。彼らはカポから、残業をして地図を完成させることになると告げられた。事務所でスープが出され、食事を終えるとヴィトルトはコンに近寄ってささやいた。

「あのSSの監視がどのくらい厳しいか、試してみるよ[24]」

ヴィトルトはトイレに行きたいと申し出た。

「行け。ただし、バカな真似をしたら穴だらけにするぞ[25]」

監視は廊下のドアを開け、入り口に立った。

ヴィトルトはすぐに戻った。トイレの窓に鉄格子がなく、ゴミ捨て場に面していることを確認した。誰かがよじ登って窓をくぐり抜け、箱を置いて、すぐに戻ってくることができるかもしれない。

「監視から丸見えなのに、あの大きな箱をどうやって棚から持ち出すつもりだ?」と、コンが聞いた。[26]

「私が下痢のふりをして、一五分から二〇分おきにトイレに行く」と、ヴィトルトは説明した。「そのあいだに、きみはみんなの前で手品を披露する。監視の注意をしっかり引きつけて、入り口のドアから離れさせろ。私が箱を取り出せる時間があると思ったら大声で言うんだ。『さあ、よく見て！』』。それが合図だ」

コンは笑みを浮かべた。「わかった」

ヴィトルトはうめき声を上げ、腹を抱えた。コンはてのひらの上でコインを踊らせ、隣にいる男の注意を引こうとした。しかし、カポは感動しなかった。

「おかしなことをするな！　仕事に戻れ！[27]」

ヴィトルトはトイレに行くことを許されたが、わずか一分ほどで、監視が不審に思ってようすを見に来た。幸い、あるべき体勢を取っていたが、監視はそこを動かなかった。ヴィトルトは部屋に戻った。行動を起こすチャンスはなかった。

厨房の台車にドングリのコーヒーが運ばれてきた。休憩時間になり、コンが再び手品を始めた。今回はみんなに見えるようにした。ドイツ人看守がポケットにトランプを一組、持っていて、コンに何かやってみせろと言った。

コンはカードの山から二枚を選んだ。「さあ、よく見て！」。カードが別のカードに変わるという単純な「モンテ」のトリックだった。何回も繰り返しているうちに、SSの監視たちがタネを明かせと言いだした。ヴィトルトはトイレに行きたいと訴えたが、監視たちは手で払って彼を一人で行かせた。ヴィトルトは廊下で備品棚の扉をこじ開け、箱を取り出し、足を引きずりながらトイレに行って窓際の棚に置いた[28]。

続いてコンがトイレに行った。ヴィトルトは緊張した。数分後、外で大きな音がして、監視たちが叫ぶ声が聞こえた。部屋にいたSS隊員が顔を上げた。何とかしなければならない。ヴィトルトは「トイレ！」と叫んで廊下に飛び出し、トイレのドアを激しく叩いた。[29]

「早く出ろ！　もらしそうだ！」

外の騒ぎを隠すには、それしか思いつかなかった。誰かが窓をくぐって戻ってくる音が聞こえた。

「そこに座ったまま、俺に嫌がらせのつもりか？」。ヴィトルトは叫び続けた。

コンはすぐに状況を理解して怒鳴り返した。「おまえは夜中までここに陣取っていたじゃないか。少しくらい待っていろ！」[30]

スタニスワフ・グトキェヴィチ「ヴィトルトの似顔絵」［提供：PMA-B］

ほどなくして出てきたコンは、ヴィトルトに親指を立てて部屋に戻った。収容棟に戻る行進の途中で、コンはゴミ捨て場でつまずいてしまい、そばにいたSS隊員たちが物音に気づいたのだと明かした。幸い、彼らに見つかる前にトイレに戻ることができた。数日後、ギエネクが箱を回収した。

ヴィトルトは療養棟の地下室に送信機を設置することにした。SS隊員は感染を恐れて、そこにはほとんど近寄らなかったのだ。地下組織では数少ないドイツ系ポーランド人の一人でフレットと呼ばれていたアルフレート・シュトッセルが警備を、ズビグニエフが組み立てを担当した。数日後、ズビグニエフはヴィトルトに、あと一つか二つ部品が必要だが、どこで手に入るか知っていると、恐る恐る申し出た[31]。

## ユダヤ人の女たち

この年の春は早かった。葉が落ちた木々を太陽が暖め、最初のツバメが現れた。三月の初め、最後まで生き残ったソ連兵は、ビルケナウに完成したばかりのバラックに移された。収容者は皮肉を込めて、ビルケナウを「楽園」と呼んだ。そこに送られることは死を意味していたからだ。中央収容所内のフェンスで囲まれたソ連兵の区画は、しばらく空っぽだった。ヴィトルトは皮なめしの仕事に戻っていたが、そこのカポの一人が、女性たちが来るという話をした。収容者は本気にしなかったが、三月一九日の午後、叫び声が上がった。[32]

「来たぞ！」[33]

ヒムラーが収容所に移送させたのは、ユダヤ人ではなくポーランド人の女性政治犯だった。SSのトラックが五台、到着し、ひと目見ようと誰もが窓に駆け寄った。[34]

クルスカという名前の大工が駆け込んできて、彼女たちが正門に到着したと報告した。そして信じられないことに、彼の婚約者のゾシアが、お気に入りの茶色い毛皮にくるまれてそのなかにいたのだ。二人は確かに目が合った。[35]

「これからは、この瞬間から、俺には人生の目標ができた」と、クルスカは言った。「彼女の面倒を見る。俺の食べ物を彼女に分けて、彼女を養うんだ」[36]

彼女たちは男たちと同じように扱われるだろうと、ヴィトルトは小声でヴィンツェンティに言った。[37]

その日の夕方、収容所に戻るヴィトルトたちの隊列が焼却場に近づいたとき、一人のSS隊員が先頭に出てカポに声をかけた。カポはさっと青ざめ、ほとんど狼狽しながら、収容者たちに建物から離れて左を見ながら走れと命令した。「言うとおりにしないと撃たれるぞ！」[38]

行進は急に速足になったが、ヴィンツェンティは隙を見て焼却場に目をやった。入り口の周りに最近、建てられた高い木の柵の一部が開いていて、女性や少女の死体が積み重ねられていた。焼却場の職員が死体を裸にしている。毛皮のコートを着たままの死体が一つあった。[39]

その月の後半には、スロヴァキアからユダヤ人女性が到着した。彼女たちは服を脱がされ、髪を剃られ、死んだソ連兵の血で汚れた囚人服を支給された。女性ばかり同じブロックに割り当てられ、翌日には労務班に編入された。剃り上げられた頭を破れたスカーフや布の切れ端でくるむことは認められ、かろうじて女性らしさを残していた。ヴィンツェンティは後に、収容棟の仲間たちと窓際に群がって、女性たちの行進をじっと見つめていたときのことを振り返っている。ある友人は一人の女性に熱を上げていた。「ロージア、俺のロージアだ。見ろ、いい体だ。頭のスカーフもしゃれているじゃないか[40]」

そんな憧れも、女性たちの健康状態が悪化するのに合わせるように長続きしなかった。「最初は気丈にしていた少女たちも、すぐに目の輝きが失われ、笑顔が消え、足取りが重くなった」とヴィトルトは記している[41]。

女性たちが来たことは、ほかの変化の前兆でもあった。ユダヤ人男性がビルケナウに移送されているという噂が流れ始めた。最初の確かな情報が地下組織に届いたのは四月の初めだった。電気技師の作業班が中央収容所から新しい収容所のフェンスに電力を供給する工事をしており、そのなかにスタシェクの部下であるヘンリク・ポレブスキがいた。彼の報告によると、スロヴァキアから毎日一〇〇〇人前後のユダヤ人が運ばれてきて、フランスからも一人来ていた。新たに到着した人々は線路の脇に放り出され、収容所まで約一・五キロ行進し、塀で囲われた広大な泥地に放置されていた馬小屋で寝起きした。ユダヤ人には溝を掘ったり道路を敷いたりと、ソ連兵と同じ耐え難い重労働が課せられた[42]。

四月に数人のフランス系ユダヤ人が中央収容所に移され、ヴィトルトは彼らにこの情報を確認

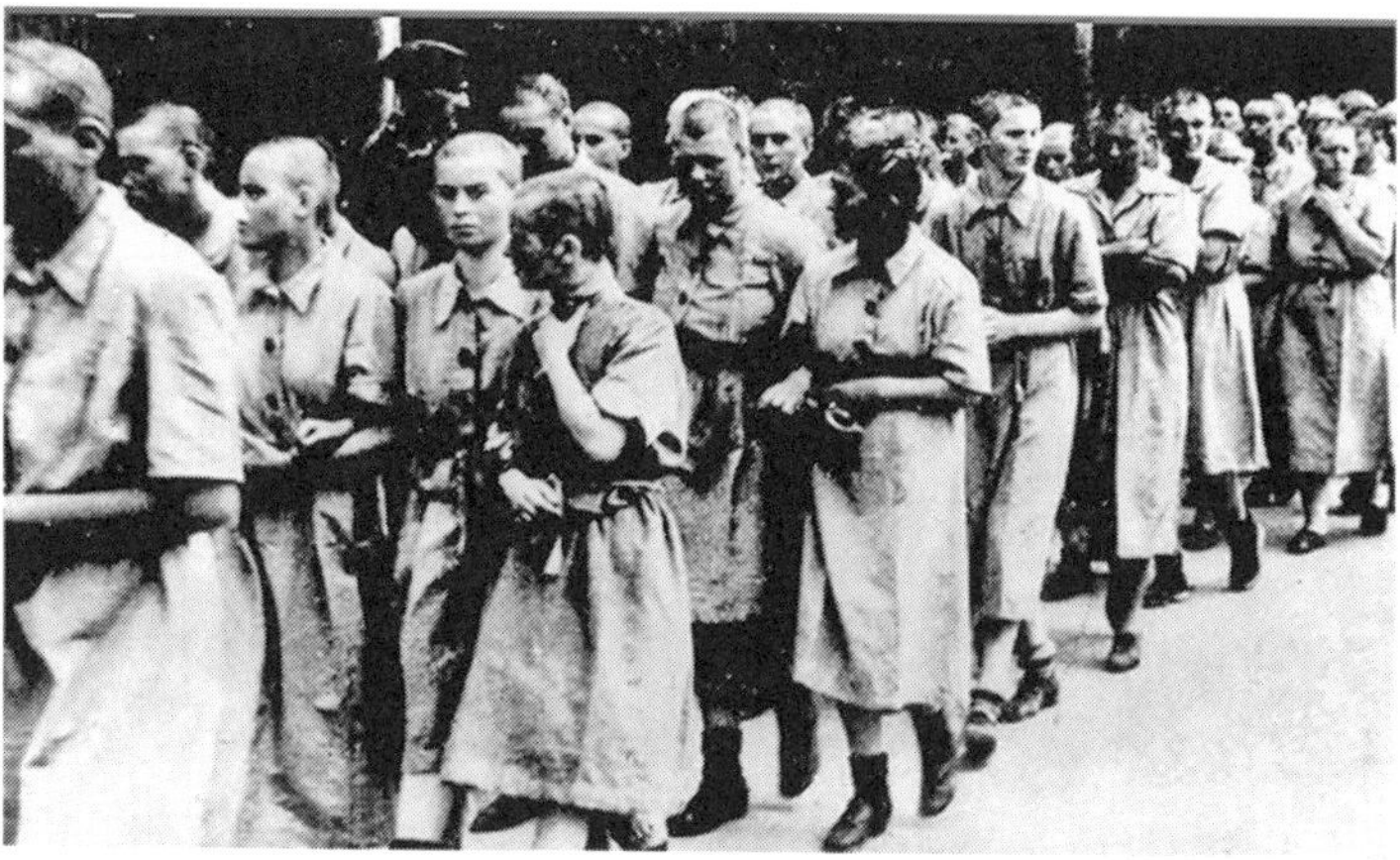

上・ユダヤ人女性の収容者（1944 年）［提供：ヤド・ヴァシェム］
下・ヘンリク・ポレブスキ（1941 年頃）［提供：PMA-B］

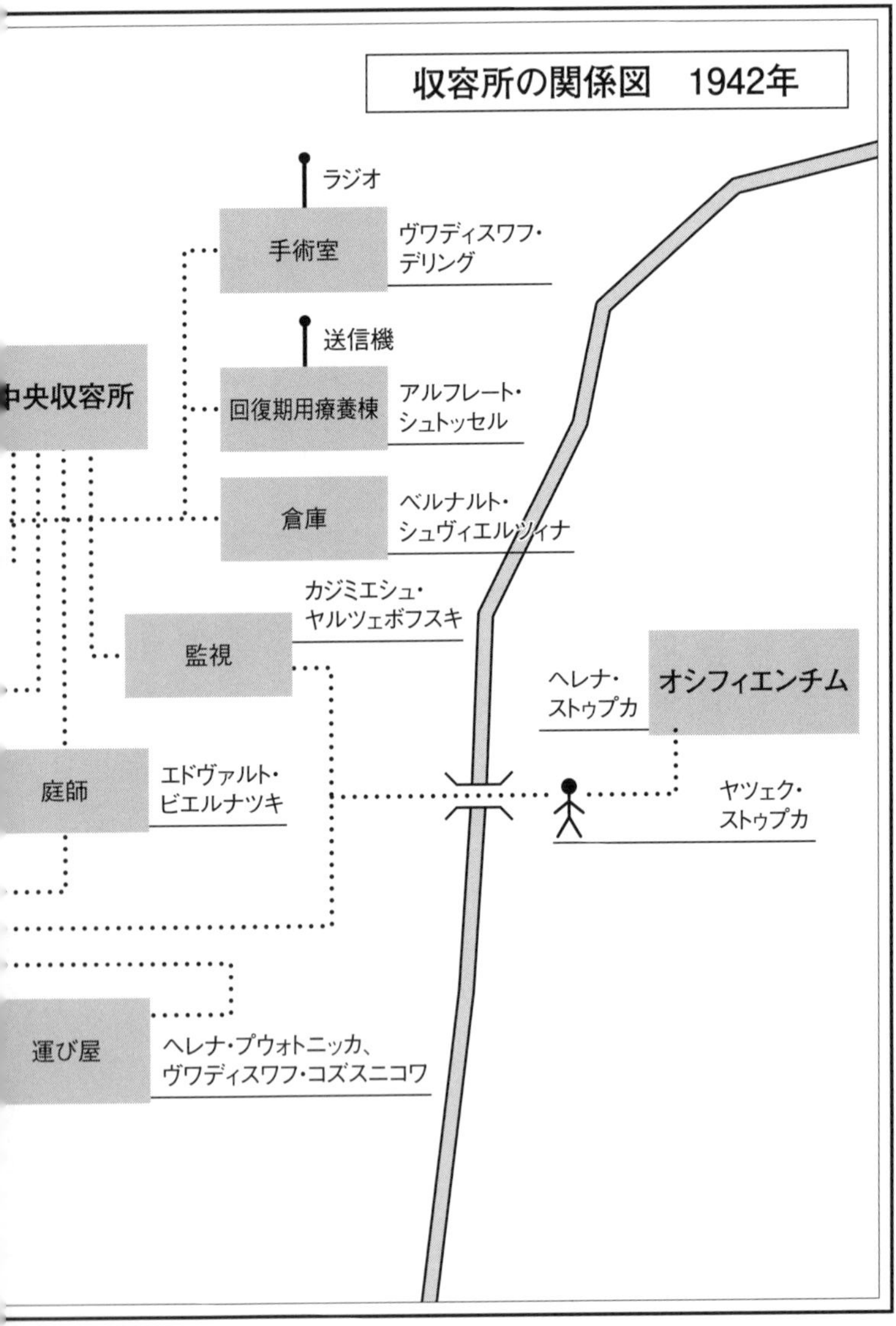
収容所の関係図　1942年
ラジオ
手術室
ヴワディスワフ・
デリング
送信機
中央収容所
回復期用療養棟
アルフレート・
シュトッセル
倉庫
ベルナルト・
シュヴィエルツィナ
カジミエシュ・
ヤルツェボフスキ
監視
ヘレナ・
ストゥプカ
オシフィエンチム
庭師
エドヴァルト・
ビエルナツキ
ヤツェク・
ストゥプカ
運び屋
ヘレナ・プウォトニツカ、
ヴワディスワフ・コズスニコワ

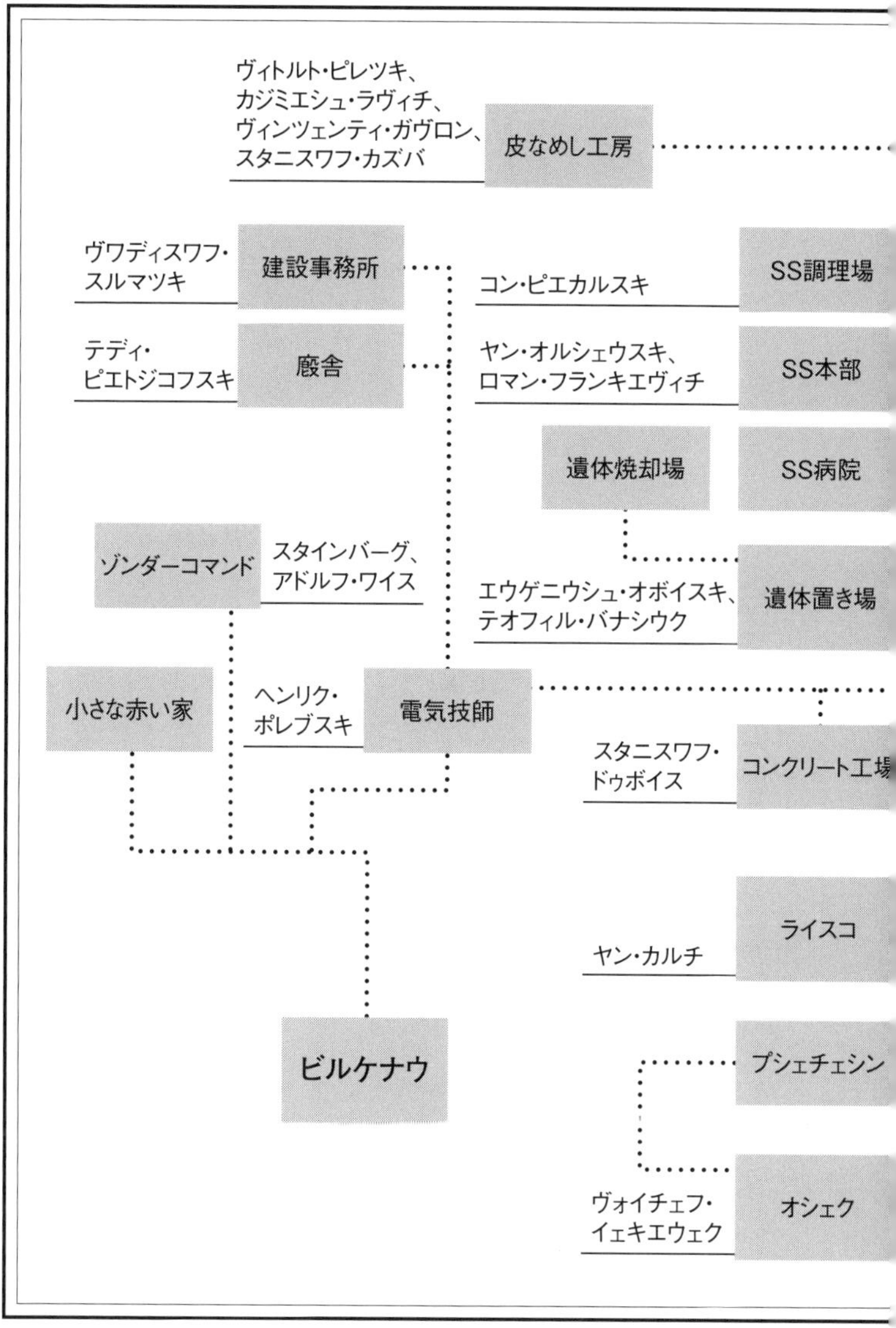
ヴィトルト・ピレツキ、
カジミエシュ・ラヴィチ、
ヴィンツェンティ・ガヴロン、
スタニスワフ・カズバ
皮なめし工房
ヴワディスワフ・
スルマツキ
建設事務所
コン・ピエカルスキ
SS調理場
テディ・
ピエトジコフスキ
廏舎
ヤン・オルシェウスキ、
ロマン・フランキエヴィチ
SS本部
遺体焼却場
SS病院
ゾンダーコマンド
スタインバーグ、
アドルフ・ワイス
エウゲニウシュ・オボイスキ、
テオフィル・バナシウク
遺体置き場
小さな赤い家
ヘンリク・
ポレブスキ
電気技師
スタニスワフ・
ドゥボイス
コンクリート工場
ライスコ
ヤン・カルチ
ビルケナウ
プシェチェシン
ヴォイチェフ・
イェキエウェク
オシェク

した。一連の話から、ユダヤ人に対するナチスの行動がヨーロッパ全土に及んでいることは垣間見えたが、絶滅計画のことは想像さえ及ばなかった。彼らはパリ郊外のドランシー通過収容所とコンピエーニュ郊外の別の施設から来ていた。一九四二年初めには約一万人のユダヤ人が、占領下のフランス各地に収容されていた。

ヴィトルトが話を聞いたユダヤ人たちは、家族を地元に残し、東部の工場で働くことになると言われていた。中央収容所のユダヤ人はビルケナウに送られた人々より待遇がよく、SSはその事実を家族に手紙で知らせるように指示していた[43]。

これらの手紙を使ってほかのユダヤ人をだまし、フランスで輸送列車に乗せようとしているのだろうと、ヴィトルトは推測した。フランスから来た人々にも彼らは利用されていると警告したようだが、無視された。後に書き残したなかで、ヴィトルトは自分が関わったユダヤ人を「愚かなほど頑固」と呼んでいる。懲罰棟のあるユダヤ人カポは、ほかのユダヤ人が指示どおり手紙を書き終えるとすぐに、鋤で彼らの首をはねた[44]。

## 脱走計画

相次ぐ新しい知らせに、ヴィトルトはワルシャワに新たな密使を送る必要があると考えた。しかし、ドイツ軍はあまり多くの収容者を釈放しなくなった。収容所で起きている変化が外にもれるのを防ぎたいのだろうと、ヴィトルトは推測した。いずれにせよ、ほかの方法を考えなければならなかった。その頃、地元のゲシュタポの事務所に送り込んだ部下から、脱走に対する集団処罰を停止する命令が出たという情報が届いた。ドイツ国防軍の上層部は、連合軍に捕らえられているドイツ人捕虜が同じような処罰を受けることを懸念したのだろう。ヴィトルトはこの電信の意味をすぐに理解した。他人の命を危険にさらすことなく、脱走を手配できるようになったのだ。[45]

とはいえ、危険は桁違いに高かった。一九四一年には約二〇回の脱走未遂があり、二回を除いて、すべて死で終わっていた。その大半は、収容所の外で作業をしていた者が自由を求めて衝動的に駆け出し、銃弾の雨を浴びていた。組織的に実行された試みも、犬を連れて周辺を捜索するドイツ軍の目から逃れられるかどうかは運頼みだった。どうにか逃走した者も、詳細な情報が地元の治安局に伝わると、収容所外の治安部隊に見つかる恐れがあった。[46]

ヴィトルトは収容所近くの「ハルメンゼ」に、有力な脱走の窓口として目をつけていた。ハルメンゼには養殖池があり、SSが収容者の労務班を使って池の拡張や毛織物用のアンゴラウサギの繁殖を行っていた。収容者は敷地内の屋敷で生活し、情報によれば警備は手薄だった。ここなら脱走する時点で、すでに収容所から数キロ離れていた。[47]

ヴィトルトは作戦のリーダーにラヴィチを選んだが、彼は脱走に猛反対した。報復がなくなることを信じず、密使が捕まれば、拷問を受けて地下組織の秘密を明かしてしまうと恐れたのだろう。ヴィトルトは脱走のルートや、ワルシャワの地下組織で知り合って信頼できるステファン・ビエレツキを密使に選んだことを説明して、ラヴィチを安心させようとした。しかし、彼は納得しなかった[48]。

それでも作戦を進めることにした。ビルケナウにユダヤ人が大量に送り込まれているという情報は、次の時機を待つにはあまりに重要だった。さらに、ステファンはワルシャワで銃器所持の疑いで逮捕されて収容所に送られており、サボタージュ（妨害工作）を企てる可能性が高いとゲシュタポのファイルに記されていた。SSが定期的に行っていた虐殺で、いつ処刑されてもおかしくなかったのだ[49]。

## ユダヤ人大量殺戮の始まり

ヴィトルトは作業班を管理する労務局のコネを使って、ステファンがハルメンゼに配置換えされるように手配した。一方で、ユダヤ人の到着に関する証拠を引き続き集めた。四月に新しい部下のヤン・カルスキがビルケナウの懲罰隊に送られたが、収容所内の名ばかりの病院の患者として登録されて細胞《セル》の組織づくりを始めていると、電気技師たちを通じて報告してきた[50]。

五月初め、倉庫の近くで家畜運搬用の貨車からユダヤ人たちが降ろされた。彼らはビルケナウには向かわず、男性、女性、そして初めて子供たちが列を組んで中央収容所まで行進した。収容所の者はブロックから出ることを禁じられ、床に伏せているように命じられた。しかし、ボクサーのテディは焼却場の向かいにある馬小屋に潜り込み、窓際の飼い葉桶に身を隠した。そして、ヤムルカ〔縁なし帽〕をかぶりタリス〔肩衣〕をかけたラビ〔ユダヤ教の宗教指導者〕を先頭に、六〇〇人ほどのユダヤ人の隊列が焼却場の中庭に入ってくるのを見た。門の前にいたＳＳの監視がライフルでラビの顔を殴り、縁なし帽が飛んだ。その後、隊列の背後で中庭の門が閉じられた[51]。

収容所のゲシュタポの責任者だったマクシミリアン・グラブナーＳＳ少尉はウィーン出身の元警官で、ひどく神経質な男だった。彼は数人の部下とともに焼却場の屋上に立ち、下に集まった人々に語りかけた。近くにトラックが一台、止まっていた。これから消毒をするし、グラブナーは宣言した。「収容所に伝染病を持ち込みたくない。その後は各自のバラックに行き、温かいス

マクシミリアン・グラブナー（1941 年頃）
[提供：PMA-B]

ープが出される。なお、職業の技能に応じて作業に従事することになる[52]「職業は？」。グラブナーは一人の男に尋ねた。「靴職人か？　靴職人は今すぐ必要だ。このあと私に報告しろ！」

最初の数組の家族が青く塗られた建物の扉をくぐった。SS隊員も彼らと一緒に入り、冗談を言ったり、安心させたりしながら、部屋がいっぱいになるとこっそり外に出た。ねじを締めるような音を立てて扉が閉まると、最初のパニックが起こった。コンクリート製の屋根の通気口から、怒りとストレスに満ちた声が流れ出た。

「風呂でやけどをするなよ！」。グラブナーは部屋の中に向かって叫んだ[53]。

ガスマスクを着けたSS隊員がグラブナーのいる屋根に上がり、手に持った小さな缶を開け、天井窓の上に立った。下からガスマスクが見えたに違いない。叫び声が上がり始めた[54]。

グラブナーが合図をすると、トラックの運転手がエンジンを回して騒音をかき消した。叫び声はまだ聞こえていた。グラブナーの号令で、ガスマスクを着けた男たちが下に向けて缶を空けた。

数分後には叫び声が弱くなり、やがて静寂が訪れた。換気扇がつけられ、部屋の封印が解かれた。懲罰棟から派遣されたユダヤ人の作業班が、大量の死体を焼却するために分別した。SS隊員が、死体から衣服をはぎ取って貴重品を確認するように命じた。衣服は袋に詰められ、貴金属や腕時計、現金は箱にまとめられた。最後に口がこじ開けられ、金の詰め物や入れ歯がペンチで引き抜かれた。死体は積み上げられて焼却場に運ばれ、室内はきれいに磨かれた。湿った死体のにおいがかすかに残っていた。数日後、別の列車で到着した男女や子供がガスで殺害され、さら

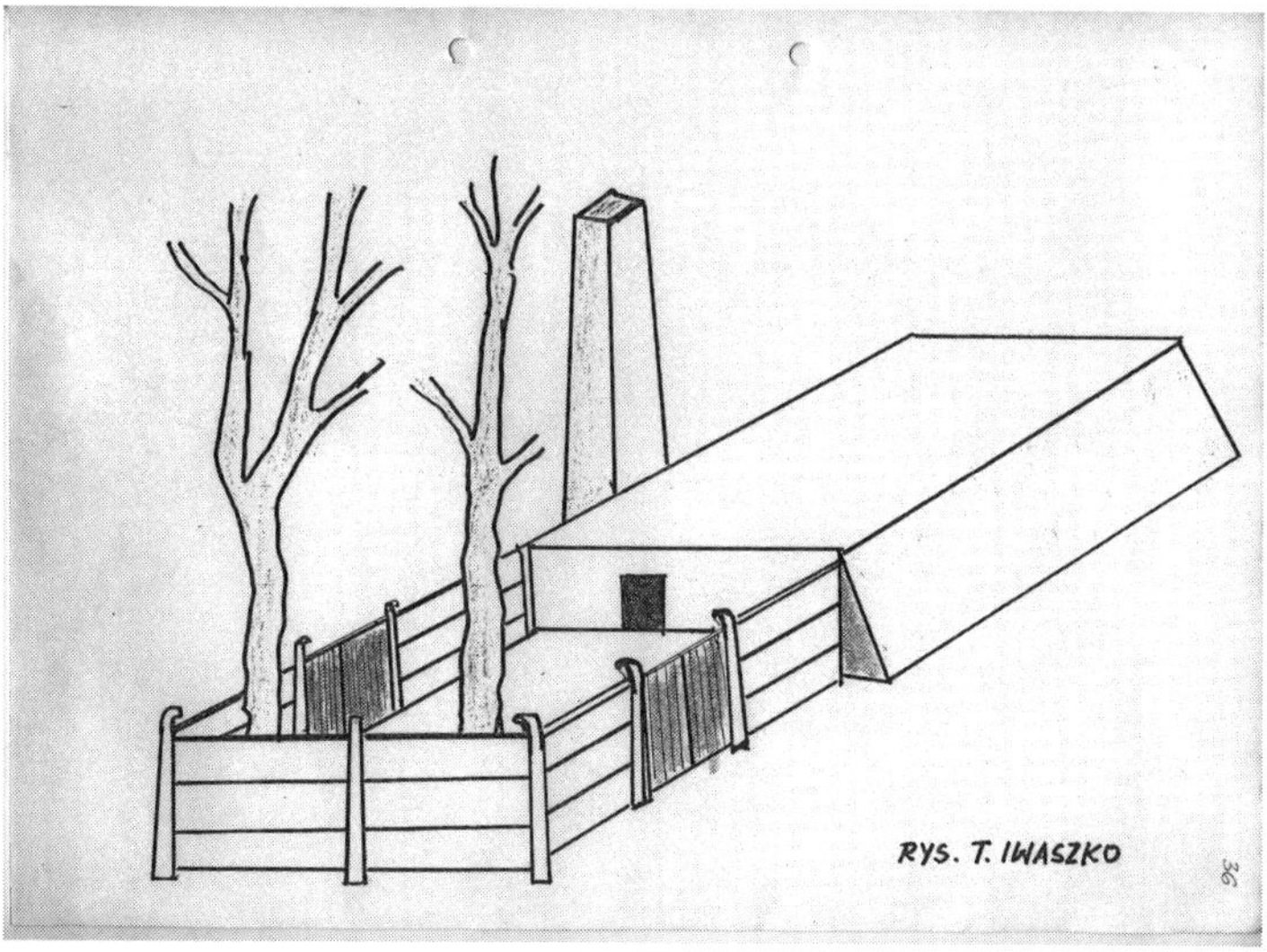


タデウシュ・イワスコ「中央収容所の焼却場」(戦後)［提供：PMA-B］

に次の列車が到着した[55]。

これがアウシュヴィッツにおける組織的なユダヤ人の大量殺戮の始まりだった。最初の犠牲者の多くは近隣の町から集められた。ナチスの指導部はこの収容所を、その年の春にポーランドで立ち上げられた、東欧のユダヤ人を主な標的とする地域的な殺害施設のネットワークの一部と考えていたようだ。ヴィトルトはテディや焼却場で働く収容者たちから詳しい話を聞き、この大量殺戮から恐ろしい展開が始まることを理解した。ソ連兵がガス殺されたときは、収容所に彼らを置く余裕がないからだと考えた。ビルケナウに新しいバラックが建設された後にガス処刑が行われなくなったことで、その推測は裏づけされた。さらに、ユダヤ人の死体から服をはぎ取っていることを聞いて、ナチスは略奪のためにユダヤ人を殺しているに違いないという新しい理由が浮かんだ。[56]

五月には約一万人のユダヤ人がガス室で殺害された。焼却場の作業はそのペースにとうてい追いつかなかった。数回目の処刑で焼却炉が過熱し、煙突にひびが入った。濃厚な煙が建物内に充満し、炎が上がって、SS隊員はホースで水をかけた。収容所の消防車が現場に到着したときには焼却炉は赤々と輝いており、建物の外から放水するしかなく、巨大な蒸気の雲が空高くたちのぼった。[57]

ひび割れた煙突は、大量殺人の終わりを告げているかのようだった。残った死体はトラックに積み込まれてビルケナウの森に運ばれ、ソ連兵を埋葬した穴の横にある集団墓地に捨てられた。しかし、ヴィトルトもすぐに知ったとおり、ガス処刑は奥まった場所に移動して続いていた。電気技師のヘンリクの報告によると、森の中に何かの施設があり、ヘンリクたちは赤レンガの家屋に近くの村から二二〇ボルトの電気ケーブルを引く工事をした。家は小さく、敷地には花が咲き始めたばかりのリンゴの木が数本あるだけだった。SSはドイツ人の業者を雇い、窓をレンガでふさいで、ドアや天井を補強した。五月初旬、ユダヤ人の最初のグループがこの家に向かって行進し、白樺と松の木々のあいだに消えていった。[58]

この頃ヘンリクは、ゾンダーコマンドと呼ばれる特殊作業班のユダヤ人数人と親しくなった。彼らはSSが新しいガス室の運営を手伝わせるためにつくった部隊で、ほかの収容者とは隔離されていたが、給水ポンプの近くで短時間、顔を合わせることがあった。彼らはヘンリクに、ユダヤ人家族がガス室で殺害されていると明言した。SSは犠牲者がガス室に入る前に服を脱がせる

ヴィンツェンティ・ガヴロン（1941 年頃）［提供：PMA-B］

ようになり、作業の効率化を図った。ゾンダーコマンドは家族をガス室に案内し、その後、男女や子供のねじれた死体を外に出した。そして、歯に金がついているかどうかを調べてから、死体を穴に運んだ。[59]

五月中旬、ヴィトルトはワルシャワに連絡するために次の脱走計画を立てた。ステファン・ビエレツキは数週間前からハルメンゼの作業班に加わっていた。ヴィトルトは友人で芸術家のヴィンツェンティを作戦に誘った。魅力的で何かと傷つきやすい彼に、ヴィトルトは自分を重ねていた。ヴィンツェンティは分かち合いの命令を胸に刻み、絵を描いた見返りとしてもらった食べ物をすべて、友人やムーゼルマンに与えていた。ヴィトルトは折に触れて自分の体も大切にするように声をかけていたが、女性政治犯の虐殺を目撃して以来、ヴィンツェンティは生きる気力を失っていた。電気柵で感電して自殺しようとしているところを、ヴィトルトが発見したこともあった。[60]

ヴィトルトは何とか励まそうとしたが、ヴィンツェンティはインフルエンザに倒れて入院した。回復した後もどこかおかしく、自分はもう長くもたないだろうとヴィトルトに打ち明けた。それでも五月の第二週に脱走計画を聞かされると、ヴィトルトの思惑どおり、自由への期待に胸を膨らませて活力がわき、準備に没頭した。[61]

数日のうちにヴィンツェンティはいくらかのパンと、縞模様の囚人服の下に着込む普段着を調達した。彼は証言のために日記を書き始めた。「夕方になると、鉄条網の向こうに見える山を恋焦がれる思いでながめている。一〇〇〇人のユダヤ人が収容所に到着し、われわれは収容棟に閉じ込められている。彼らはソ連の軍服を着せられ、一晩中外に立たされた後、［ビルケナウと］天国まで行進するよう命じられた……」。彼は日記と数枚のスケッチを収容所から持ち出そうと決意し、大工に頼み込んで服にぴたりと収まる箱をシナノキで作ってもらい、ふたにポーランドの高地の絵をあしらった。[62]

五月一五日金曜日、ヴィンツェンティはヴィトルトの収容棟を訪ね、翌朝の出発に向けて準備がすべて整ったと伝えた。ヴィトルトは彼を外に連れ出し、最近の状況について最後の説明をした。

「ドイツ軍がソ連の捕虜をどのように扱ったかについて、必ず伝えるんだ。ただし、いちばん重要な情報は、ユダヤ人の大量殺戮だ」。子供や老人が収容所に到着するたびにガスで処刑されていることや、ビルケナウでは若者や健康な者を中心に死ぬまで働かされていることを、組織の本部に知らせなければならなかった。[63]

ドイツは軍需産業で働くという口実でユダヤ人を収容所に連れて来るが、本当の目的はユダヤ人から組織的に略奪して殺害することだと、ヴィトルトは説明した。「このようにして［ドイツは］戦争に勝つために必要な富を手っ取り早く集めているのだ」。ロンドンの地下組織に一刻も早く情報を知らせて、世界がユダヤ人を助けに来なければならない[64]。

　ヴィンツェンティは自分に託された責任に胸を打たれ、しばらく黙っていた。二人は薄明かり

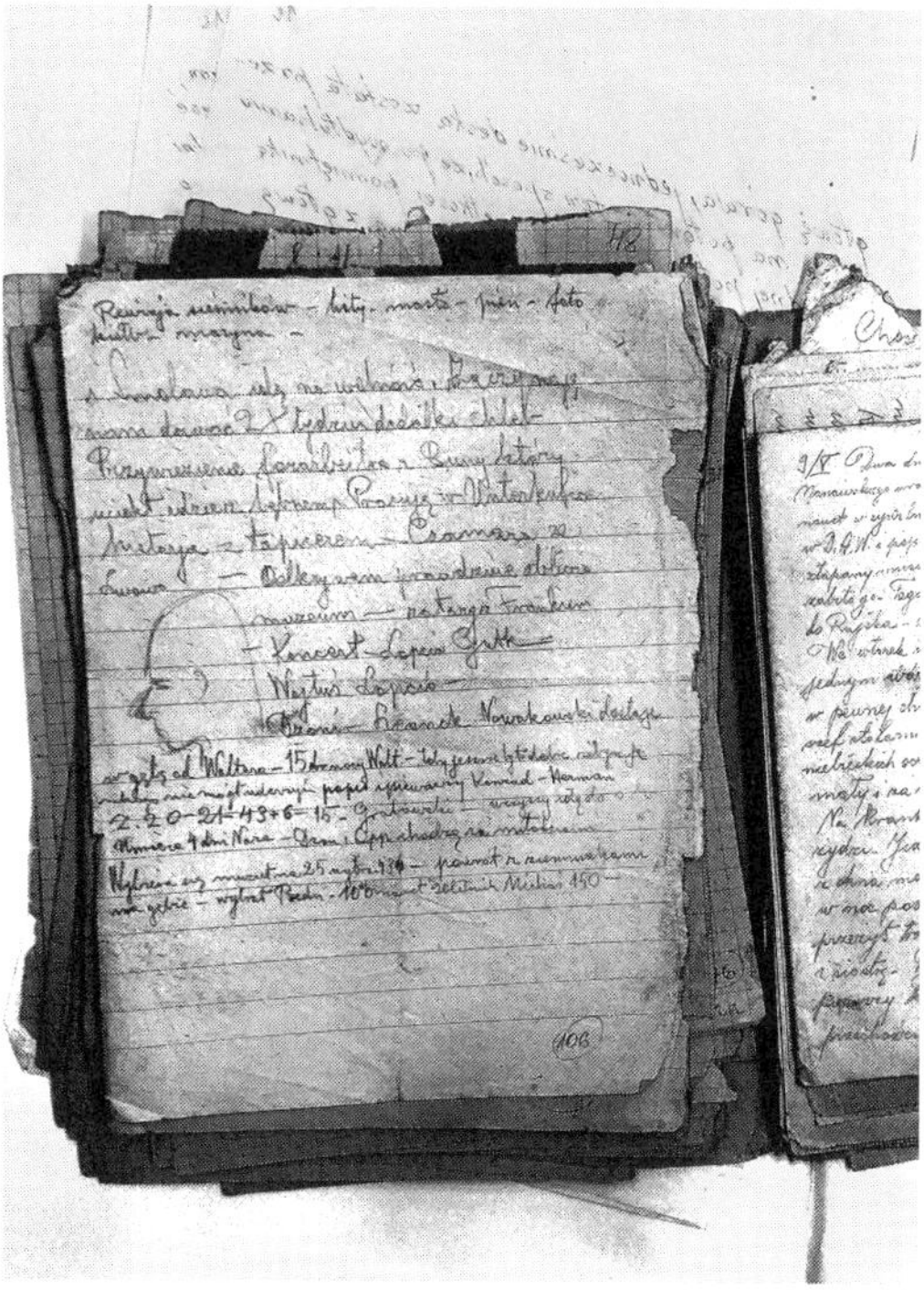
ヴィンツェンティのノート（1942 年）

のなかで目と目を合わせた。それで十分だった。[65]

## 自由に通じる窓

翌五月一六日の朝は、明るく晴れ渡っていた。病院棟の窓から少女たちの行進が見えた。消えていなくなりそうなロージアもいた。ヴィンツェンティは絵の具や筆などを服の中に隠し、急いで外に出ると、ちょうどヴィトルトの隊列が正門をくぐるところだった。ハルメンゼに向かうフィールドキッチンが出発を待っていた。ヴィンツェンティはカポの隣に乗り込み、手綱を渡された。門の前で命令書を見せて、ヴィンツェンティがハルメンゼに異動することが確認された。SSの監視が合流して一行は出発した。線路の上を走ってビルケナウの端に着いた。ビルケナウを初めて見たヴィンツェンティは、空っぽのバラックの列に恐怖を感じた。[66]

収容所の前を通ってハルメンゼの牧草地に着くと、ユダヤ人女性の部隊が道路脇の畑を耕していた。数人が用を足したいと申し出た。SSの監視は自分たちの目の前の地面でしろと叫んだ。ヴィンツェンティはたじろぎながら、ヴィトルトの言葉を思い出して心を静めた。「私の計画が成功したら、ここでユダヤ人に何が起こっているのか、全世界に知らせてやろう」と考えていたと、後に振り返っている。[67]

馬車は小さな村の堅固な屋敷の外で止まった。収容者は養殖池や周囲の畑で作業を始めていた。

ヴィンツェンティの絵筆に気がついたカポに何か描いてみろと言われたので、庭の雄鶏をスケッチしながら屋敷のようすを確認した。収容者は二階で寝泊まりしており、夜は鉄格子のついた窓に鍵がかけられた。一階は大部分が作業場で、柵はなかった。屋敷を囲む低いフェンスにも有刺鉄線はなかった[68]。

想像していたより簡単かもしれないとヴィンツェンティは思ったが、まずステファンと話をしなければならなかった。ステファンは屋敷で生活している八〇人ほどの収容者とともに、正午の点呼に戻ってきた[69]。

ステファンはひょろりとした情熱的な男で、ややゆがんだ顔に片方が斜視だった。彼はヴィトルトの腹心であるヴィンツェンティにすぐに気がつき、点呼が終わるとその腕をつかんで、強い口調で言った。「どうしてここに来た？　このバラックの男たちは、二週間後にはそっくり女に入れ替わることを知らないのか？[70]」

「心配ない。その前に脱走するつもりだ[71]」

「それなら話は別だ」。ステファンは微笑んだ。「今夜はどうだ？」

「決まりだ」。二人は握手を交わし、ルタバガのスープとジャガイモの皮三切れの昼食をとりながらステファンが計画を説明した。夕食の後、収容者がトイレを使うために一五分間、二階のドアが開けっ放しになる。その隙に逃げるのだ。トイレは屋敷の裏手にあって、そこから外の茂みに出るとヴィスワ川に続いており、典型的な逃走経路だった。そこでステファンは、屋敷の正面の窓から出て、川とは反対方向にある養殖池や畑に向かうつもりだった。土地はより開けているが、池を渡れば犬が混乱するだろう。
ステファンは午後の作業に向かい、影が長くなった午後五時頃に戻ってきた。ヴィンツェンティは雄鶏とひなの絵を仕上げた。脱走の時が近づき、ステファンは気持ちがますます高揚した。彼は一階の大工作業部屋の窓を素早く指差した。雨戸は開かなかったが、下の窓枠がはずれていた。「俺たちの自由に通じる窓だ」。一五分間のトイレ休憩のあいだに作業部屋を片付ける習慣になっていたので、彼が部屋に残っていても監視は驚かないだろう。[72]
「俺も一緒だと怪しまれないか？」。ヴィンツェンティが尋ねた。
「そこが問題だ」。決行まであと一時間ほどだったが、危機感はさらに高まった。
夕食はパン一枚にマーマレード一さじ、苦い紅茶だった。土曜日だったので、一階で収容者の理容師が人々の頭を剃り始めた。夜が更けていき、ＳＳの監視が二人、廊下でタバコを吸いながらくつろいでいた。一人はときどき収容者を連れてトイレに向かった。ヴィンツェンティとステファンは緊張して、食事もほとんど喉を通らなかった。
ヴィンツェンティは急いで自分の部屋に戻り、木箱を取ってきた。あとは運を天に任せるしかない。ステファンは二人の監視の前を通って作業部屋に入り、ヴィンツェンティが後に続いた。ドイツ人は顔を上げなかった。ステファンはすぐにドアを閉め、作業台にあった重い斧をつかんだ。息を荒くしながら、その場でじっと立ち、監視が追いかけてくるかどうか待った。[73]
「斧を置け！」。ヴィンツェンティが合図を出した。彼はステファンがあらかじめ確認していた窓の下で机によじ登った。はずれていた窓枠のすきまからヴィンツェンティが外に這い出て、ス

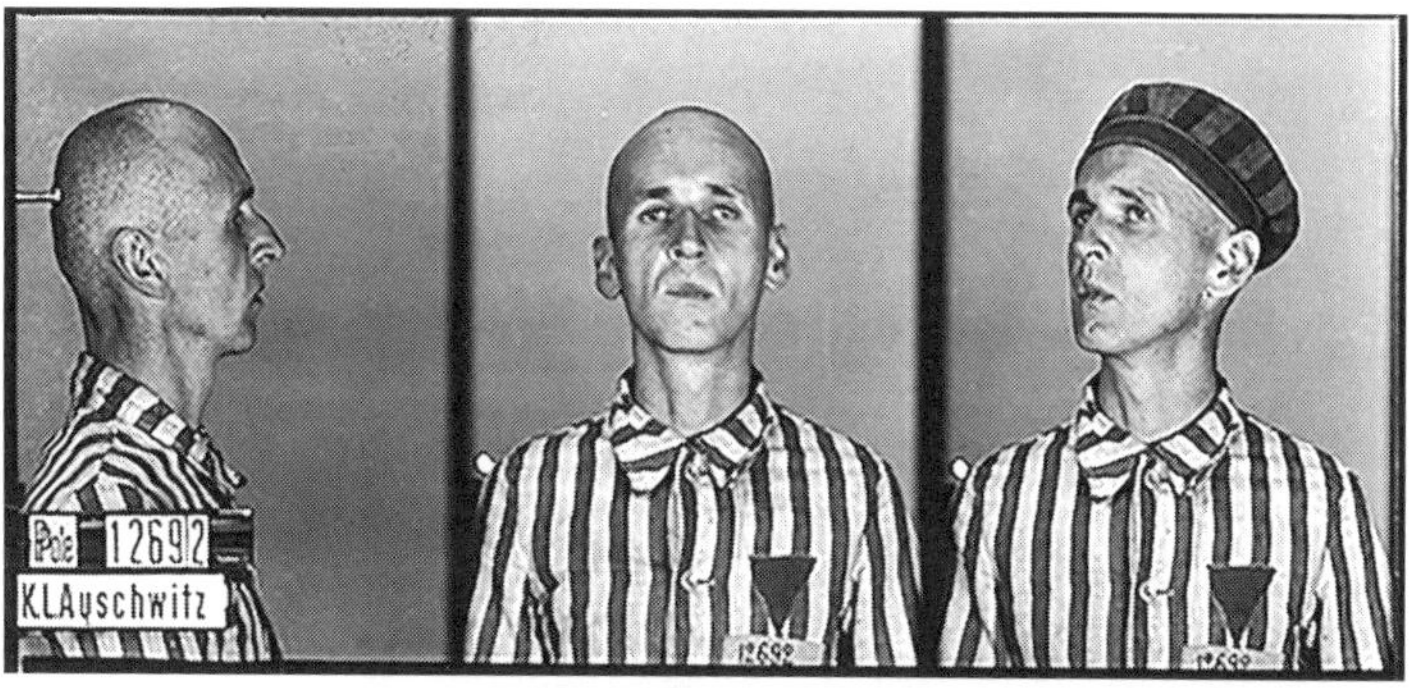

上・ステファン・ビエレツキ（1941 年頃）［提供：PMA-B］
下・ヴィンツェンティとステファンが脱走したハルメンゼの屋敷

ヴィンツェンティとステファンが逃走した湖畔の道

テファンも後に続いた。二人はフェンスを乗り越え、道端に並ぶ柳の木の陰をたどりながら全力で走った。空はすでに暗く、カエルの鳴き声が響いていた。屋敷から数百メートル先でカーブに差しかかったとき、ステファンは道と直角に交差する低い堤防を指差した。暗闇に大きな池が輝いていた。叫び声が聞こえた。ＳＳの二人の監視が屋敷の玄関を出て、ステファンの予想どおりヴィスワ川に向かって裏手に走っていくのが見えたので、二人の逃亡者は道をはずれて周囲の畑に入った。広い野原をとぼとぼと歩いて、湖の岸辺の葦の茂みにたどり着いたとき、恐ろしいことに、自転車に乗った別のＳＳの男が水際に沿って反対方向から迫ってきた。[74]

「くそっ！」。ステファンは息を大きく吸い、湖に飛び込んだ。ヴィンツェンティも続いた。ほかにどうすることもできなかった。水は暗く、冷たかった。ヴィンツェンティはできるだけ長く息を止めていたが観念した。ついに水面から顔を出し、どうにか息を吸うと、一五メートルも離れていないところにさっきのＳＳの男がいて、薄暗いなかでこちらを見つめていた[75]。

「イエスさま、母なるマリア」。ヴィンツェンティはそうつぶやくと、再び水に潜って最期の瞬間を待った。しかし、しばらくして再び水面に浮上すると、男が自転車を漕いで屋敷に向かっているのが見えて呆気に取られた。隊員は銃を忘れてきたのだ[76]。

ステファンも浮上して喘ぎながら息を吸い、隊員の後ろ姿を見ると、対岸を目指して浅瀬を渡った。ヴィンツェンティは一瞬、収容所のほうに向き直り、「くたばれ！」と叫んでステファンの後に続いた[77]。

対岸で追いつくと、二人は小走りで野原を駆け抜け、夜の闇に消えた。

# 11章　ナポレオン

ワルシャワ、一九四二年五月

それから数時間、ステファンとヴィンツェンティは星を頼りに、暗闇のなかを力のかぎり走り続けた。途中でＳＳのバイク二台のヘッドライトが見えて、畑の溝に腹這いになって隠れた。ソワ川に着いたときは真夜中を過ぎていた。雲が広がり、一、二時間ほど納屋で寒さをしのいでから川を渡った。夜明け前の川は石のような灰色だった。二人は手をつなぎ、流されないように踏ん張った。水が胸のあたりまで来て、ステファンは足場を失いかけた。ヴィンツェンティは紙を入れていた木箱を浮き輪代わりにどうにか向こう岸にたどり着き、ステファンを引っ張り上げた。急いで森に入り、濡れた服を脱いで裸のまま夜を待ち、まだ濡れている服を着て先を急いだ[1]。

数日間は夜だけ移動して、森から離れず、農民の家が見つかれば泊めてもらった。クラクフを迂回するように南へ下り、ヴィンツェンティの故郷であるリマノワ村の丘陵地帯を目指した。ヴィンツェンティは姉の家で家族と再会を果たし、久しぶりに家庭料理を口にしたときの興奮を、後に詳細に振り返っている。ソーセージと、車輪の形をした伝統的なケーキ、そして自家製の酒で「あの世」から帰ってきたことに祝杯を上げた。ヴィンツェンティは体が弱って旅を続けることができず、数週間後にステファンは一人でワルシャワに向かった。[2]

## 無視される真実

一九四二年六月末にステファンが到着したとき、ワルシャワの街は騒然としていた。彼はヴィトルトの報告書を地下組織の本部に届けた。ドイツ軍はコーカサスの油田に照準を定めてロシアへの攻勢を再開しており、中央駅は前線に向かう兵士でごった返していた。ゲットーでは、ドイツ軍が局面を打開したらユダヤ人はシベリアに移送されるという噂が飛び交っていた。ポーランドのほかの地域では、トラックや特別に設計された部屋でユダヤ人がガス殺されるという荒唐無稽な話も流れていた。[3]

地下組織のリーダーのロヴェツキはすでにユダヤ人局を設立しており、ユダヤ人に対する残虐行為を記録して公表する準備を進め、春の大半を費やしてナチスの大量殺戮計画の全体像を捉え

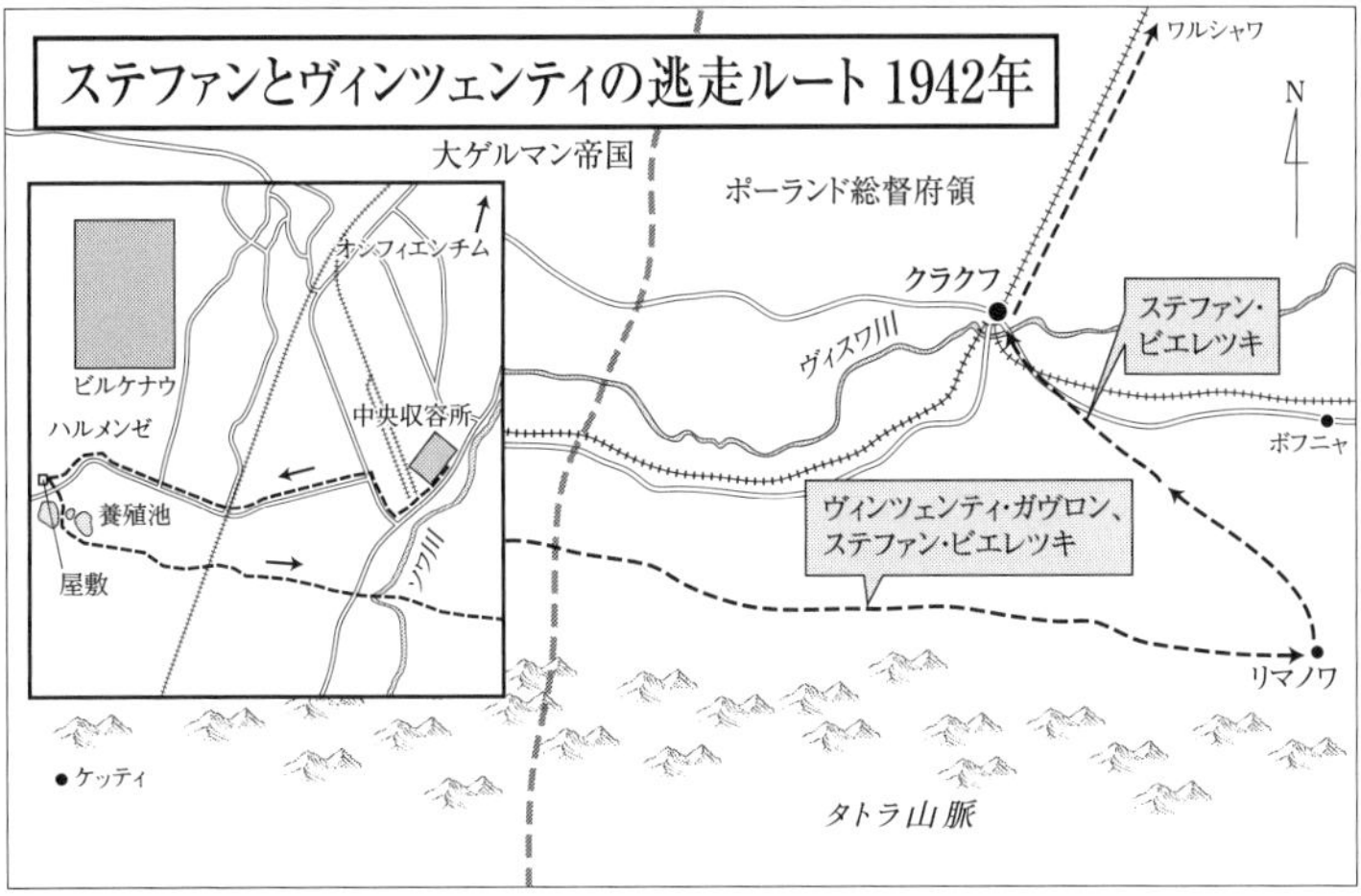


ようとしていた。ユダヤ人の生存者が数人、ワルシャワにたどり着き、ソ連兵捕虜の処刑場の存在や、ヘウムノ村の死のキャンプでガス処刑用のトラックが使われたことを証言した。彼らの説明は、ゲットー内の歴史家や社会福祉士、ラビたちのグループによってまとめられた。グループはブントと呼ばれていたユダヤ人労働者総同盟を通じて、ロヴェツキと連絡を取っていた。四月には地下組織の新聞に大量殺戮の記事が掲載された。そして五月、東部での殺戮の全容を明らかにした最初の報告書がロヴェツキのもとに届いた。「ヨーロッパのユダヤ人を絶滅させる」という組織的な計画の一環として、すでに七〇万人のユダヤ人が死亡しているという正確な分析をもとに、ブントは連合国に即時の対応を求めた。ロヴェツキはこの報告書をマイクロフィルムに記録して、五月中旬に密使のスヴェン・ノルマンにロンドンへ届けさせた。[4]

報告書を受けて、ポーランドの指導者シコルスキはBBCで演説し、「ドイツの殺人者の怒りを食い止め、さらに何十万人という無実の犠牲者を、当然訪れるであろう消滅から救うために」直ちに報復を行うと呼びかけた。報告書はデイリー・テレグラフ紙やロンドンのタイムズ紙でも話題になった。ニューヨーク・タイムズ紙は、最初はニュース欄の下のほうで伝えたが、その後一ページの記事を掲載した。こうした反応に奮い立ち、ユダヤ人のさまざまなグループが行動を起こした。七月二一日にニューヨークのマディソン・スクエア・ガーデンでユダヤ系アメリカ人会議とユダヤ人国際組織のブナイ・ブリスがナチスの残虐行為への抗議集会を主催し、二万人が集まった。ルーズヴェルトとチャーチルは、支持を表明したと受け取れる声明を出した。しかし現実には、ユダヤ人に対するドイツのイデオロギーが大量虐殺に向かっているという事実を無視して、ユダヤ人を標的にすることはすべてのヨーロッパ人に対する迫害も同然だと見なすにとどまった。[5]

「宗教の違いにかかわらず私たちは同じ市民として、同胞がナチスの残虐行為の犠牲になったユダヤ人市民の悲しみを共有する」と、ルーズヴェルトは語った。そして、ナチスが「人類の奴隷化に成功し得ないことと同じように、犠牲者の絶滅に成功することはない」と断言し、「報いの日」が来ると言った。チャーチルはユダヤ人が大量に射殺されたことを一年近く前から知っていたが、「ヒトラーの最初の犠牲者」にユダヤ人が含まれており、彼らはナチスの侵略に対する抵抗の最前線にいた、とだけ述べた。[6]

さらに、どちらの指導者も、ユダヤ人の殺害に対して直接的な反応は必要ないとみていた。シコルスキが要求したような的を絞った軍事行動や、ヨーロッパから逃げようとしている大勢の人々に対する人道的支援は考えていなかったのだ。実際、イギリスの外交官はイギリスの保護領が不安定になることを懸念して、避難民がパレスチナに入ることを積極的に阻止しようとしていた。アメリカも国務省がヨーロッパからの移民の割り当てを厳守し、一九四二年はビザの発給枠を使い切らなかった。いずれの政府もユダヤ人指導者たちに、国内の反ユダヤ主義を煽って戦争の妨げにしたくないのだと、聞き飽きた言い訳をした[7]。

一方、米戦時情報局の調整委員会は、残虐行為の記事は「病的」な感情を引き起こすため、報道を全面的にやめるように提言した。こうして大量殺戮の報道が消えた。「ブントは［ドイツ軍が］七〇〇〇〇〇人を殺したと書くべきだった」と、ポーランド社会党の党首はロンドンで嘆いた。「そうすればイギリス人にニュースを伝えることができ、彼らが私たちを信じてくれる可能性もわずかながらあった[8]」

ブントの報告書が展望を切り開けなかったことは、ワルシャワのユダヤ人指導者たちにとって大きな失望であり、アウシュヴィッツのユダヤ人大量殺戮を伝えたヴィトルトの報告に対するロヴェツキの態度に影響を与えただろう。ロヴェツキがすでに気づいていたように、収容所への関心は限定的だった。連合国の高官はアウシュヴィッツが特別に過酷な場所だという事実をもとに、できることはほとんど何もないと判断しているようだった。ヴィトルトの最新の報告書で訴えかけるには、無関心と懐疑心の壁を乗り越えなければならなかった。そのためには収容所で起きていることを自分の目で確かめ、ロンドンに行って証言できる人物が必要だった[9]。

## ナポレオンとハゲワシ

この危険な任務にうってつけの男がいた。ポーランドでSOEの訓練を受けたナポレオン・セギエダだ。この三二歳の伍長は一九四一年一一月にポーランド領内にパラシュートで降下して、ナチスの犯罪の証拠を集めるなどの任務を遂行した。数カ月前にロンドンに向けて出発するはずだったが、復路に利用するつもりだった密使のネットワークが逮捕され、ポーランドに足止めされていたのだ。[10]

ナポレオンはスパイらしくないスパイだった。ポーランド中部の平原にあるリセヴォ・コシチェルネという村の農家の出だが、田舎暮らしには向いていなかった。正式な教育はほとんど受けず、独学者のような情熱で知識を吸収した。教会でダーウィンの理論を唱えたかと思えば（そのせいで出入り禁止になったが、本人はまったく気にしていなかった）、富をもたらすと教えられたクミンシードの栽培に挑戦した。一九三五年頃に結核を患ったときは、夜明けに裸足で畑を走り回るという独自の治療法を編み出し、これで治ったと豪語した。貧しい人々の地位向上を目指す「農民党」の活動家でもあり、一九三〇年代には農村の貧困から抜け出すための最良の選択肢だった軍に入隊した。戦争はナポレオンにとって災いではなく、チャンスをもたらしたのだ。[11]

ナポレオンの部隊は一九三九年のポーランド侵攻の際に捕虜となったが、彼は翌四〇年にドイ

ナポレオン・セギエダ（左）（1939年頃）［提供：ヤニンカ・サルスキ］

ツ軍の捕虜収容所から脱走した。ナチスに占領されたヨーロッパを自転車で横断し、真冬のピレネー山脈を越えて、一九四一年五月にロンドンにたどり着いた。そこで密使に志願して、一九四一年の夏から秋にかけてSOEがスコットランドのハイランド地方にあるロッカイロート城周辺で訓練していた約六〇人のポーランド出身の工作員候補者に加わった。上海租界警察を退官した二人のイギリス人が率いるブートキャンプでは、小銃の扱いや武術などを教えていた。「上海バスター」ことウィリアム・フェアバンクスは、訓練を始める際に決まって次のように説明した。「人間を破壊するために、思いつくかぎり最も汚くて最も血なまぐさい方法を思い浮かべてほしい」。ある晩餐会でナポレオンは、テーブルを飛び越えながらテーブルクロスを引き抜いて標的の喉を絞める方法を学んだ。続いてマンチェスター郊外のリングウェイ空軍基地でパラシュート降下の訓練を受け、ハートフォードシャーのSOE施設で暗号文の送信方法を学び、ドイツ語に磨きをかけた。[12]

ワルシャワに到着したナポレオンは、すぐに取りまとめ役としての技量を評価され、その新鮮な発想で情報伝達の新しい方法を考案した。彼はこれまでの地下組織のネットワークについて、ルート上に隠れ家を置いたり、工作員の間で直接、資料の受け渡しをしたりすることが、敵の潜入の可能性を高めていると考えた。そこで、ワルシャワと、スイスとドイツの国境にあるバーゼルを結ぶ特急列車のトイレの鏡にメッセージを隠し、物理的な接触を断つことにした。あとは出発点と終着点に、列車に忍び込むことができる熟練の工作員を置けばよかった。[13]

ナポレオンはスイスでの予行演習を終えてワルシャワに戻る途中で、アウシュヴィッツに行って最新の情報を確認するようにとの命令を受けた。彼が収容所に向けて出発したのは七月一八日頃で、ちょうどスウェーデンでも密使のネットワークが根こそぎ逮捕されたという知らせが届いた。スヴェン・ノルマンだけは当時ストックホルムにいたおかげで逃れていたが、もちろん戻ることはできなかった。ナポレオンは突然、ポーランドの地下組織にとって外部との唯一の物質的なつながりになった。[14]

ナポレオンは細身のヴォイチェフ・イェキェウヴェクの案内で、オシフィエンチムの駅周辺を回った。ヴォイチェフは地元の工作員で、はげた頭に英国風のカイゼルひげをたくわえており（仲間内では「ハゲワシ」と呼ばれていた)、一目でわかった。ナポレオンと同じ農民党の所属で、戦前のポーランドの不平等に対する不満を共有していた。戦争の前はオシフィエンチムから十数キロ離れた村で活動しており、ビラの束を抱えて野原を駆け抜け、冗談でヒトラーと名づけられた実家の飼い犬に追いかけられて自転車を漕ぐ姿が当時はよく見られた。

ドイツ軍の侵攻の後は、ポーランド人家族をドイツ人入植者に置き換えようとするSSの動きに対抗するために、ヴォイチェフは村人のネットワークを整えた。さらに、収容者のために食べ物や薬を運んでいた地元の女性、ヘレナ・プウォトニツカとヴワディスワフ・コズスニコワを介

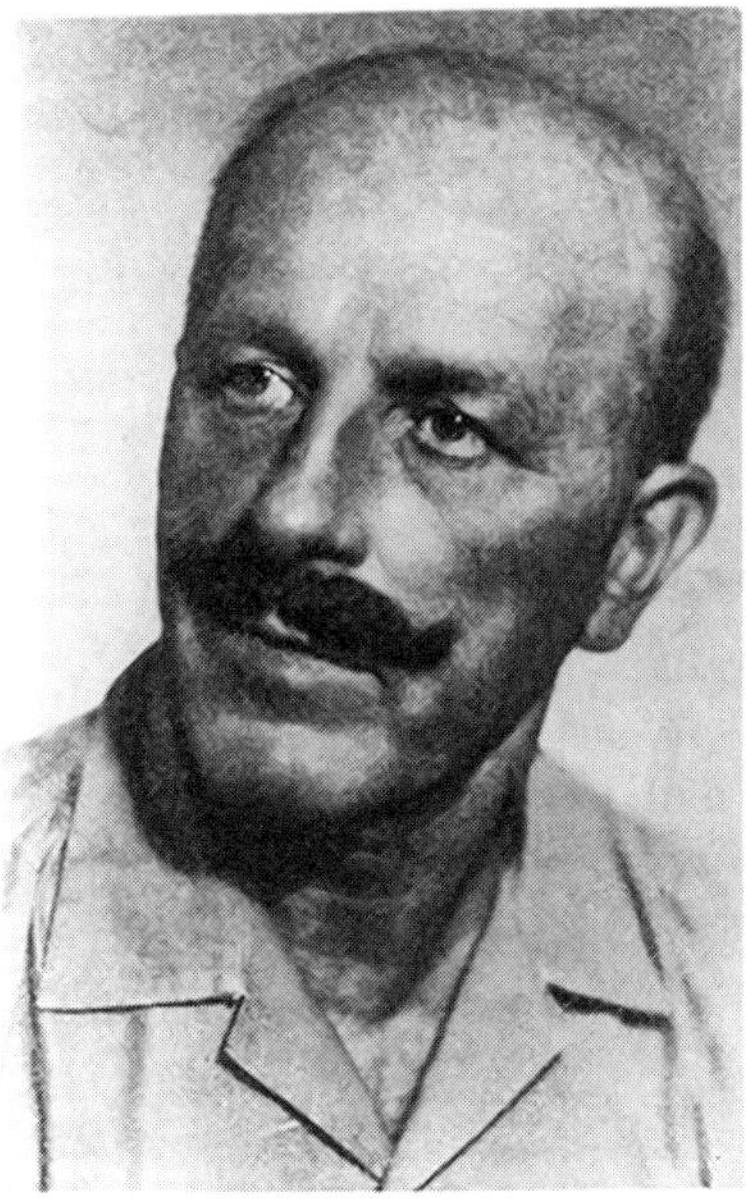

ヴォイチェフ・イェキェウェク(1940年頃)
[提供:PMA-B]

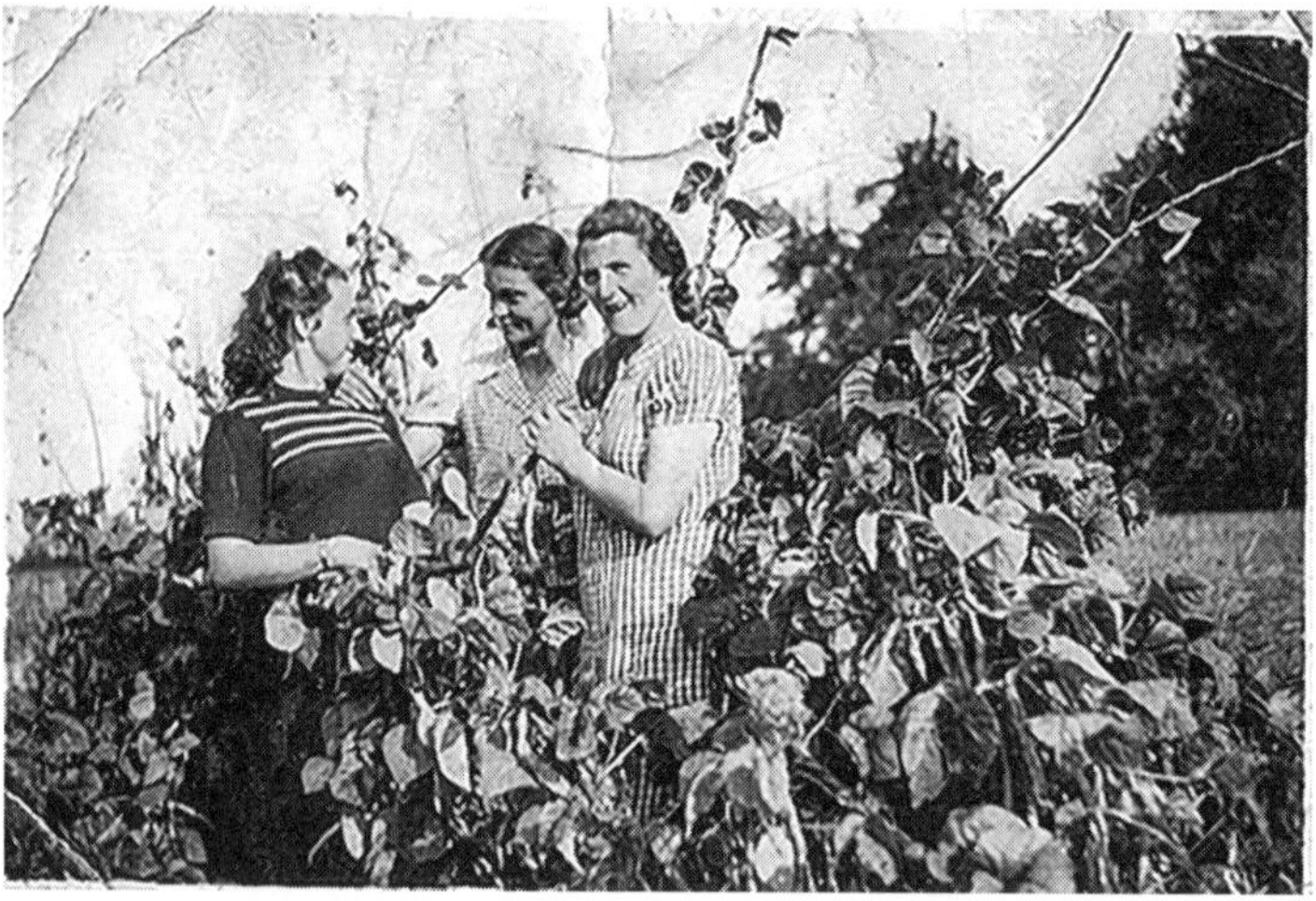

（左から）ヴワディスワフ・コズスニコワ、ヘレナ・プウォトニツカ、ブロニスワヴァ・ドウチャク［提供：クリスティーナ・ルィバク］

して、収容者たちとつながりを築いていた。ヘレナは四〇歳で、五人の子供の母親だった。周囲が働いている昼間に自宅の小さな小屋でパンを作り、数十個のパンが焼けるにおいが漂っても疑われないようにした。彼女と三七歳のヴワディスワフは、パンを切って収容者に素早く配り、暗くなると包みを手に外へ出て、収容所近くの畑に置いた。そのあたりは測量技師や庭師の作業班が定期的に訪れていた。彼女たちは何回か捕まりそうになったことがあり、ヘス収容所長はライスコの近くで「袋や包みを抱えた」ポーランド人女性を見たと地元警察に不満を伝えていたが、ヴワディスワフとヘレナのことだったのかもしれない[15]。

収容者の窮状を知ったヴォイチェフは、ナチスの犯罪の証拠を集め始めた。ナポレオンが到着する数週間前に、ヘレナとヴワ

「オシェクのマリアとヴォイチェフ・イェキェウェクの家。1942年にロンドンから来た工作員チェスワフ・ラチコフスキとナポレオン・セギエダはこの家に滞在し、オシフィエンチムの収容所で起きている殺人に関するヒトラーの戦争犯罪について調べた」と写真に書かれている［提供：ヤン・イェキェウェク、クレチャル家］

ディスワフはパンのあいだに手紙を隠し、自分たちの情報を測量技師に持ち帰ってほしいと頼んだ。ナポレオンはヴィトルトの共謀者のスタシェクから、喜んで引き受けるという返事を受け取っていた。[16]

ナポレオンとヴォイチェフは、駅には近寄らなかった。駅の向かい側には収容所に通じる道路に設置された検問所があり、多くのSS隊員が配備されていた。チフスの流行を受けてヘスは収容所の封鎖を命じており、暑さのなか悪臭が漂っていた。ヴォイチェフはナポレオンを伴い、裏道を抜けてオシェクに行った。ヴォイチェフは村はずれにある二部屋の質素な小屋で妻と一六歳の娘と暮らしていた。家の周りはジャガイモ畑で、道路からは梨の木が目隠しになっていた。[17]

ヴォイチェフはナポレオンを台所のテーブルに座らせ、収容所について自分が集めた資料を見せた。収容所の死亡率に関するスタシェクの最新の報告書もおそらく含まれていて、一万人のユダヤ人がガスで処刑され、死体は集団墓地に捨てられたと記されていた。ほかの工作員とやり取りしている手紙もまとめられていた。ある名前のない筆者は、反乱に備えて収容所のあちこちに武器を隠しておくようにと書いていた。手紙に目を通しながら、ヴォイチェフは収容者の絶望的な口調が心に残った。[18]

「羊のように殺されてたまるか！」

「蜂起の時が待ちきれない！」[19]

「この収容所を爆撃しろ！」と迫る人は、何か特別な出来事があったのだろうが、ナポレオンには想像がつかなかった。彼はヴォイチェフに、スタシェクに返事を書いてロンドンからの密使が来ていることを知らせ、できるかぎり情報を送るようにと伝えさせた。

数日後、ヘレナとヴワディスワフはいつもの物資と、ナチスの犯罪の証拠を求めるヴォイチェフからの手紙を携えて収容所に向かった。ヴワディスワフの夫は彼女が危険を冒していることが不安で、家にいてほしいと懇願した。「いったん何かに心が向いた人は誰にも止められない」と、ヴワディスワフの息子のユーゼフは振り返っている。[20]

収容所近くに建設中だったIGファルベンの工場に関する記述もあり、爆撃の目標になり得るとして関心を呼んだ。Fleming, *Auschwitz,* pp. 132–33; Rice, *Bombing,* cited in Neufeld, *Bombing,* p. 160.

10. Grabowski, *Kurierzy,* p. 188; Segieda, [Raport], PISM, A.9.III.2a t.3.
11. Segieda, [Raport], HIA, box 28, folder 7; Bleja, Interview, September 21, 2016; Mastalerz, Interview, September 20, 2016; Frazik, "Wojenne," p. 410.
12. Iranek-Osmecki, *Powołanie,* p. 110; Milton, *Churchill's,* loc. 2227; Tucholski, *Cichociemni,* pp. 68–70.
13. Segieda, [Raport], PISM, A.9.III.2a t.3. 最初にスタシェクの6月1日の報告をワルシャワに届ける手助けをした可能性はあるが、記録がないため、ナポレオンが収容所に行く前にホロコーストの発生についてどこまで知っていたかは確認できない。
14. Segieda, [Raport], PISM, A.9.III.2a t.3; Lewandowski, *Swedish,* pp. 71–77. スウェーデンでの逮捕劇は、ブント（ユダヤ人労働者総同盟）の報告書をめぐる世論に反応したのかもしれない。数週間後にロンドンのポーランド亡命政府のイズィドル・モデルスキ副国防相は、密使が届けた資料を公表することの危険性について警告している。Fleming, *Auschwitz,* p. 95.
15. Jekiełek, *W pobliżu,* pp. 27–28, p. 92; Kożusznik, Oświadczenia, vol. 12, APMA-B, p. 8; Czech, *Auschwitz,* p. 164.
16. Klęczar, Interview, March 4, 2017; Jekiełek, *W pobliżu,* p. 62; Paczyńska, *Grypsy,* pp. xlv–xlvi.
17. Jekiełek, Interview, March 4, 2017; Klęczar, Interview, March 4, 2017; Czech, *Auschwitz,* p. 198.
18. Segieda, [Raport], PISM, A.9.III.2a t.3; 202/I-32, p. 71, in Marczewska, Ważniewski et al., *Zeszyty* (1968), p. 54. スタシェクの報告書の数字は単純な集計ではない。収容所に登録されたユダヤ人の男女の数を挙げて、登録されていない者はガス処刑されたと記している。ワルシャワの地下組織は実際にガス処刑された人数を確認するために、収容所に到着した人数を合計したものから、登録された収容者の総数を差し引いた（スタシェクはSSが使った数字を再現したと思われる）。収容所からの6月と7月の報告書の筆者と思われる人物については以下を参照。Rawicz, [List], September 23, 1957.
19. 202/I-31, pp. 214–29, in Marczewska, Ważniewski et al., *Zeszyty* (1968), p. 70; Segieda, [Raport], PISM, A.9.III.2a t.3.
20. Jekiełek, *W pobliżu,* pp. 27–28, p. 92; Kożusznik, Oświadczenia, vol. 12, APMA-B, p. 8; Czech, *Auschwitz,* p. 164; Kożusznik family, Interview, October 20, 2017; Rybak, Interview, March 8, 2017; Segieda, [Raport], PISM, A.9.III.2a t.3. ナポレオンが読んだいくつかの手紙に関する記述から、出所はワルシャワの地下組織がロンドンに送った報告書と考えられる。

ス処刑」に関する報告書を1942年11月以前に少なくとも1回、送っている(Pilecki, *Report W,* p. 25)。ヴィンツェンティ・ガヴロンは、ビルケナウの「小さな赤い家」が稼働した1942年5月に収容所を出て口述の報告を届ける任務を与えられたと証言している。ヴィンツェンティの回想録には事実誤認もあるが、多くの重要な点は正確で、ユダヤ人が標的とされた理由についての説明は、その後のヴィトルトの著作と呼応している。2回目の報告を届けたのはスタニスワフ・ヤステルで、聞き取った文書の記録が1942年7月から保存されている。そこにはゾンダーコマンドの行動が明確に記述されているが、彼らがユダヤ人であることについては削除されている。ワルシャワで記述が編集された際に削除されたことはほぼ間違いない(後掲の註を参照)。

64. 収容所に到着したユダヤ人からのSSによる略奪は綿密に計画されていたが、抜き取られた財の総額は数億ライヒスマルク程度だったと思われる。Wachsmann, *KL,* p. 379.
65. ヴィンツェンティはユダヤ人が「オランダとベルギー」から収容所に来たと語っているが、記憶違いと思われる。これらの国からユダヤ人が移送されてきたのは7月以降だった。フランスからの最初の移送に多くの外国人(フランス人以外)と無国籍のユダヤ人が含まれていたため、混同した可能性がある。
66. Gawron, *Ochotnik,* p. 253.
67. Gawron, *Ochotnik,* p. 254.
68. Gawron, *Ochotnik,* p. 254.
69. Gawron, *Ochotnik,* p. 255.
70. Gawron, *Ochotnik,* p. 247.
71. Gawron, *Ochotnik,* p. 255.
72. Gawron, *Ochotnik,* p. 257.
73. Gawron, *Ochotnik,* p. 258.
74. Gawron, *Ochotnik,* p. 259.
75. Gawron, *Ochotnik,* p. 259.
76. Gawron, *Ochotnik,* p. 259.
77. Gawron, *Ochotnik,* p. 260.

### 11章　ナポレオン

1. Gawron, *Ochotnik,* p. 260.
2. Gawron, *Ochotnik,* p. 272.
3. Wood, *Karski,* loc. 1957; Bartoszewski, 1859, p. 315; Segieda, [Raport], PISM, A.9.III.2a t.3. ユダヤ人の死者は約100万人にのぼった。
4. Zimmerman, *Polish,* p. 146; Ringelblum, *Notes,* loc. 4337; Wood, *Karski,* loc. 2341.
5. Breitman, *FDR,* loc. 3826.
6. Breitman, *FDR,* loc. 3826; Fleming, *Auschwitz,* pp. 97–103.
7. チャーチルは一方で、ナチスがチェコのリディツェ村を破壊したことを知ると、直ちにドイツの3つの村への報復破壊を呼びかけた。その後、彼はこの計画を撤回するように周囲から助言を受けた。Roberts, *Churchill,* p. 736; Wood, *Karski,* loc. 2404; Gilbert, *Auschwitz,* pp. 74–80; Wyman, *Abandonment,* pp. 124–26.
8. Breitman, *FDR,* loc. 3828; Stola, "Early," p. 8.
9. 英米の当局者は、収容所の役割にまだ注目していなかった。7月にポーランド亡命政府は、主な英文の出版物で再びアウシュヴィッツを取り上げ、前年のソ連兵捕虜のガス実験にも言及した。

者をŻydek（小さなユダヤ人）という蔑称で呼んでいる。1945年の報告書でもŻydzi、Żydkiの蔑称を使っている（ユダヤ人に関する具体的な言及は37カ所あり、Żydkiを7回使っている）。戦前のポーランド語では、Żydkiは反ユダヤ的な文脈で使われることもあった。ヴィトルトはユダヤ人の無力さと弱さを強調するためにこの言葉を使っているようで、この場面についても犠牲者の苦境と残忍なユダヤ人カポを対比させている。

45. Pilecki, [Raport 1945], PUMST, BI 874, p. 48. これを示すSS側の史料は明らかになっていない。
46. Lasik et al., *Auschwitz,* vol. I, p. 233.
47. Lasik et al., *Auschwitz,* vol. I, pp. 104–6; Pilecki, [Raport 1945], PUMST, BI 874, p. 50.
48. Rawicz, Oświadczenia, vol. 27, APMA-B, p. 40; Rawicz, [List], September 23, 1957; Piekarski, *Escaping,* p. 132.
49. Rawicz, [List], September 23, 1957; Pilecki, [Raport 1945], PUMST, BI 874, p. 50.
50. Ostańkowicz, *Ziemia,* p. 180. この年の3月、中央収容所の隔離施設でソ連兵の捕虜と病人1200人が死亡した。SSは彼らへの配給を1日にスープ1杯だけとし、昼夜を問わず屋外に立たせた。Czech, *Auschwitz,* p. 157.
51. Wachsmann, *KL,* p. 301; Pietrzykowski, Oświadczenia, vol. 88, APMA-B, p. 18. テディはガス処刑を目撃した日付を述べていないが、収容所で見た最初の処刑について記録したと思われる。彼の描写にはミュラー、ブロード、パチンスキの記述と共通する要素がある。Müller, *Eyewitness,* p. 19.
52. Broad, [Testimony], cited in Smoleń et al., *KL Auschwitz,* p. 129; Langbein, *People,* p. 69.
53. Müller, *Eyewitness,* p. 11.
54. Paczyński, Oświadczenia, vol. 100, APMA-B, p. 102.
55. Müller, *Eyewitness,* pp. 13–15.
56. Wachsmann, *KL,* pp. 291–94; Gawron, *Ochotnik,* p. 248.
57. 202/I-32, p.71 in Marczewska, Ważneiwski et al., Zeszyty (1968) p.58; Czech, *Auschwitz,* pp. 167–68; Müller, *Eyewitness,* p. 18.
58. Czech, *Auschwitz,* pp. 167–68; Wachsmann, *KL,* pp. 301–2; Pilecki, [Raport 1945], PUMST, BI 874, p. 52; Wolny, Oświadczenia, vol. 33, APMA-B, p. 19; Porębski, Oświadczenia, vol. 22, APMA-B, p. 59. ヘンリクは6月からゾンダーコマンドに積極的に協力するようになったと述べているが、ガス処刑が始まったときから、ユダヤ人に起きていることを理解していたようだ。情報源はゾンダーコマンドの隊員だったと思われる。この部隊は1942年5月9日に中央収容所からビルケナウに移送された。Czech, *Auschwitz,* p. 164; Bartosik, Martyniak, Setkiewicz, *Wstęp,* in idem, *Początki,* p. 15.
59. Piper, *Auschwitz,* vol. III, pp. 181–82; Wolny, Oświadczenia, vol. 33, APMA-B, p. 19; Porębski, Oświadczenia, vol. 21, APMA-B, pp. 11–31. ゾンダーコマンドのメンバーが共有していた情報の例は以下を参照。Pogozhev, *Escape,* loc. 1950; Wachsmann, *KL,* pp. 307–14; Rees, *Auschwitz,* loc. 2153.
60. Gawron, *Ochotnik,* p. 223.
61. Gawron, *Ochotnik,* p. 234.
62. Gawron, Wspomnienia, vol. 48, APMA-B, p. 122.
63. Gawron, *Ochotnik,* p. 248; Gawron, in Pawlicki (dir.), *Witold.* ビルケナウでのユダヤ人の大量殺戮について、ヴィトルトがどこまで知っていたのかはわからない。本人の記述によると、「大量ガ

ト』pp. 112–14; Pilecki, [Raport 1945], PUMST, BI 874, p. 51; Piekarski, *Escaping,* p. 108.
12. Hahn, Interview, May 5, 2018; Pilecki, [Raport 1945], PUMST, BI 874, p. 51.
13. Pilecki, [Raport 1945], PUMST, BI 874, p. 51; Piekarski, *Escaping,* p. 122.
14. Piekarski, *Escaping,* p. 123.
15. Piekarski, *Escaping,* p. 108.
16. Piekarski, *Escaping,* p. 108.
17. Piekarski, *Escaping,* p. 109.
18. Dwork, van Pelt, *Auschwitz,* pp. 263–65, pp. 295–301; Lasik et al., *Auschwitz,* vol. I, pp. 80–81; Wachsmann, *KL,* pp. 294–96; Hilberg, *The Destruction,* p. 138.
19. Dwork, van Pelt, *Auschwitz,* p. 126, p. 294.
20. Wachsmann, *KL,* p. 294.
21. Molenda, "Władysław," p. 53; Nosal, Oświadczenia, vol. 106, APMA-B, p. 51.
22. Piekarski, *Escaping,* p. 109.
23. Piekarski, *Escaping,* p. 109.
24. Piekarski, *Escaping,* p. 114.
25. Piekarski, *Escaping,* p. 114.
26. Piekarski, *Escaping,* p. 114.
27. Piekarski, *Escaping,* p. 115.
28. Piekarski, *Escaping,* p. 115.
29. Piekarski, *Escaping,* p. 116.
30. Piekarski, *Escaping,* p. 116.
31. Piekarski, *Escaping,* p. 116; Pilecki, [Raport 1945], PUMST, BI 874, p. 51.
32. Pilecki, [Raport 1945], PUMST, BI 874, p. 35; Redzej, [Raport 1943], AAN, 202/XVIII/1, p. 42. 新しい収容所はライスコ（Rajsko）という村の近くに建設される計画もあった。「Raj」はポーランド語で「楽園」を意味し、ビルケナウの俗称の由来になったのかもしれない。
33. Gawron, *Ochotnik,* p. 224.
34. Czech, *Auschwitz,* p. 145; Gawron, Wspomnienia, vol. 48, APMA-B, p. 13.
35. Gawron, *Ochotnik,* p. 227; Gawron, Wspomnienia, vol. 48, APMA-B, p. 13.
36. Gawron, *Ochotnik,* p. 227.
37. Gawron, Wspomnienia, vol. 48, APMA-B, p. 13; Pilecki, [Raport 1945], PUMST, BI 874, p. 53.
38. Gawron, *Ochotnik,* p. 227.
39. Gawron, *Ochotnik,* p. 227.
40. Czech, *Auschwitz,* p. 148; Gawron, *Ochotnik,* p. 247.
41. Pilecki, [Raport 1945], PUMST, BI 874, p. 53.
42. Wolny, Oświadczenia, vol. 33, APMA-B, p. 19; Porębski, Oświadczenia, vol. 22, APMA-B, pp. 59–60; Dwork, van Pelt, *Auschwitz,* p. 301; Czech, *Auschwitz,* p. 151. ポレブスキは戦後の回想録でスロヴァキアからの移送について特に言及していないが、地下組織の人脈を考えると、この年の春に中央収容所に情報をもたらしたのは彼である可能性が最も高い。
43. Czech, *Auschwitz,* p. 151; Pilecki, [Raport 1945], PUMST, BI 874, p. 47, p. 57; Redzej, [Raport 1943], AAN, 202/XVIII/1, p. 41.
44. Pilecki, [Raport 1945], PUMST, BI 874, p. 57. ヴィトルトは後にこの場面を説明する際に、犠牲

loc. 58)。チャーチルの政治経験を考えればユダヤ人問題に敏感だったと思われるが、周囲も常に同調していたわけではない。「ウィンストンにも欠点はあった。彼はユダヤ人に好意的すぎた」と、ある国会議員は述べている。

11. Kochavi, *Prelude,* p. 15.
12. Breitman, *Official,* ブライトマン『封印されたホロコースト』p. 101; Laqueur, Breitman, *Breaking,* p. 124; Laqueur, *The Terrible,* p. 100.
13. Kochavi, *Prelude,* p. 7; Westermann, "The Royal," p. 199; Fleming, *Auschwitz,* p. 58; Polish Ministry of Information, *Polish Fortnightly Review,* July 1, 1942 [Press Bulletin]; Breitman, *Official* ブライトマン『封印されたホロコースト』p. 102; Ziegler, *London,* p. 175. アウシュヴィッツに最初に言及した新聞は 1942 年のスコッツマン紙。Fleming, *Auschwitz,* p. 131.
14. Breitman, *FDR,* loc. 3772.
15. Kochavi, *Prelude,* pp. 14–15.
16. Puławski, *W obliczu,* p. 180.『ポーランドの黒書』のアウシュヴィッツの項は、1941 年 3 月にストックホルム経由でロンドンに届いた「1941 年 1 月 30 日までの内情に関する報告書」を参考にしており、一部はヴィトルトの報告にもとづいている（PUMST, A. 441, p. 10）。
17. Kochavi, *Prelude,* pp. 14–15; Breitman, Lichtman, *FDR,* loc. 3775.
18. Puławski, *W obliczu,* pp. 170–89; Widfeldt, Wegmann, *Making,* pp. 22–25.
19. Stafford, *Britain,* pp. 65–69; Wilkinson, *Foreign,* loc. 1730; see Dziennik Polski, June 11, 1942, cited in Engel, *In the Shadow,* p. 181, p. 209; Fleming, *Auschwitz,* p. 96.

## 10章　楽園

1. Pilecki, [Raport 1945], PUMST, BI 874, p. 71, p. 47.
2. Syzdek, "W 45," p. 5; Kobrzyński, Wspomnienia, vol. 129, APMA–B, p. 6; Świebocki, *Auschwitz,* vol. IV, pp. 74–77.
3. Syzdek, "W 45," p. 5; Pilecki, [Raport 1945], PUMST, BI 874, p. 45; Stranský, Oświadczenia, vol. 84, APMA–B, p. 46; Rawicz, [List], August 22, 1957. ラヴィチはフランキエヴィチをフランコフスキと間違えていた。
4. Rawicz, Oświadczenia, vol. 27, APMA–B, p. 37; Gawron, Wspomnienia, vol. 48, APMA–B, p. 96, p. 98, p. 100; Pilecki, [Raport 1945], PUMST, BI 874, p. 45; Pilecki, *The Auschwitz* ピレツキ『アウシュヴィッツ潜入記』loc. 2262; Pilecki, [Raport 1945], PUMST, BI 874, p. 41.
5. Gawron, *Ochotnik,* p. 185.
6. Lasik et al., *Auschwitz,* vol. I, p. 181; Rawicz, Oświadczenia, vol. 27, APMA–B, p. 37; Rawicz, [List], August 31, 1957.
7. 202/I–32, p. 71, in Marczewska, Ważniewski et al., *Zeszyty* (1968), p. 54. 実際は、この春に生存していたソ連兵捕虜は約 150 人だった。Schulte, *London,* in Hackmann, Süß, *Hitler's,* pp. 222–23.
8. Urbańczyk, Wspomnienia, vol. 54, APMA–B, p. 35; Diem, "Ś.P. Kazimierz," pp. 45–47; Stupka, Oświadczenia, vol. 68, APMA–B, p. 124.
9. Stupka, Interview, September 24, 2016.
10. Breitman, *Official,* ブライトマン『封印されたホロコースト』pp. 110–16; Schulte, *London,* in Hackmann, Süß, *Hitler's,* pp. 222–23.
11. Lasik et al., *Auschwitz,* vol. I, pp. 166–67; Breitman, *Official* ブライトマン『封印されたホロコース

Höss, *The Commandant,* p. 137; 報告を記憶して伝達したことについては Rawicz, [Raport], date unkown を参照。

48. Rawicz, [List], 1957.
49. Rawicz, Interview, March 5, 2017; Rawicz, Oświadczenia, vol. 27, APMA-B, p. 38; Pilecki, [Raport 1945], PUMST, BI 874, p. 55.
50. Gawron, *Ochotnik,* p. 103, p. 131.
51. Gawron, *Ochotnik,* p. 131.
52. Gawron, *Ochotnik,* p. 131.
53. ヴィトルトが皮なめし工房に勧誘した中にスタニスワフ・カズバがいた。Piekarski, *Escaping,* p. 149; Pilecki, *The Auschwitz* ピレツキ『アウシュヴィッツ潜入記』loc. 2294; Pilecki, [Raport 1945], PUMST, BI 874, p. 42.
54. Czech, *Auschwitz,* p. 105; Banach, Proces Załogi Esesmańskiej, vol. 55, APMA-B, pp. 102-3; Taul, Oświadczenia, vol. 9, APMA-B, p. 1267; Pilecki, [Raport 1945], PUMST, BI 874, p. 37.
55. Gawron, *Ochotnik,* p. 167.
56. Gawron, *Ochotnik,* p. 167.
57. Gawron, *Ochotnik,* p. 167.
58. Rawicz, Oświadczenia, vol. 27, APMA-B, p. 39; Rawicz, [List], 1957.
59. Gawron, *Ochotnik,* pp. 173-74.
60. Gawron, *Ochotnik,* pp. 173-74.

## 9章　シフト

1. Szarota, *Okupowanej,* p. 267; Bartoszewski, 1859, p. 291; Bernstein, Rutkowski, "Liczba," p. 84; Ringelblum, *Notes,* loc. 3484; Zimmerman, *The Polish,* p. 95.
2. この年の 10 月、地下組織の新聞 *Informacja bieżąca* に掲載された複数の記事に、収容所内の塹壕での殺害についてわずかな記述がある。そのうちの 1 つは、東部戦線で使うためにガス処刑の実験が行われたと結論づけている。*Informacja bieżąca* 21, 202/III-7, p. 12, in Marczewska, Ważniewski et al., *Zeszyty* (1968), p. 14; 202/III-28, p. 447, in Marczewska, Ważniewski et al., *Zeszyty* (1968), p. 11.
3. Lewandowski, *Swedish,* pp. 45-49; Thorsell, *Warszawasvenskarna,* p. 167; Gistedt, *Od operetki,* pp. 88-102.
4. Wyczański, *Mikrofilm,* p. 25.
5. Korboński, *Fighting,* p. 157; Thorsell, *Warszawasvenskarna,* p. 134; Lewandowski, *Swedish,* p. 62; Thugutt, [List], November 19, 1941, PISM, A.9.III.4/14; Siudak, [List], Decembe 29, 1941, PISM, A.9.III.4/14; Garliński, *Fighting,* p. 58.
6. Roberts, *Churchill,* p. 651.
7. Roberts, *Churchill,* p. 652; Breitman, *Official* ブライトマン『封印されたホロコースト』pp. 89-92.
8. Terry, "Conflicting," p. 364.
9. Breitman, *Official* ブライトマン『封印されたホロコースト』pp. 92-93; Roberts, *Churchill,* p. 651.
10. Roberts, *Churchill,* p. 678; Laqueur, *The Terrible,* p. 91; Breitman, *Official* ブライトマン『封印されたホロコースト』pp. 92-93. ヒムラーは、チャーチルがドイツの通信を傍受していることを察知していたようだ。その後まもなく、ヒムラーは警察部隊に、数字を無線で送信するのをやめて暗号を変更するよう命令。その結果、東部戦線からの情報はほぼ途絶えた（Gilbert, *Churchill,*

*Auschwitz,* loc. 3922 ; Gawron, Wspomnienia, vol. 48, APMA-B, p. 77. クランケマンもジーグルトと共に、移送中に収容者に首を吊るされたとする記録もいくつかある（Pilecki, [Raport 1945], PUMST, BI 874, p. 50）。

23. Dering, [Wspomnienia], p. 28 ; Kowalski, Wspomnienia, vol. 96, APMA-B, p. 203.
24. Dering, [Wspomnienia], p. 81.
25. Kłodziński, "Pierwsze," pp. 83-84.
26. Kielar *Anus Mundi,* p. 61 ; Pilecki, [Raport 1945], PUMST, BI 874, p. 50 ; Wachsmann, *KL,* p. 267.
27. Wachsmann, *KL,* p. 267 ; Dering, [Wspomnienia], p. 80.
28. Czech, *Auschwitz,* p. 85 ; Kłodziński, "Pierwsze," p. 84.
29. Kłodziński, "Pierwsze," p. 84.
30. Kłodziński, "Pierwsze," p. 84.
31. Kielar, *Anus Mundi,* p. 60 ; Kłodziński, "Pierwsze," p. 87 ; Czech, *Auschwitz,* p. 86 ; Piper, *Auschwitz,* vol. III, p. 57, p. 117.
32. Kłodziński, "Pierwsze," p. 88.
33. Czech, *Auschwitz,* pp. 86-87 ; Diem, Wspomnienia, vol. 172, APMA-B, p. 131. ヘスは後にポーランドの判事に、「[私はこのとき] 初めてガス処刑された死体の山を見た」と語っている。「ガス処刑の死体はもっとひどいと想像していたが、それでも不快感を覚え、体が震えた」"Langbein, *People,* p. 303.
34. Pilecki, [Raport 1945], PUMST, BI 874, p. 39.
35. Diem, Wspomnienia, vol. 172, APMA-B, p. 131 ; Kielar, *Anus Mundi,* p. 64.
36. Pilecki, [Raport 1945], PUMST, BI 874, p. 39.
37. Kłodziński, "Pierwsze," p. 89 ; Kielar, *Anus Mundi,* p. 66.
38. Pilecki, [Raport 1945], PUMST, BI 874, p. 40. ヴィトルトの W Report では、アレクサンデル・ヴィエロポルスキやチェスワフ・ヴォンソフスキ（下記参照）とともに収容所から釈放された収容者の短いリストにディポンの名前もある。別のリストには、釈放後に組織のために報告書を運んだ人々が記されているが、ディポン、ヴィエロポルスキ、ヴォンソフスキの名前はない。おそらくメッセージを運んだ仲間と組織に加わっていない収容者を区別していたのだろう。いずれにせよ、ディポンはワルシャワでソ連兵のガス処刑について目撃証言をしている。Pilecki, *Report W,* p. 6.
39. Pilecki, [Raport 1945], PUMST, BI 874, p. 39 ; Rablin, Oświadczenia, vol. 29, p. 81 ; Wachsmann, *KL,* pp. 268-69 ; Höss, *Commandant,* p. 147.
40. Nowacki, Wspomnienia, vol. 151, p. 107 ; Pilecki, [Raport 1945], PUMST, BI 874, p. 40.
41. Czech, *Auschwitz,* pp. 93-102 ; Gawron, *Ochotnik,* p. 145 ; Wachsmann, *KL,* p. 280 ; Nowacki, Wspomnienia, vol. 151, APMA-B, pp. 107-9.
42. Gawron, *Ochotnik,* p. 148.
43. Gawron, *Ochotnik,* p. 148.
44. Rawicz, [List], September 25, 1957. ラヴィチの手紙は別に記載がないかぎりアンジェイ・クナートが提供してくれた。ヴォンソフスキの役割については前掲の註を参照。
45. Dwork, van Pelt, *Auschwitz,* pp. 263-68. 新しい焼却場は中央収容所内に建設される予定だったが、後にビルケナウに変更された。
46. Setkiewicz, *Zaopatrzenie,* p. 58.
47. Schulte, *London,* in Hackmann, Süß, *Hitler's,* p. 211 ; Olszowski, "Więźniarska," pp. 182-87 ;

## 8章　実験

1. Ciesielski, *Wspomnienia,* pp. 45–47; Höss, *Commandant,* p. 157.
2. Redzej, [Raport 1943], AAN, 202/XVIII/1, p. 39; Kłodziński, "Dur," p. 47.
3. Allen, *The Fantastic,* loc. 319; Diem, Wspomnienia, vol. 172, APMA-B, p. 9.
4. Dering, [Wspomnienia], p. 95; Ławski, Wspomnienia vol. 154/154a, PMA-B, p. 26; Kłodziński, *Pierwsze,* p. 84, Wachsmann, *KL,* p. 246.
5. Iwaszko et al., *Auschwitz,* vol. II, p. 296, p. 322; Diem, Wspomnienia, vol. 172, APMA-B, p. 120; Pilecki, [Raport 1945], PUMST, BI 874, p. 54; Ławski, Wspomnienia, vol. 154/154a, PMA-B, p. 26.
6. Hill, Williams, *Auschwitz,* p. 63; Jaworski, *Wspomnienia,* p. 183.
7. Hill, Williams. *Auschwitz,* p. 63; Dering, [Wspomnienia], p. 96. 1947年にポーランド政府はデリングを戦争犯罪で起訴した。容疑は、ナチスがユダヤ人収容者の男女捕虜に性器の実験手術を行った際に、外科医として加担したことだった。当時ロンドンにいたデリングは英当局に逮捕され、取り調べを受けた。デリングは、自分を含む数人の収容者はドイツ軍から手術を行うように命じられ、従うしかなかったと主張した。19カ月にわたる捜査の結果、再び釈放されてイギリスに残ることを許された。IPN, GK_174_183_pda, BU_2188_14, BU_2188_15, GK_164_27_t1.
8. Garliński, *Fighting,* p. 71; Stargardt, *The German,* p. 158; Snyder, *Black,* loc. 475; Wachsmann, *KL,* pp. 259–60; Dwork, van Pelt, *Auschwitz,* pp. 258–62. On June 23. 6月23日にヘスは、おそらく戦争への象徴的な貢献として、懲罰棟のユダヤ人収容者の撲殺を命じた。Hałgas, Oświadczenia, vol. 89, APMA-B, p. 165; Setkiewicz, "Pierwsi," p. 26; Kobrzyński, Wspomnienia, vol. 129, APMA-B, p. 28.
9. Rawicz, [Pobyt], p. 21.
10. Dwork, van Pelt, *Auschwitz,* p. 262; Wachsmann, *KL,* pp. 259–60, p. 279; Czech, *Auschwitz,* p. 74.
11. Ciesielski, [Raport 1943], AAN, 202/XVIII/1, p. 8; Pilecki, [Raport 1945], PUMST, BI 874 p. 39; Redzej, [Raport 1943], AAN, 202/XVIII/1, p. 41a; Porębski, Oświadczenia, vol. 22, APMA-B, p. 59; Wolny, Oświadczenia, vol. 33, APMA-B, p. 19; Redzej, [Raport 1943], AAN, 202/XVIII/1, p. 41a; Lasik et al., *Auschwitz,* vol. I, p. 67.
12. Ciesielski, *Wspomnienia,* p. 69.
13. Ciesielski, *Wspomnienia,* p. 69.
14. Gawron, *Ochotnik,* pp. 72–99.
15. Kowalski, *Niezapomniana,* p. 231.
16. Kłodziński, "Pierwsza," p. 43; Cyra, "Dr Władysław," p. 75.
17. Czech, *Auschwitz,* p. 75; Strzelecka, *Voices,* vol. 3, p. 12; Ławski, Wspomnienia, vol. 154/154a, APMA-B, p. 21; Hałgas, "Oddział," p. 53.
18. Kłodziński, "Pierwsza," p. 43; Czech, *Kalendarz,* p. 75.
19. Dering, [Wspomnienia], p. 81; Wachsmann, *KL,* pp. 243–52.
20. Wachsmann, *KL,* pp. 243–52. T4作戦は、管理部局が置かれたベルリンのティーアガルテン通り4番地にちなんで命名された。
21. Dering, [Wspomnienia], p. 81.
22. Kłodziński, "Pierwsza," pp. 39–40; Rawicz, [Pobyt], p. 20; Lasik et al., *Auschwitz,* vol. I, p. 86; Czech, *Kalendarz,* p. 75; Stapf, Oświadczenia, vol. 148, APMA-B, p. 101; Dobrowolska, *The*

20. Pilecki, [Raport 1945], PUMST BI 874, p. 30 ; Kowalski, *Niezapomniana,* pp. 240–65 ; Kowalczyk, *Barbed,* vol. II, p. 10.
21. Piekarski, *Escaping,* p. 83 ; Höss, *Commandant,* p. 121.
22. Piekarski, *Escaping,* p. 83 ; Pilecki, [Raport W], AAN, 202/XVIII/1, p. 74.
23. Pilecki, *Report W,* pp. 40–41 ; Pilecki, [Raport W], AAN, 202/XVIII/1, p. 74.
24. Pilecki, *Report W,* pp. 40–41 ; Pilecki, [Raport W], AAN, 202/XVIII/1, p. 74.
25. Iwaszko et al., *Auschwitz,* vol. II, p. 83 ; Pilecki, [Raport 1945], PUMST, BI 874, p.27 ; Porębski, Oświadczenia, vol. 102, APMA–B, p. 28. 収容者の死亡率は約 50%に達していた。Bartoszewski, *Mój,* p. 23 ; Porębski, Oświadczenia, vol. 102, APMA–B, pp. 27–28 ; Dobrowolska, *The Auschwitz,* loc. 1092, loc. 1143.
26. Pilecki, [Raport 1945], PUMST, BI 874, p. 27.
27. Pilecki, [Raport 1945], PUMST, BI 874, p. 27.
28. Pilecki, *The Auschwitz* ピレツキ『アウシュヴィッツ潜入記』loc. 1725 ; Pilecki, [Raport 1945], PUMST, BI 874, p. 28.
29. Pilecki, [Raport 1945], PUMST, BI 874, p. 29.
30. Pilecki, [Raport 1945], PUMST, BI 874, p. 28.
31. Pilecki, [Raport 1945], PUMST, BI 874, pp. 28–29.
32. Pietrzykowski, Oświadczenia, vol. 88, APMA–B, p. 10.
33. Pietrzykowski, Oświadczenia, vol. 88, APMA–B, pp. 9–10 ; Rablin, Oświadczenia, vol. 29, APMA–B, p. 97.
34. Pietrzykowski, Oświadczenia, vol. 88, APMA–B, p. 10 ; Albin, *List,* pp. 89–90.
35. Pietrzykowski, Oświadczenia, vol. 88, APMA–B, p. 10 ; Pilecki, [Raport 1945], PUMST, BI 874, p. 6, p. 27.
36. Pietrzykowski, Oświadczenia, vol. 88, APMA–B, p. 11.
37. Pietrzykowski, Oświadczenia, vol. 88, APMA–B, p. 11.
38. Pietrzykowski, Oświadczenia, vol. 88, APMA–B, p. 11.
39. Piekarski, *Escaping,* p. 99 ; Lasik et al., *Auschwitz,* vol. I, p. 19 ; Gawron, *Ochotnik,* pp. 23–26.
40. Świętorzecki, Oświadczenia, vol.76, APMA–B, pp. 104–5 ; 202/III–8, p. 21, in Marczewska, Ważniewski et al., *Zeszyty* (1968), p. 6. この夏に地下組織の新聞に掲載された収容所に関する報告は収容者数を 1 万 2500 人としているが、少し前に発表されたデータにもとづいているとみられる。Świętorzecki, Oświadczenia, vol. 76, APMA–B, p. 101 ; Gawron, *Ochotnik,* pp. 26–28 ; Kowalczyk, *Barbed,* vol. II, p. 14, p. 36 ; Kowalski, *Niezapomniana,* p. 218, p. 223 ; Setkiewicz, *Zapomniany,* pp. 61–65 ; Cyra, *Jeszcze raz,* no pages given ; Kowalski, *Niezapomniana,* p. 228. ほかの収容者のために自らの命を差し出したのはバトコだけではない。1941 年 7 月 29 日に神父のマクシミリアン・コルベも同じように身代わりになった。Pilecki, [Raport 1945], PUMST, BI 874, p. 37 ; Redzej, [Raport 1943], AAN, 202/XVIII/1, p. 40a.
41. Cywiński, Lachendro, Setkiewicz, *Auschwitz,* p. 196 ; Pilecki, [Raport 1945], PUMST, BI 874, p. 6. カロルの報告に対するワルシャワの反応は記録が残されていない。
42. Świętorzecki, Oświadczenia, vol. 76, APMA–B, p. 106 ; Gawron, *Ochotnik,* p.203.
43. Świętorzecki, Oświadczenia, vol. 76, APMA–B, p. 105.
44. Pietrzykowski, Oświadczenia, vol. 88, APMA–B, pp. 19–20.

20. Hastings, *Bomber,* loc. 1543.
21. Westermann, "The Royal," p. 201; Hastings, *Bomber,* loc. 1814; Westermann, "The Royal," p. 197; Bines, *The Polish,* p. 111.
22. Hastings, *Bomber,* loc. 1732; [Sprawozdanie, notatki informacyjne, raporty z okupacji sowieckiej, przesłuchanie kurierów i przybyszów z Polski, XII 1939–IV 1942], PUMST, SK.39.08.
23. Westermann, "The Royal," p. 202. ポータルはアウシュヴィッツをドイツの強制収容所ではなく、ポーランドの強制収容所と誤って呼んだ。
24. Westermann, "The Royal," p. 204.
25. Bines, *The Polish,* pp. 31–32; Wilkinson, *Gubbins,* loc. 1728.
26. Garliński, *Fighting,* p. 75; Walker, *Poland,* loc. 1031; Zabielski, *First,* p. 10.
27. Zabielski, *First,* pp. 9–10; Bines, *The Polish,* p. 40.
28. Zabielski, *First,* pp. 11–12.

## 第２部

### ７章　ラジオ

1. Pilecki, [Raport 1945], PUMST, BI 874, pp. 24–25; Król, Oświadczenia, vol. 76, APMA-B, p. 204.
2. Pilecki, [Raport 1945], PUMST, BI 874, p. 26; Lifton, *The Nazi,* pp. 30–35, pp. 129–33.
3. Siedlecki, *Beyond,* p. 170.
4. Langbein, *People,* p. 393; Lifton, *The Nazi,* p. 266; Dering, [Wspomnienia], pp. 193–94.
5. Pilecki, [Raport 1945], PUMST, BI 874, p. 22; Siedlecki, *Beyond,* p. 170; Schwarz, [Raport], March 17, 1942, APMA-B, D-AuI-3a; Strzelecka, *Voices,* vol. 3, p. 15, p. 21.
6. Bartoszewski, *Mój,* pp. 50–51; Piekarski, *Escaping,* p. 79.
7. Piekarski, *Escaping,* p. 79.
8. Piekarski, *Escaping,* p. 79.
9. Piekarski, *Escaping,* pp. 77–78.
10. Dering, [Wspomnienia], p. 83.
11. Hahn, Interview, April 24, 2018.
12. Fleming, *Auschwitz,* p. 59; Stargardt, *The German,* p. 66, p. 119. ドイツ当局の推定によると 1941 年末には 100 万人以上のドイツ人が BBC のドイツ語放送を聴いていた。Breitman, *Official* ブライトマン『封印されたホロコースト』p. 156.
13. Olson, *Last,* loc. 2335.
14. Świętorzecki Interview, February 14, 1972; Taul, Wspomnienia, vol. 62, APMA-B, p. 36.
15. Gutheil, *Einer,* pp. 79–92; Ptakowski, *Oświęcim,* p. 97; Gliński, Oświadczenia, vol. 95, APMA-B, p. 6; Drzazga, Oświadczenia, vol. 33, APMA-B, p. 51; Pilecki, [Raport 1945], PUMST, BI 874, p. 35.
16. Pilecki, [Raport 1945], PUMST, BI 874, p. 26.
17. Świętorzecki, Oświadczenia, vol. 76, APMA-B, p. 97; Pilecki, [Raport 1945], PUMST, BI 874, p. 32.
18. Świętorzecki, Interview, February 14, 1972; Wachsmann, *KL,* p. 207 Setkiewicz, *Z dziejów,* p. 55; Dwork, van Pelt, *Auschwitz,* p. 207.
19. Frączek, Wspomnienia, vol. 66, APMA-B, p. 162.

53. Świętorzecki, Wspomnienia, vol. 86, APMA-B, p. 233; Dobrowolska, *The Auschwitz,* loc. 3017.
54. Strzelecka, *Voices,* vol. 3, p. 8, p. 21; Redzej, [Raport 1943], AAN, 202/XVIII/1, p. 38; Tomaszewski, Wspomnienia, vol. 66, APMA-B, p. 108; Ławski, Wspomnienia, vol. 154/154a, APMA-B, p. 69.
55. Pilecki, [Raport 1945], PUMST, BI 874, p. 23.
56. Rablin, Oświadczenia, vol. 29, APMA-B, p. 80; Piper, *Auschwitz,* vol. III, p. 198; Dwork, van Pelt, *Auschwitz,* pp. 219-22. アーモンドの匂いは、チクロン B の製造元がガスを検知しやすくするためにつけた。
57. Strzelecka, *Voices,* vol. 3, p. 29; Pilecki, [Raport 1945], PUMST, BI 874, pp. 23-24; Redzej, [Raport 1943], AAN, 202/XVIII/1, p. 37a.
58. Pilecki, [Raport 1945], PUMST, BI 874, p. 25.
59. Pilecki, [Raport 1945], PUMST, BI 874, p. 25.
60. Pilecki, [Raport 1945], PUMST, BI 874, p. 25.

## 6章　爆撃機命令

1. Wielopolski, Interview, May 18, 2017.
2. Allen, *The Fantastic,* loc. 1819; Matusak, *Wywiad,* p. 32, p. 35.
3. Mulley, *The Spy,* p. 61; Leski, *Życie,* pp. 68-71; Olson, *Last,* loc. 2625.
4. この秋、収容所からのニュースはアレクサンデルの口頭による報告だけでなく、絵葉書や、闇のルートで手紙も少しながらワルシャワに届いていたようだ。収容者の釈放や、数人の脱走もあった。ポーランドの政治犯の地位とハーグ条約、ジュネーヴ条約については以下を参照。Lasik et al., *Auschwitz,* vol. I, pp. 43-44; Gross, Renz, *Der Frankfurter,* vol. 1, p. 598; Reisman, Antoniou, *Laws,* pp. 38-42, pp. 47-56.
5. Dembiński, [Raport], PUMST, A. 680, p. 593.
6. Fleming, *Auschwitz,* p. 24; Dembiński, [Raport], PUMST, A. 680, p. 592; ロヴェツキはヴィエロポルスキの報告を、後にストックホルム経由で 1941 年 3 月にロンドンに届いた「1941 年 1 月 30 日までの内情に関する報告書」に盛り込んだ。「Part III. オシフィエンチムの収容所」の項では収容所の状況や捕虜の苦痛について述べている（PUMST, A. 441, p. 10）。
7. Dembiński, [Raport], PUMST, A. 680, p. 592.
8. Dembiński, [Raport], PUMST, A. 680, p. 588, pp. 591-92; Westermann, "The Royal," p. 197.
9. Walker, *Poland,* loc. 649; McGilvray, *A Military,* loc. 649; Olson, Cloud, *For Your,* pp. 96-97.
10. Olson, *Island,* loc. 1497.
11. McGilvray, *A Military,* loc. 1957; Olson, *Last,* loc. 1532-59.
12. Iwaszko et al., *Auschwitz,* vol. II, pp. 419-26; Kochavi, *Prelude,* pp. 7-9; van Pelt, *The Case,* pp. 129-32.
13. Gardiner, *The Blitz,* p. 43.
14. Gardiner, *The Blitz,* pp. 89-90.
15. Manchester, Reid, *The Last,* loc. 3606; Roberts, *Churchill,* pp. 607-8.
16. Milton, *Ministry,* loc. 1640.
17. Dalton, *Diary,* pp. 132-33; McGilvray, *A Military,* loc. 1863.
18. Westermann, "The Royal," p. 197; Gardiner, *Blitz,* p. 141, pp. 230-41.
19. Overy, *The Bombing,* p. 261; Hastings, *Bomber,* loc. 1543.

収容者約6500人のうち20～25%が死亡した。これは、収容者に救援物資の小包を送りたいというポーランドのアダム・サピエハ大司教の申し出にヘス収容所長が応じた際に、収容所が示した数字とつじつまが合う。12月31日の時点で収容者は7879人だったが、ヘスは小包は6000個でいいと主張した。The camp in Auschwitz-Obóz w Oświęcimiu November 1940—part published as The German Occupation of Poland May 1941; Carter, [Report], NARS, 800.20211/924, RG 59.

26. Dembiński, [Raport], PUMST, A. 680, p. 592; Hastings, *Bomber,* loc. 1543; Westermann, "The Royal," p. 197.
27. Lasik et al., *Auschwitz,* vol. I, p. 266; Dembiński, [Raport], PUMST, A. 680, p. 593.
28. Pilecki, [Raport 1945], PUMST, BI 874, p. 36; Czech, *Auschwitz,* p. 32.
29. Nowacki, Wspomnienia, vol. 151, APMA-B, p. 145; Kozłowiecki, *Ucisk,* p. 205.
30. Dering, cited in Garliński, *Fighting,* p. 25.
31. Kielar, *Anus Mundi,* p. 40.
32. Garliński, *Fighting,* p. 25; Kielar, *Anus Mundi,* p. 40; Czech, *Auschwitz,* p. 32; Setkiewicz, *Zaopatrzenie,* p. 57.
33. Pilecki, [Raport 1945], PUMST, BI 874, p. 14.
34. Pilecki, [Raport 1945], PUMST, BI 874, p. 14.
35. Pilecki, *The Auschwitz* ピレツキ『アウシュヴィッツ潜入記』loc. 1028; Pilecki, [Raport 1945], PUMST, BI 874, p. 14.
36. Paczuła, Oświadczenia, vol. 108, APMA-B, p. 72; Setkiewicz, *Voices,* vol. 6, p. 6.
37. Pilecki, [Raport 1945], PUMST, BI 874, p. 13; Ciesielski, [Raport 1943], AAN, 202/XVIII/1, p. 4.
38. Piekarski, *Escaping,* p. 51.
39. Piekarski, *Escaping,* p. 53.
40. Piekarski, *Escaping,* p. 54.
41. Iwaszko et al., *Auschwitz,* vol. II, pp. 81-82.
42. Fejkiel, *Więźniarski,* p. 23; Collingham, *The Taste,* コリンガム『戦争と飢餓』loc. 235; Russell, *Hunger,* loc. 234, loc. 1245, loc. 1374; Butterly, Shepherd, *Hunger,* p. 158.
43. Pilecki, *The Auschwitz* ピレツキ『アウシュヴィッツ潜入記』loc. 1161; Pilecki, [Raport 1945], PUMST, BI 874, p. 15.
44. Pilecki, [Raport 1945], PUMST, BI 874, p. 24; Piekarski, *Escaping,* p. 70; Kowalski, Wspomnienia, vol. 96, APMA-B, p. 190.
45. Pilecki, *The Auschwitz* ピレツキ『アウシュヴィッツ潜入記』loc. 1178; Pilecki, [Raport 1945], PUMST, BI 874, p. 16.
46. Dering, [Wspomnienia], p. 17; Iwaszko et al., *Auschwitz,* vol. II, p. 300.
47. Pilecki, *The Auschwitz* ピレツキ『アウシュヴィッツ潜入記』loc. 1174; Piekarski, *Escaping,* p. 75.
48. Pilecki, [Raport 1945], PUMST, BI 874, p. 16.
49. Pilecki, [Raport 1945], PUMST, BI 874, p. 16.
50. Kowalski, *Niezapomniana,* p. 201; Ringleblum, *Notes,* loc. 1777.
51. Czech, *Auschwitz,* p. 40.
52. Czech, *Auschwitz,* p. 40; Świętorzecki, Oświadczenia, vol. 76, APMA-B, pp. 101-2; Dobrowolska, *The Auschwitz,* loc. 3017; Bartoszewski, *Mój,* pp. 53-54.

7. Pilecki, *The Auschwitz* ピレツキ『アウシュヴィッツ潜入記』loc. 2418; Pilecki, [Raport 1945], PUMST, BI 874, p. 12.
8. Świętorzecki, Interview, February 14, 1970; Pilecki, [Raport 1945], PUMST, BI 874, p. 6; Radlicki, *Kapo*, pp. 68–71, p. 87.
9. Świętorzecki, Interview, February 14, 1970; Pilecki, [Raport 1945], PUMST, BI 874, p. 6.
10. Pilecki, [Raport 1945], PUMST, BI 874, p. 8. ロマン・ザグネルについてはあまり知られていない。Kielar, *Anus Mundi*, p. 44; Kowalski, Wspomnienia, vol. 96, APMA-B, p. 242; Pilecki, [Klucz], Wspomnienia, vol. 183, APMA-B, p. 79; Cyra, *Rotmistrz*, p. 50.
11. Iwaszko et al., *Auschwitz*, vol. II, p. 69.
12. Fejkiel, *Medycyna*, in Bidakowski, Wójcik, *Pamiętniki*, p, 472; Iwaszko et al., *Auschwitz*, vol. II, p. 61; Dobrowolska, *The Auschwitz*, loc. 3310, loc. 3356, loc. 3363; Ziółkowski, Byłem, pp. 45–46; Smoleń, "Czarna," p. 4. 収容所にはタバコや文具を売っている売店もあった。収容者は家族からわずかな仕送りを受け取ることを許されていた。
13. Nowacki, Wspomnienia, vol. 151, APMA-B, p. 139; Piekarski, *Escaping*, p. 46.
14. Piekarski, *Escaping*, p. 45.
15. Piekarski, *Escaping*, p. 45.
16. ピエカルスキ（コン）は、ヴィトルトからアウシュヴィッツが「ポーランドの自由戦士を収容する非常に大きな絶滅収容所」になると聞いたと語っているが、ヴィトルトとの会話の記憶と、収容所が後に機能を変えたことが重なっていたのだろう。Piekarski, *Escaping*, p. 44.
17. Siedlecki, *Beyond*, p. 154; Pilecki, *The Auschwitz* ピレツキ『アウシュヴィッツ潜入記』loc. 1011; Pilecki, [Raport 1945], PUMST, BI 874, p. 11.
18. Stupka, Oświadczenia, vol. 68, APMA-B, p. 124, p. 127; Stupka, Interview, September 21, 2016; Pilecki, [Raport 1945], PUMST, BI 874, p. 29; Kajtoch, Wspomnienia, vol. 27, APMA-B, pp. 6–7; Plaskura, Oświadczenia, vol. 105, APMA-B, p. 42.
19. Iwaszko et al., *Auschwitz*, vol. II, pp. 419–26; Ostrowska, [Wspomnienia 1], p. 5; Pilecki, [Raport 1945], PUMST, BI 874, p. 29; Wysocki, *Rotmistrz*, p. 47.
20. Czech, *Auschwitz*, pp. 29–39; Kowalczyk, *Barbed*, p. 35; Langbein, *People*, p. 70.
21. Fejkiel, *Więźniarski*, p. 120; Pilecki, Interview, May 17 and 19, 2016; Pilecka-Optułowicz, Interview, February 1, 2016; Szpakowski, Interview, January 31, 2017.
22. Pilecki, [Raport 1945], PUMST, BI 874, p. 13.
23. Iwaszko et al., *Auschwitz*, vol. II, pp. 429–33.
24. Pilecki, [Raport 1945], PUMST, BI 874, p. 36; Iwaszko et al., *Auschwitz*, vol. II, p. 430; Wielopolski, Interview, May 18, 2017; Rostkowski, *Świat*, p. 57; Rowecki, [Wytyczne o działań sabotażowo-dywersyjnych], March 19, 1940, in Czarnocka et al., *Armia*, vol. I, p. 313, Sosnkowski, [List], November 28, 1940, no. 162 [no. 94], in Iranek-Osmecki et al., *Armia*, vol. II, p. 649; Wachsmann, *KL*, p. 483. SS は、戦時中は基本的に収容者を釈放してはならないと命じていたが、アウシュヴィッツは初期の数カ月は緩やかな方針を取っていた。Cyra, *Rotmistrz*, p. 42; Garliński, *Fighting*, p. 276; Dębski, *Oficerowie*, s.v. Aleksander Wielopolski.
25. Pilecki, [Raport 1945], PUMST, BI 874, p. 19; Dębski, *Oficerowie*, s.v. Aleksander Wielopolski; Pilecki, [Raport 1945], PUMST, BI 874, p. 35; Setkiewicz, "Pierwsi," p. 16. 1940 年 10 月の名簿は現存せず、ヴィトルトが入手していたかどうかも定かではない。彼が集めた情報にもとづく報告書の 1 つ（その一部はロンドンに届けられた）から推測すると、1940 年 11 月までにポーランド人

PUMST, BI 874, p. 7.
17. Pilecki, [Raport 1945], PUMST, BI 874, pp. 7–8.
18. Pilecki, *The Auschwitz* ピレツキ『アウシュヴィッツ潜入記』loc. 833; Pilecki, [Raport 1945], PUMST, BI 874, p. 8.
19. Pilecki, *The Auschwitz* ピレツキ『アウシュヴィッツ潜入記』loc. 866; Pilecki, [Raport 1945], PUMST, BI 874, p. 8.
20. Pilecki, [Raport 1945], PUMST, BI 874, p. 8.
21. Pilecki, [Raport 1945], PUMST, BI 874, p. 8.
22. Pilecki, [Raport 1945], PUMST, BI 874, p. 8.
23. Pilecki, *The Auschwitz* ピレツキ『アウシュヴィッツ潜入記』loc. 7794; Pilecki, [Raport 1945], PUMST, BI 874, p. 9.
24. Pilecki, [Raport 1945], PUMST, BI 874, p. 6, p. 27; Kielar, *Anus Mundi,* p. 34; Kłodziński, "Rola," pp. 113–26; Ciesielski, [Raport 1943], AAN, 202/XVIII/1, p. 3; Pilecki, [Zamiast], Materiały, vol. 223c, APMA-B, p. 1.
25. Pilecki, [Zamiast], Materiały, vol. 223c, APMA-B, pp. 2–3.
26. Pilecki, [Raport 1945], PUMST, BI 874, p. 9; Ciesielski, [Raport 1943], AAN, 202/XVIII/1, p. 5; Redzej, [Raport 1943], AAN, 202/XVIII/1, p. 36; Radlicki, Kapo, p. 87; Dobrowolska, *The Auschwitz,* loc. 1687; Albin, *List,* p. 53; Urbanek, Oświadczenia, vol. 44, APMA-B, p. 3; Wolny, Oświadczenia, vol. 33, APMA-B, p. 17; Białas, Oświadczenia, vol. 94, APMA-B, vol. 94, p. 24; Kowalski, *Niezapomniana,* pp. 245–47. 大半の収容者は巨大なローラーが 1 台しかなかったと語っているが、小さめのローラーも数台あった。
27. Gutheil, *Einer,* pp. 79–92; Albin, *List,* p. 49; Bernacka, "Otto," pp. 8–9; Pilecki, [Raport 1945], PUMST, BI 874, p. 10.
28. Pilecki, *The Auschwitz* ピレツキ『アウシュヴィッツ潜入記』loc. 929; Pilecki, [Raport 1945], PUMST, BI 874, p. 10.
29. Pilecki, *The Auschwitz* ピレツキ『アウシュヴィッツ潜入記』loc. 929; Pilecki, [Raport 1945], PUMST, BI 874, p. 10.
30. Pilecki, [Raport 1945], PUMST, BI 874, p. 10.
31. Lasik et al., *Auschwitz,* vol. I, pp. 70–71.
32. Filip, *Żydzi,* p. 51, pp. 139–43; Steinbacher, *Auschwitz,* p. 9; Dwork, van Pelt, *Auschwitz,* p. 205.
33. Pilecki, [Raport 1945], PUMST, BI 874, pp. 10–11.
34. Pilecki, [Raport 1945], PUMST, BI 874, p. 11.
35. Pilecki, [Raport 1945], PUMST, BI 874, pp. 10–11.

### 5章　レジスタンス

1. Pilecki, [Raport 1945], PUMST, BI 874, p. 11.
2. Höss, *The Commandant,* loc. 200; Pilecki, [Raport 1945], PUMST, BI 874, p. 12; Dwork, van Pelt, *Auschwitz,* p. 188.
3. Pilecki, [Raport 1945], PUMST, BI 874, p. 11.
4. Pilecki, [Raport 1945], PUMST, BI 874, p. 13.
5. Pilecki, [Raport 1945], PUMST, BI 874, p. 13.
6. Siedlecki, *Beyond,* p. 151.

p. 30.
44. Iwaszko et al., *Auschwitz,* vol. II, p. 61 ; Bartoszewski, *Mój,* pp. 36–38 ; Fejkiel, *Medycyna,* in Bidakowski, Wójcik, *Pamiętniki,* p. 461 ; Kowalski, *Niezapomniana,* pp. 172–73.
45. Szczepański, video recollection, July 14, 1995, APMA-B, V-246.
46. Urbanek, Oświadczenia, vol. 44, APMA-B, p. 8 ; Ciesielski, Wspomnienia, p. 40 ; Pilecki, [Raport 1945], PUMST, BI 874, pp. 5–6 ; Dering, [Wspomnienia], p. 70 ; Dembiński, [Raport], PUMST, A. 680, p. 593.

## 4章 生存者

1. Kowalczyk, *Barbed,* p. 112 ; Pilecki, [Raport 1945], PUMST, BI 874, p. 11.
2. Iwaszko et al., *Auschwitz,* vol. II, pp. 312–15 ; Fejkiel, *Więźniarski,* pp. 46–49 ; Piekarski, *Escaping,* p. 36 ; Strzelecka, *Voices,* vol. 3, p. 10 ; Dering, [Wspomnienia], p. 24 ; Diem, Wspomnienia, vol. 172, APMA-B, p. 45, p. 77, p. 122.
3. Iwaszko et al., *Auschwitz,* vol. II, p. 216 ; Langbein, *People,* pp. 50–84 ; Fejkiel, *Więźniarski,* p. 216.
4. Dering, [Wspomnienia], p. 11, p. 14, p. 41.
5. Pilecki, [Raport 1945], PUMST, BI 874, p. 20 ; Czech, *Kalendarz,* p. 19. ユダヤ人収容者のダヴィド・ウォンチェフスキは点呼中に死亡したとみられ、収容所で最初のユダヤ人犠牲者となった。収容者のカロリーの計算式はハンス・ミュンク博士が 1943 〜 44 年に行った SS の研究で示されたが、ミュンクは 1947 年にポーランドで戦争犯罪の裁判を待っているあいだに結果を書き記したにすぎない。Münch, *Analyzis,* Opracowania, vol. 19, APMA-B, pp. 5–47 ; Collingham, *The Taste* コリンガム『戦争と飢餓』loc. 293.
6. Pozimski, Wspomnienia, vol. 52, APMA-B, p. 165 ; Dering, [Wspomnienia], p. 14 ; Wachsmann, KL, p. 209 ; Piekarski, *Escaping,* pp. 37–38 ; Redzej, [Raport 1943], AAN, 202/XVIII/1, pp. 34a–35, p. 37 ; Albin, *List,* p. 54 ; Świętorzecki, Oświadczenia, vol. 76, APMA-B, p. 96 ; Pilecki, [Raport 1945], PUMST, BI 874, p. 35 ; Bartoszewski, *Mój,* p. 32 ; Piątkowska, Wspomnienia, vol. 66, APMA-B, pp. 116–19 ; Butterly, Shepherd, *Hunger,* p. 134.
7. Lasik et al., *Auschwitz,* vol. I, p. 171 ; Piekarski, *Escaping,* p. 23, p. 28 ; Świętorzecki, Interview, February 14, 1970.
8. Pilecki, [Raport 1945], PUMST, BI 874, p. 6 ; Dering, [Wspomnienia], p. 70.
9. Piekarski, *Escaping,* p. 35.
10. Iwaszko et al., *Auschwitz,* vol. II, pp. 378–80 ; Świętorzecki, Oświadczenia, vol. 76, APMA-B, p. 96 ; Piekarski, *Escaping,* p. 35 ; Kowalski, *Niezapomniana,* p. 177 ; Ciesielski, [Raport 1943], AAN, 202/XVIII/1, p.6 ; Radlicki, *Kapo,* pp. 64–65 ; Siciński, "Z psychopatologii," pp. 126–30 ; [Krankemann], HHStAW Fonds 430/1, no. 9402.
11. Pilecki, [Raport 1945], PUMST, BI 874, p. 6 ; Ciesielski, [Raport 1943], AAN, 202/XVIII/1, p. 7.
12. Pilecki, [Raport 1945], PUMST, BI 874, p. 6.
13. Pilecki, [Raport 1945], PUMST, BI 874, p. 7. 1940 年には収容所内の食肉処理所の横と懲罰棟の隣にも砂利採取場があった。
14. Pilecki, [Raport 1945], PUMST, BI 874, p. 7 ; Piekarski, *Escaping,* p. 143.
15. Dwork, van Pelt, *Auschwitz,* pp. 177–81.
16. Pilecki, *The Auschwitz* ピレツキ『アウシュヴィッツ潜入記』loc. 814 ; Pilecki, [Raport 1945],

17. Fejkiel, *Medycyna,* in Bidakowski, Wójcik, *Pamiętniki,* p. 413; Świętorzecki, Oświadczenia, vol. 76, APMA-B, p. 95.
18. Wachsmann, *KL,* pp. 60–63.
19. Rees, *Auschwitz,* loc. 425.
20. Iwaszko et al., *Auschwitz,* vol. II, p. 66; Szczepański, video recollection, July 14, 1995, APMA-B, V-246.
21. Pilecki, [Raport 1945], PUMST, BI 874, p. 4.
22. Pilecki, [Raport 1945], PUMST, BI 874, p. 19; Redzej, [Raport 1943], AAN, 202/XVIII/1 p. 45a; Piekarski, *Escaping,* loc. 325; Piekarski, *Escaping,* p. 25; Siedlecki, *Beyond,* p. 155. フリッチュは Schutzhaft-lagerführer（保護拘禁収容所長）として点呼を統括していた。
23. Fejkiel, *Medycyna,* in Bidakowski, Wójcik, *Pamiętniki,* p. 419.
24. Bartoszewski, *Mój,* p. 20; Fejkiel, *Medycyna,* in Bidakowski, Wójcik, *Pamiętniki,* p. 419.
25. Bartoszewski, *Mój,* pp. 21–22.
26. Szczepański, video recollection, July 14, 1995, APMA-B, V-246; Iwaszko et al., *Auschwitz,* vol. II, p. 70; Kowalski, *Niezapomniana,* p. 223; Siedlecki, *Beyond,* p. 155; Ciesielski, [Raport 1943], AAN, 202/XVIII/1, p. 7; Redzej, [Raport 1943], AAN, 202/XVIII/1, p. 34, p. 34a; Piekarski, *Escaping,* p. 27.
27. Siedlecki, *Beyond,* p. 155; Kowalski, *Niezapomniana,* p. 233; Langbein, *People,* p. 133; Langbein, *People,* p. 65; Siedlecki, *Beyond,* p. 155; Pilecki, *The Auschwitz* ピレツキ『アウシュヴィッツ潜入記』loc. 563; Pilecki, [Raport 1945], PUMST, BI 874, p. 3.
28. Langbein, *People,* p. 70; Wachsmann, *KL,* p. 501. ユダヤ人収容者がポーランド人収容者から責められていたことについては Gawron, Wspomnienia, vol. 48, APMA-B, pp. 9–13 and p. 38 を参照。
29. D-Au1-2, 1-5, APMA-B, cited in Czech, *Auschwitz,* p. 373; Iwaszko et al., *Auschwitz,* vol. II, p. 372, p. 374.
30. Iwaszko et al., *Auschwitz,* vol. II, pp. 371–80.
31. Kowalski, *Niezapomniana,* p. 188, p. 191; Siedlecki, *Beyond,* p. 152.
32. Wachsmann, *KL,* p. 497; Bielecki, *Kto ratuje,* p. 130; Smoleń, "Czarna," p. 4; Kowalski, *Niezapomniana,* p. 175.
33. Müller, *Eyewitness,* p. 5; Langbein, *People,* p. 70.
34. Piekarski, *Escaping,* p. 85; Świętorzecki, Interview, February 14, 1972.
35. Piekarski, *Escaping,* p. 33; Ziółkowski, *Byłem,* p. 31; Kowalski, *Niezapomniana,* p. 234.
36. Kowalski, *Niezapomniana,* p. 233; Szpakowski, Interview, January 31, 2017; Wachsmann, *KL,* p. 501.
37. Iwaszko et al., *Auschwitz,* vol. II, pp. 294–96; Favez, *The Red,* p. 27, pp. 137–41.
38. Lasik et al., *Auschwitz,* vol. I, pp. 66–68; Nosal, Oświadczenia, vol. 132, APMA-B, p. 165; Bartys, Oświadczenia, vol. 63, APMA-B, p. 135.
39. Piekarski, *Escaping,* p. 21.
40. Piekarski, *Escaping,* p. 21.
41. Piekarski, *Escaping,* pp. 30–32.
42. Piekarski, *Escaping,* p. 30.
43. Iwaszko et al., *Auschwitz,* vol. II, p. 311; Diem, Wspomnienia, vol. 172, APMA-B, p. 11, p. 14,

57. Pilecki, [W jaki], PUMST, BI 6991, p. 15; Pilecki, Wspomnienia, vol. 179, APMA-B, p. 313.
58. Dering, [Wspomnienia], p. 11; Malinowski, *Tajna*, p. 33.
59. Pilecki, [W jaki], PUMST, BI 6991, p. 15; Pilecki, Interview, February 1, 2016.
60. Pilecki, Interview, February 1, 2016; Ostrowski, Interview, March 9, 2016.
61. Pilecki, [Raport 1945], PUMST, BI 874, p. 46.
62. Cyra, *Rotmistrz*, p. 45; Ostrowska, [Wspomnienia 1], p. 5.
63. Ostrowski, Interview, March 9, 2016; Ostrowska, [Wspomnienia 1], p. 5.
64. Ostrowska, [Wspomnienia 1], p. 5.
65. Ostrowska, Wspomnienia, vol. 179, APMA-B, p. 148; Gorzkowski, *Kroniki*, p. 51.
66. Pilecki, [Raport 1945], PUMST, BI 874, p. 1; Bartoszewski, *Mój*, pp. 12–14.

## 3章 到着

1. Czech, *Auschwitz*, p. 29; Bartoszewski, *Mój*, pp. 14–16; Korboński, *Fighting*, p. 49; Pilecki, [Raport 1945], PUMST, BI 874, p. 1; Bartoszewski, *Mój*, pp. 16–17; Kowalski, *Niezapomniana*, pp. 154–58; Ptakowski, *Oświęcim*, pp. 12–13; Redzej, [Raport 1943], AAN, 202/XVIII/1, p. 34.
2. Pilecki, [Raport 1945], PUMST, BI 874, p. 1.
3. Pilecki, [Raport 1945], PUMST, BI 874, pp. 1–2; Piekarski, *Escaping*, pp. 8–12; Redzej, [Raport 1943], AAN, 202/XVIII/1, p. 4; Bartoszewski, *Mój*, p. 18; Nowacki, Wspomnienia, vol. 151, APMA-B, p. 133.
4. Pilecki, [Raport 1945], PUMST, BI 874, p. 2; Kowalski, *Niezapomniana*, p. 161; Bogusz, Interview, December 19, 2015; Pilecki, [Raport 1945], PUMST, BI 874, p. 4.
5. Pilecki, [Raport 1945], PUMST, BI 874, p. 3.
6. Pilecki, [Raport 1945], PUMST, BI 874, p. 3; Kowalski, *Niezapomniana*, p. 163; Stapf, Wspomnienia, vol. 110, APMA-B, p. 75–81.
7. Pilecki, [Raport 1945], PUMST, BI 874, p. 3.
8. Pilecki, [Raport 1945], PUMST, BI 874, p. 4; Stapf, *Oświadczenia*, vol. 29, APMA-B, p. 89; Albin, Interview, May 21, 2016; D-Au-I-2, *Häftlings-Personal-Karte*, v. 7, APMA-B, p. 234; Pilecki, [Raport 1945], PUMST, BI 874, p. 4.
9. Pilecki, [Raport 1945], PUMST, BI 874, p. 4 Bartoszewski, *Wywiad*, p. 46; Kowalski, *Niezapomniana*, pp. 164–65.
10. Lasik et al., *Auschwitz*, vol. I, pp. 66–68; Nowacki, Wspomnienia, vol. 151, APMA-B, p. 133.
11. Pilecki, [Raport 1945], PUMST, BI 874, p. 4; Piekarski, *Escaping*, p. 16.
12. Siedlecki, *Beyond*, p. 149; Pilecki, [Raport 1945], PUMST, BI 874, p. 4; Redzej, [Raport 1943], AAN, 202/XVIII/1, p. 36a; Ciesielski Raport 1943], AAN, 202/XVIII/1, p. 55; Bartoszewski, *Mój*, p. 20; Świętorzecki, Oświadczenia, vol. 76, APMA-B, p. 95; Nowacki, Wspomnienia, vol. 151, APMA-B, p. 65.
13. Kowalski, *Niezapomniana*, p. 166; Fejkiel, *Medycyna*, in Bidakowski, Wójcik, *Pamiętniki*, p. 412; Pilecki, [Raport 1945], PUMST, BI 874, p. 4.
14. Dering, [Wspomnienia], p. 9; Piekarski, *Escaping*, p. 23; Kowalski, *Niezapomniana*, p. 166.
15. Gawron, *Ochotnik*, p. 17; Paczyński, Oświadczenia, vol. 100, APMA-B, p. 95; Piekarski, *Escaping*, p. 22; Głowa, Wspomnienia, vol. 94, APMA-B, p. 117.
16. FBI, FAP 1, HA 29, Bl. 4908–14; NRW, W, GSTA Hamm 3369, 3367 Q 211 a.

人観は記録が残っていないが、ズナクを信奉する人々と近かったと考えられる。

35. *Znak,* May 1940/6–7, cited in Malinowski, *Tajna,* pp. 12–15; Faliński, "Ideologia," pp. 57–76; Kochanski, *The Eagle,* p. 97; Pilecki, [W jaki], PUMST, BI 6991, p. 15; Pilecki, Wspomnienia, vol. 179, APMA-B, p. 312.
36. Pluta-Czachowski, ... *gdy przychodzi* ..., cited in Szarota, *Stefan,* p. 91, p. 86; Rakoń, [Meldunek nr. 15], in Czarnocka et al., *Armia,* vol. I, p. 194. 密使のヤン・カルスキも 1940 年に地下組織への報告で同様の指摘をしている（Karski, cited in Zimmerman, *The Polish,* p. 73）。
37. Zimmerman, *The Polish,* p. 67.
38. Favez, *The Red,* pp. 136–37; Zimmerman, *The Polish,* p. 67; Fleming, *Auschwitz,* p. 32; Wood, *Karski,* loc. 1109; Winstone, *Dark,* loc. 1244.
39. Pilecki, [W jaki], PUMST, BI 6991, p. 14.
40. Pilecki, [W jaki], PUMST, BI 6991, p. 15; Pilecki, Wspomnienia, vol. 179, APMA-B, p. 313.
41. Pilecki, [W jaki], PUMST, BI 6991, p. 15.
42. *Znak,* 15.07.1940/14, cited in Malinowski, *Tajna,* pp. 173–75; Znak, [Deklaracja], AAN, 2/2505/0/–/194, pp. 2–3. ヤンの宣言はユダヤ人には特に言及していないが、宗教および宗派的にポーランドを定義しようとする言葉は当時の民族主義者の典型である。Pilecki, [W jaki], PUMST, BI 6991, p. 15; Pilecki, Wspomnienia, vol. 179, APMA-B, p. 313.
43. Malinowski, *Tajna,* p. 70.
44. Winstone, *The Dark,* loc. 1329; Lasik et al., *Auschwitz,* vol. I, pp. 49–50; Bartoszewski, 1859, p. 157; Cyra, *Rotmistrz*; Pieńkowska, [Wspomnienia 1], AAN, 2/2505/0/–/194, p. 2.
45. Malinowski, *Tajna,* p. 88; Cyra, "Dr Władysław," p. 74; Kantyka, Kantyka, *Władysław,* in *idem, Oddani,* p. 266. この女性は姓（ジュラフスカ）しかわかっていない。
46. Malinowski, *Tajna,* p. 54, p. 88; Ostrowska, [Wspomnienia 1], p. 4; Wachsmann, *KL,* pp. 7–9; Tabeau, [Sprawozdanie], in *Zeszyty* (1991), p. 105; Wachsmann, *KL,* p. 191.
47. Wachsmann, *KL,* pp. 6–9. アウシュヴィッツはドイツ帝国に移送されるポーランド人労働者の通過施設と考えられていたが、すぐに通常の強制収容所として使われるようになったとみられる。Rees, *Auschwitz,* loc. 643; Steinbacher, *Auschwitz,* p. 22, Dwork, van Pelt, *Auschwitz,* p. 166.
48. Malinowski, *Tajna,* p. 54, p. 88; Ostrowska, [Wspomnienia 1], p. 4. この年の 8 月以前にアウシュヴィッツで死亡した収容者の数は、正確にはわかっていない。記録は不完全で、殺害された収容者 1 人の名前だけが残されている。
49. Pilecki, [W jaki], PUMST, BI 6991, p. 15; Malinowski, *Tajna,* p. 100. マリノフスキはこの会議が 8 月末に行われたとしているが、時系列的に矛盾する。
50. Pilecki, [W jaki], PUMST, BI 6991, p. 15.
51. Pilecki, [W jaki], PUMST, BI 6991, p. 15; Ostrowska, [Wspomnienia 1], p. 4; Gawron, *Ochotnik,* p. 114; Pilecki, Akta sprawy, Zeznanie w śledztwie Witolda Pileckiego, ASS MON, vol. 1, p. 74.
52. Pilecki, [W jaki], PUMST, BI 6991, p. 15.
53. Malinowski, *Tajna,* p. 54; Gawron, *Ochotnik,* p. 114.
54. Pilecki, [W jaki], PUMST, BI 6991, p. 15.
55. Pilecki, [W jaki], PUMST, BI 6991, p. 15; Pilecki, Interview, February 1, 2016.
56. Winstone, *The Dark,* loc. 1371; Pilecki, [W jaki], PUMST, BI 6991, p. 15; Landau, *Kronika,* vol. I, pp. 635–36; Ostrowska, [Wspomnienia 1], p. 3.

*Warszawasvenskarna,* p. 134; Szarota, *Okupowanej,* pp. 223–25.

14. Korboński, *Fighting,* p. 183; Szpilman, *The Pianist* p. 48; Garliński, *Fighting,* p. 43; Nowak, *Courier,* p. 71; Korboński, *Fighting,* p. 11.
15. Korboński, *Fighting,* p. 219; Gistedt, *Od operetki,* p. 92.
16. Pilecki, [W jaki], PUMST, BI 6991, p. 14; Unknown author, [Zasady konspiracji], AAN, 2/2505/0/–/194.
17. Rablin, Oświadczenia, vol. 29, APMA–B, p. 82.
18. Rablin, Oświadczenia, vol. 29, APMA–B, p. 82.
19. Pilecki, [W jaki], PUMST, BI 6991, p. 14; Unknown author, [Zasady konspiracji], AAN, 2/2505/0/–/194.
20. Ostrowska, [Wspomnienia 1] pp. 3–4; Pilecki, [Wjaki], PUMST, BI 6991, p. 14.
21. Malinowski, *Tajna,* p. 100.
22. Szpilman, *The Pianist,* p. 54; Dwork, van Pelt, *Auschwitz,* p. 144.
23. Tooze, *Wages,* loc. 6789; Szpilman, *The Pianist* p. 54; Szarota, *Okupowanej,* p. 203. See *Ziemniaki na pierwsze ..., na drugie ..., na trzecie*（1 食目ジャガイモ……2 食目ジャガイモ……3 食目ジャガイモ）by Zofia Serafińska or *Sto potraw z ziemniaków*（ジャガイモ料理 100 皿）by Bolesława Kawecka-Starmachowa; Pilecki, [Raport 1945], PUMST, BI 874, p. 5.
24. Allen, *The Fantastic,* loc. 212. この時点でポーランドにはすでに複数のゲットーがあった。最初のゲットーは 1939 年 10 月にピオトルクフ・トリブナルスキにつくられた。Winstone, *Dark,* loc. 1856; Frank, *Extracts,* p. 5896.
25. Pilecki, [W jaki], PUMST, BI 6991, p. 14; Bartoszewski, *1859,* p. 70.
26. Malinowski, *Tajna,* p. 53, p. 100; Nowak, *Courier,* p. 63.
27. Malinowski, *Tajna,* p. 39; Zwerin, *Swing,* p. 64.
28. Zwerin, *Swing,* p. 64.
29. Pilecki, interview, May 17, 2016; Pilecka-Optułowicz, Interview, May 17, 2016; Łapian, Interview, May, 15, 2017.
30. Pilecki, Interview, May 16, 2016.
31. Szwajkowski, [Zeznania], IPN, S/139/12/Zn, pp. 137–42; Zawadzki, [Zeznania], IPN, S/139/12/Zn, pp. 124–28; Roth, *Murder,* cited in Zalc, Bruttman, *Microhistories,* p. 227; Gutman, Krakowski, *Unequal,* p. 48; Zimmerman, *The Polish,* p. 74, p. 83.
32. Gross, *Polish,* p. 254; Tereszczenko, *Wspomnienia,* p. 85; Tereszczenko, Interview, November 1, 2016.
33. *Znak,* 06.05.1940/6–7, cited in Malinowski, *Tajna,* pp. 12–15. *Znak*（ズナク）は後の号でユダヤ人に対するナチスの残忍な扱いを否定しており、ポーランドの文化では異質なものと筆者たちは感じていた。しかし、「ユダヤ人がポーランドで不要な存在であり、有害でさえあるという事実は何ら変わることはなく、国民の生活から彼らの影響力を排除することが、今度もわれわれの主要な目標になる」とも書いている。*Znak,* 1940/27, AN, 1925, pp. 3–4.
34. Pilecki, [W jaki], PUMST, BI 6991, p. 15; Tereszczenko, Interview, November 1, 2016; Nowak, *Courier,* p. 39. ヤン・ノワクは戦争中の密使として広く名を知られるようになった。当初はズナクに寄稿していたが、政治的スタンスの違いから距離を置くようになった。回顧録では、「真のイデオロギー的な動機が、戦後の個人的、政治的な将来を描く個人の野心と混ざり合うことが非常に多かった」と述べている（Nowak, *Courier,* p. 67)。ヤン・ヴウォダルキエヴィチ自身のユダヤ

34. Pilecki, [W jaki], PUMST, BI 6991, p. 11.
35. Kochanski, *The Eagle,* pp. 76–79.
36. Kochanski, *The Eagle,* pp. 89–90.
37. Pilecki, [W jaki], PUMST, BI 6991, p. 11; Pilecki, Interview, March 11, 2016.
38. Pilecki, [W jaki], PUMST, BI 6991, p. 13.
39. Pilecki, [W jaki], PUMST, BI 6991, p. 13.
40. Pilecki, [W jaki], PUMST, BI 6991, p. 13.
41. Widelec, *Diary,* cited in Margolis, *Memorial,* p. 422; Lewitt, *When,* cited in Margolis, *Memorial,* p.442; Nejmark, *The Destruction,* cited in Margolis, *Memorial,* p.445; Dekel, [Browar], p.15, p.101; Hodubski, Protokół, Ostrów Mazowiecka, August 5, 1947, IPN, Bl 407/63, K 296/47, GK 264/63, SOŁ 63, pp. 0343–44; Słuchoński, [Wspomnienia], IP, 019 Sluchonski_ Artur_2_ skan_AK; Pilecki, Interview, March 11, 2016.
42. Pilecki, Interview, March 11, 2016.
43. Pilecki, [W jaki], PUMST, BI 6991, p. 14.

## 2章　占領

1. Pilecki, [W jaki], PUMST, BI 6991, p. 14.
2. Nowak, *Courier,* p. 58; Richie, *Warsaw,* p. 147; Goebbels, *Diaries,* p. 37; Landau, *Kronika,* vol. I, p. 48; Korboński, *Fighting,* p. 7; Bryan, *Warsaw,* p. 19, p. 25; Goebbels, *Diaries,* p. 37. ブライアンの推測によると1日に1万～3万発の砲弾が街を襲った。Bryan, *Warsaw,* p. 24; Goebbels, *Diaries,* p. 37.
3. Frank, *Extracts,* p. 368, cited in O'Connor, *Butcher,* loc. 2008.
4. Olsson, *For Your,* p. 203.
5. Snyder, *Black,* loc. 423; Lukas, *Forgotten,* loc. 72. ドイツが最初に強制労働に従事させたのはポーランド人捕虜だった（Herbert, *Hitler's,* pp. 61–94）。戦争捕虜の労役はジュネーヴ条約で禁止されていたが、ドイツによるポーランド国家の解体に伴い、捕虜はその身分から「解放」された（Tooze, *Wages,* loc. 6701）。1941 年の春までに、ポーランドからさらに 20 万人の強制労働者がドイツに到着した（Frank, *Extracts,* p. 110, cited in Kochanski, *The Eagle,* p. 98）。
6. Snyder, *Black,* loc. 196; Hilberg, *The Destruction,* pp. 64–74; Winstone, *Dark,* loc. 1693.
7. Pilecki, [W jaki], PUMST, BI 6991, p. 14; Bartoszewski, *1859,* p. 91; Sobolewicz, *But I,* p. 70; Lukas, *Forgotten,* loc. 942. ポーランド人の毒殺計画は時代とともに巧妙になった。以下を参照。Rowecki, [Meldunek], August 13, 1941, in Iranek-Osmecki et al., *Armia,* vol. II, p. 36; Ostrowska, [Wspomnienia 1], p. 2; Malinowski, *Tajna,* p. 27; Nowak, *Courier,* p. 59; Frank, *Extracts,* p. 5896; Bartoszewski, *1859,* p. 99.
8. Ostrowska, [Wspomnienia 1], p. 2; Ostrowski, Interview, May 1, 2016; Ostrowski, Interview, October 10, 2017.
9. Ostrowski, Interview, May 1, 2016; Tereszczenko, *Wspomnienia,* p. 83.
10. *Znak,* [Deklaracja], AAN, 2/2505/0/-/194, p. 3; Tereszczenko, Interview, November 1, 2016; Ostrowska, [Wspomnienia 1], p. 3.
11. Pilecki, [W jaki], PUMST, BI 6991, pp. 14–15.
12. Pilecki, [W jaki], PUMST, BI 6991, p. 14; Malinowski, *Tajna,* p. 29.
13. Garliński, *Fighting,* p. 43; Nowak, *Courier,* p. 71; Korboński, *Fighting,* p. 11, p. 157; Thorsell,

vol. 223c, APMA-B, pp. 15–18. ポーランドの酪農共同組合は、しばしば民族的な側面を持つ地域社会の経済的利益を高める役割を担っていた。Piechowski, *Byłem,* pp. 17–18.

10. Markert, 77, p. 53; Pilecki, Interview, October 10, 2017; Pilecka-Optułowicz, Interview, May 17, 2016.
11. Pilecki, Interview, February 1, 2016, and October 10, 2017.
12. Pilecki, Interview, October 10, 2017.
13. Pilecki, Interview, May 21, 2017; Pilecki, [Pod Lidą], Materiały, vol. 223c, APMA-B, p. 26.
14. Pilecki, Interview, February 1, 2016. ポーランド軍は総動員が間に合わず、歩兵で 1 対 1.5、砲兵で 1 対 3、戦車で 1 対 5 の劣勢だった。ドイツ軍の約 100 万人に対してポーランド軍は 70 万人強。組織の統制はほとんど取れていなかった。Komisja, *Polskie,* vol. 1, part 1, p. 191, p. 247; Kochanski, *The Eagle,* p. 46, pp. 55–57 ; Thomas, *German,* p. 8.
15. Pilecki, [W jaki], PUMST, BI 6991, p. 2, p. 8; Gawron, *Ochotnik,* pp. 86–99.
16. Witowiecki, *Tu mówi,* p. 54, Markert, 77, p. 55; Jezierski, [Wspomnienia], CAW, I.302.4.466.
17. Witowiecki, *Tu mówi,* p. 54; Naruszewicz, *Wspomnienia,* p. 177. 貨車での移送については以下を参照。Bujniewicz, *Kolejnictwo,* p. 58.
18. Szpilman, *The Pianist* p. 22; Richie, *Warsaw,* pp. 110–14.
19. Witowiecki, *Tu mówi,* p. 76; Gnatowski, [Wspomnienia], CAW, I.302.4.466.
20. Blum, *O broń,* pp. 20–41; Jezierski, [Wspomnienia], CAW, I.302.4.466. ヴィトルトがピオトルクフ・トリブナルスキに着いた正確な日付はデイヴィッド・マクウェイドとウカシュ・ポリタンスキが確認してくれた。
21. Pilecki, [W jaki], PUMST, BI 6991, p. 8.
22. Pilecki, [W jaki], PUMST, BI 6991, p. 8; Schmidtke, [Wspomnienia], CAW, I.302.4.466.
23. Stoves, *Die* 1., p. 57.
24. Stoves, *Die* 1., p. 57; Pilecki, [W jaki], PUMST, BI 6991, p. 8; Blum, *O broń,* pp. 20–41; Jezierski, [Wspomnienia], CAW, I.302.4.466.
25. Blum, *O broń,* pp. 20–41; このときのことをヴィトルトは詳しく書き残していない。「道路に戦車。私の馬は死んだ」とだけあるが、その簡潔さが雄弁に語っている。余白には青鉛筆で、「あの夜、私は誓った。私にとって何よりも苦しい決断だった」と書き込まれている。詳しくは記されていないが、ヴィトルトのことだから最後まで戦い抜くと誓ったのだろう。Pilecki, [W jaki], PUMST, BI 6991, p. 9.
26. Pilecki, [W jaki], PUMST, BI 6991, p. 9.
27. Kochanski, *The Eagle,* p. 69; Wilkinson, *Foreign,* p. 72.
28. Kochanski, *The Eagle,* pp. 48–49; Pilecki, [W jaki], PUMST, BI 6991, p. 9.
29. Wilkinson, *Foreign,* p. 73.
30. Pilecki, [W jaki], PUMST, BI 6991, p. 10.
31. Pilecki, [W jaki], PUMST, BI 6991, p. 10. 軍事使節団のイギリス兵が瓦礫に埋もれた人々の救出にあたり、大使館の郵便局長のポーランド人の妻を引っ張り出した。使節団が出国したのは数日後だった。一行の中にはヴィトルトの物語で重要な役割を果たすことになるコリン・ガビンズの姿もあった。Wilkinson, *Foreign,* p. 77.
32. Pilecki, [W jaki], PUMST, BI 6991, p. 10; Karski, *Story,* p. 11. 著者のカルスキは戦前はヤン・コジェレフスキと名乗っていたが、その後に組織で使った名前で知られている。
33. Pilecki, [W jaki], PUMST, BI 6991, p. 11.

# 原註

## 序章

1. Ostrowski, Interview, March 9, 2016; Ostrowska, [Wspomnienia 1], p.5.
2. Ostrowski, Interview, March 9, 2016.

## 本書について

1. Figures courtesy of Wojciech Płosa.
2. Pilecki, *The Auschwitz* ピレツキ『アウシュヴィッツ潜入記』（みすず書房、2020 年）loc.521; Pilecki, [List], October 19, 1945, PUMST, BI 6991, p.2.

## 第 1 部

### 1 章　侵略

1. Pilecki, [Pod Lidą], Materiały, vol.223c, APMA-B, p.36; Dmytruk, "Z Novogo," cited in Brown, *A Biography,* loc.954; Tumielewicz, [Kronika], p.229; Lacki, "Burza," pp.229-30; Pilecka, [Dzieje], vol.223c, APMA-B, p.104; Pilecki, [W jaki], PUMST, p.8.
2. Kochanski, *The Eagle,* p.57; Wilmot, [Notes], LHCMA, LH 15/15/150/2.
3. 総動員は 8 月 30 日に発令されたが、24 日からひそかに動員が始まっていた。Kochanski, *The Eagle,* p.57; Pilecki, [W jaki], PUMST, BI 6991, p.8; Лаўрэш, "13 траўня," pp.15-9; Лаўрэш, "Лiөчына," p.76; Brochowicz-Lewiński, [Raport], CAW, I.302.4.466.
4. Pilecki, Interview, May 21, 2016.
5. Gawron, *Ochotnik,* p.68; Pilecki, Akta sprawy, Protokół przesłuchania podejrzanego Tadeusza Płużańskiego, Materiały, vol.223, APMA-B, p.197; Pieńkowska, [Wspomnienia], p.12; Budarkiewicz, "Wspomnienia," in Cyra, *Rotmistrz,* p.24.
6. Tracki, *Młodość,* p.112; Pilecka, [Dzieje], Materiały, vol.223c, APMA-B, pp.94-96; Pilecki, [Życiorys], Materiały, vol.223c, APMA-B, no pages given; Tracki, *Młodość,* pp.178-79, p.185. スクルチェの土地は母方で相続された。ピレツキ家の土地は、祖父が 1863 年にロシア皇帝アレクサンドル 2 世に反旗を翻して一月蜂起に参加した後、大半がロシア国庫に没収された（Cyra, *Rotmistrz,* p.22）。
7. 酪農共同組合の詳細は以下を参照。AAN, 2/213/0/9/8498, and AAN, 2/213/0/9/8499; Pilecka-Optułowicz, Interview, July 14, 2016; Pilecki, Krzyszkowski, Wasztyl, *Pilecki,* p.30; Pilecki, Interview, February 1, 2016; Pilecki, Krzyszkowski, Wasztyl, *Pilecki,* p.30; Tracki, *Młodość,* p.187, pp.188-91.
8. Kochanski, *The Eagle,* pp.30-32; Bikont, *The Crime,* pp.11-26, Ringelblum, *Polish,* p.11, Brzoza, Sowa, *Historia,* p.135; Brown, *A Biography,* loc.534; Лаўрэш, "Яўрэi," pp.141-54; *Лаўрэш,* "Лiдчына," p.64; Gelman, *Jewish,* cited in Manor, Ganusovitch, Lando, *Book of Lida,* p.83; *Ярмонт, В тени,* pp.93-94, cited in *Лаўрэш,* "Лiдчына," p.76.
9. Pilecki, [W jaki], PUMST, BI 6991, p.7; Pilecki, Interview, February 2, 2016; Gombrowicz, *Polish,* p.32. 1922 年にヴィトルトは地所を貸していたユダヤ人の小作人を追い出した。この出来事の背後に人種的な敵意があったことを示唆する証拠はない。Pilecka, [Dzieje], Materiały,

【著】ジャック・フェアウェザー（Jack Fairweather）
イギリスの作家、ジャーナリスト。「デイリー・テレグラフ」紙のバグダッド支局長、「ワシントン・ポスト」紙の映像ジャーナリストとしてアフガニスタンでの活動などを経て、著述業に専念。著書に *The Good War: Why We Couldn't Win the War or the Peace in Afghanistan, A War of Choice: The British in IRAQ 2003–9* などがある。本書 *The Volunteer* は、25カ国で刊行された世界的ベストセラーとなり、2019年のコスタ賞伝記部門を受賞した。

【訳】矢羽野 薫（やはの・かおる）
翻訳家。訳書に、ペロテット『古代オリンピック：全裸の祭典』、ウィークス『毎日使える、必ず役立つ哲学』、シェンク『POWERS OF TWO 二人で一人の天才』など、共訳にマクドナルド編『ニューヨーク・タイムズが報じた100人の死亡記事』などがある。

編集協力：柴理子（ポーランド史）

Jack Fairweather:
THE VOLUNTEER:
the true story of the resistance hero who infiltrated Auschwitz
Copyright © 2019 by Jack Fairweather

Japanese translation rights arranged with
Larry Weissman Literary
through Japan UNI Agency, Inc., Tokyo

アウシュヴィッツを破壊《はかい》せよ　上
自《みずか》ら収容所《しゅうようじょ》に潜入《せんにゅう》した男《おとこ》

2023年1月20日　初版印刷
2023年1月30日　初版発行

著　者　ジャック・フェアウェザー
訳　者　矢羽野薫
装丁者　木庭貴信＋青木春香（オクターヴ）
発行者　小野寺優
発行所　株式会社河出書房新社
〒151-0051 東京都渋谷区千駄ヶ谷2-32-2
電話　(03) 3404-1201［営業］(03) 3404-8611［編集］
https://www.kawade.co.jp/
印　刷　株式会社亨有堂印刷所
製　本　大口製本印刷株式会社
Printed in Japan
ISBN978-4-309-22877-8
落丁本・乱丁本はお取り替えいたします。
本書のコピー、スキャン、デジタル化等の無断複製は著作権法上での例外を除き禁じられています。本書を代行業者等の第三者に依頼してスキャンやデジタル化することは、いかなる場合も著作権法違反となります。